MARTIN WEISS

URCHUCHI-REZEPTE

Mix
Produktgruppe aus vorbildlich bewirtschafteten Wäldern und anderen kontrollierten Herkünften
www.fsc.org Zert.-Nr. GFA-COC-001223
© 1996 Forest Stewardship Council
FSC

www.rotpunktverlag.ch
www.urchuchi.ch

Fotos: Martin Weiss
Gestaltung/Herstellung: Patrizia Grab
Lithos: lithotronic media gmbh, Dreieich
Druck und Bindung: CPI – Clausen & Bosse, Leck

ISBN: 978-3-85869-409-6
1. Auflage 2009

MARTIN WEISS

URCHUCHI-REZEPTE

DAS SCHWEIZER KOCHBUCH

Rotpunktverlag.

Vorwort

Die «Urchuchi»-Fans dürfen sich freuen: Über 370 Rezepte aus der Schweizer Küche sind im «Urchuchi»-Kochbuch versammelt – die besten aus den drei «Urchuchi»-Gastroführern. Die Bandbreite reicht vom fast urzeitlichen Appenzeller Fenz bis zu topmodernen Kreationen von Gourmetköchen. Viele Schweizer Klassiker sind dabei, von der Aargauer Rüeblitorte bis zum Zürcher Geschnetzelten. Aber auch junge Erfindungen wie die Heusuppe oder Stefan Wiesners Stein-Moos-Suppe fehlen nicht. All das steht klar geordnet und in seiner ganzen Pracht zum Nachkochen bereit!

Zur Lesart der Rezepte

Das Rezeptbuch geht von der klassischen Dramaturgie eines Menüs aus, die mit der Suppe beginnt, über den Salat zur Vorspeise und den Hauptgängen führt. Am Schluss folgen die Desserts, ergänzt mit einem Anhang zu Kuchen, Brot und Allerlei. Innerhalb der Kapitel folgen wir so weit wie möglich dem saisonalen Takt der Ausgangsprodukte. Separate Kapitel gibt es für die Beilagen, die nicht zuletzt für Vegetarier eine Fülle von Inspirationen bieten. Viele Beilagen lassen sich gut zum Hauptgang ausbauen oder mit anderen kombinieren.

Jedes Rezept beinhaltet eine Einkaufsliste, eine Schritt-für-Schritt-Anleitung für die Zubereitung und in der Regel auch eine Abbildung.

Der Name «Urchuchi» steht für frische, saisonale Küche mit Respekt vor der Natur.
Wo nicht anders angegeben gilt deshalb:
Olivenöl: Olivenöl extra vergine
Kräuter: frisch
Gemüse, Pilze: frisch
Pfeffer: aus der Mühle
Muskatnuss: frisch gerieben
Rahm: Vollrahm
Weisswein: trocken
Fleisch: wenn möglich bio

☆ einfach oder: einfach ausprobieren
☆☆ für Geübte

Was macht die Schweizer Küche aus?

Die Frage wird mir oft gestellt. Schliesslich war ich fast sieben Jahre auf kulinarischer Spurensuche – ganz oben auf den Alpen und weit unten im «Bauch» des Monte Generoso; ich habe mich vom Genfer Saibling bis zum Zincarlin-Mousse, vom Chriesibrägel bis zum Meringue mit Doppelrahm an unzähligen regionalen Spezialitäten erfreut, konnte mit Experten sprechen, in Archiven graben. Oft bin ich neben der Köchin oder dem Koch am Herd gestanden; sämtliche Gerichte habe ich gegessen und dabei einige Kilos zugenommen …

Was also macht die Schweizer Küche aus?

Die Antwort ist klar: Die Schweizer Küche ist eine der vielfältigsten der Welt. Sie ist ein Abbild unserer Landschaft, die sich in tausend Täler faltet. Wo sonst findet man derart viele regionale Spezialitäten, die oft nur in wenigen Dörfern vorkommen? Wo sonst dreihundert verschiedene Brotsorten? Über vierhundert Wurstkreationen? Sogar die Forscher des «Kulinarischen Erbes der Schweiz» waren überrascht, wie viele süsse Kreationen unser Land zu bieten hat. Oder dass es allein bei den Capuns Dutzende von Varianten gibt.

Wenn etwas typisch schweizerisch ist, dann ist es dieser Variationenreichtum, der erst in den letzten Jahren so richtig erkannt wurde!

Swissness statt Schweizertum

Man darf nicht vergessen: Noch Mitte der Neunzigerjahre galt es keineswegs als cool, Fotzelschnitten, Grosi's Schoggicreme oder gar Kutteln zu verspeisen. Die filigranen Türmchen und Portiönchen der Nouvelle Cuisine beherrschten die Kulinarikszene, die – exemplarisch für den Abwehrreflex gegenüber allem aus dem eigenen Boden – kaum Schweizer Weine im Angebot führte. Das hat sich geändert. Heute boomt die Schweizer Küche. Urchiges wie Fenz, Ribel, Suure Mocke, Polenta oder Papet vaudois sind in. Sogar Gerichte, die einst der Restenverwertung dienten, werden von den Gourmetköchen als trendige Speisen wiederentdeckt. Es ist, als hätte sich die Schweizer Küche neu erfunden. Nicht nur die «Urchuchi»-Bücher dokumentieren diesen Trend. Auch die wissenschaftliche Aufarbeitung des kulinarischen Erbes der Schweiz – unterstützt vom Bund und den Kantonen – folgt dem gleichen Grundgedanken: Unser Essen ist Kultur. Und diese Kultur gilt es zu pflegen und zu bewahren wie grosse Kunstwerke, schöne Kirchen oder Landschaften. Vielleicht müsste man die Unesco sogar ermuntern, ein Weltkulturerbe auch für Kulinarisches zu schaffen. Die Schweizer Küche hätte da einige kostbare Kulturgüter einzubringen ...

Die Landschaft spricht

Dass die Schweiz eine derartig vielfältige Küche hat, liegt an der geografischen Lage unseres Landes: Im Fadenkreuz der grossen Alpenpässe fand stets ein reger Austausch von Waren und Ideen statt – nicht zuletzt im kulinarischen Bereich. Dabei machte in den abgelegenen Tälern oft die Not erfinderisch: So manche Schweizer Spezialität entstand in der Cucina povera aus Resten oder dem wenigen, das zur Verfügung stand. So haben die Bauernfrauen im Walliser Dorf Savièse das alte Roggenbrot aufgepeppt, indem sie es über Nacht in Sirup und Wein einlegten. Daraus entstand die Süssspeise Sii. Auch die Engadiner Ofenrösti (Plain in Pigna), die Tessiner Torta di pane, die Scmieza aus dem Misox oder die Gommer Cholera waren ursprünglich Restenverwertung. Genau wie die Fotzelschnitte, die in den Nachkriegsjahren an den Hauswirtschaftsschulen ganz oben auf dem Lehrplan stand.

Auch eine Portion Rebellentum gehört zur Schweizer Kulinarik: Viele regionale Spezialitäten sind als «kulinarischer Aufstand» gegen die Feudalherren entstanden – etwa die Saucisse aux choux, die von den Bewohnern des Dörfchens Orbe bewusst mit Chabis gestreckt wurde, um den durchziehenden König und seinen Hofstaat trickreich zu verköstigen (siehe S. 201). Oder die Suppe von Mutter Royaume, die aus einem kulinarischen Kraftakt entstanden ist. Auch die jurassische Metzgete, den Saint-Martin, kann man als sublimierten Protest «gegen die dort oben» verstehen: Die harte Zinslast ist abgetragen (am 11. November) – jetzt wird «unten» gefeiert!

All das lässt sich aus der vorliegenden Rezeptsammlung ebenfalls herauslesen: Zu jedem Kapitel gibt es vertiefenden Lesestoff und Hintergrund. Die Rezeptsammlung – letztlich eine Art Archäologenarbeit – hat mich animiert, da und dort etwas weiterzugraben. Bis hin zur Frage, wie die Suppe die Entwicklung der Sprache beflügelt hat. Oder welche tiefere Bedeutung in manchen Broten steckt. Die Semiotik der Kulinarik – das Essen als Zeichensprache: Auch dazu liefert das Rezeptbuch Anschauungsmaterial, das ich in den kommenden Jahren noch gesondert aufarbeiten werde.

Bärentatzen panieren

Viele Kulinarikforscher sind überzeugt: So vielfältig, gesund und sicher wie heute haben die Menschen noch nie gekocht und gegessen – im Gegenteil: In der Frühzeit war die Nahrungsaufnahme ein nachgerade lebensgefährliches Unterfangen. Es brauchte unzählige Versuche und Irrtümer, um herauszufinden, welche Kräuter, Pilze oder Beeren bekömmlich waren. Viele alte Kochbücher waren deshalb als Anhänge in Arznei- und Gesundheitsbüchern zu finden. Und da ging es zur Sache! Schnecken lebendig in den Sud geben, Hühner mit einem Messerstich hinter dem Ohr ausbluten lassen, Bärentatzen enthaaren und panieren: All das hat etwa die in Basel lebende Anna Wecker in ihrem «Köstlich new Kochbuch» um 1596 als selbstverständlichen Teil der Küchenarbeit beschrieben.

Spannend sind auch die damaligen Zutaten: Da wurde viel mit Honig, eingedicktem Birnensaft oder Rosenwasser gesüsst; Lebkuchen wurde zu Mehl vermahlen und als Bindemittel verwendet; Gewürze gab es nur wenige. Und wenn gewürzt wurde, dann für heutige Verhältnisse viel zu viel. Wie damals üblich enthielten die Rezepte auch keine Mengenangaben.

Soss von einem Lebkuchen

Aus «Ein Köstlich new Kochbuch» (1596) von Anna Wecker

Njmb einen fast guten Lebkuchen reib den zu kleinem meel
nimb so viel du bedarffst zu eim Soß oder Sueltz oder zu einem brey oder muß
du magst auch wol wann du wilt brot darunder nehmen
mache schmaltz heiß nicht zu viel roests darinnen recht
machs auch mit gutem Wein recht
Zimet genug
laß kochen
bestrewe es wol mit Zucker
es dienet wol bey Fischen.

Ist Kochen Kunst?

Wenn Kochen Kunst ist (und das sehe ich durchaus so), dann ist es die einzige Kunstform, die alle Sinne umfasst:

Die optische Präsentation (man isst auch mit den Augen), der Duft, der Geschmack, die taktilen Eigenschaften, aber auch die oft vergessenen akustischen Wahrnehmungen (Kau- und Beissgeräusche, Schlürfen, Glucksen, Knacksen, Blubbern etc.) ergeben ein multisensorisches Gesamtkunstwerk. Dabei hat das Essen eine weitere einzigartige Funktion: Seine Hauptaufgabe besteht nämlich darin, zu verschwinden! Erst, wenn der Teller leer ist, hat ein Gericht seine Funktion erfüllt. Und erst jetzt beginnt es, im Körper seine Wirkung zu entfalten, indem es in Energie umgewandelt wird. Keine andere Kunstgattung kann und muss etwas Vergleichbares leisten. Am ehesten noch die Architektur, wenn wir an eine Kathedrale denken, die beim Durchschreiten ebenfalls viele Sinne anspricht und im weitesten Sinne auch der «Nahrungsaufnahme» dient. Nicht zufällig hat sich die Kirche immer wieder mit dem Essen als Zeichensprache befasst (und diese Zeichensprache genutzt). Und nicht zufällig sind viele alte Gerichte von unseren Vorfahren auch als Kommunikationsmittel verstanden worden.

Auch die Kochbücher nehmen – literarisch betrachtet – eine Sonderrolle ein: Oft sind sie nicht einem einzigen Autor zuzuordnen oder folgen vom Entstehungsprozess her postmodernen Prinzipien: Was immer (neu) rezeptiert wurde, war vorher schon in anderer oder ähnlicher Form da. Das Um- und Überschreiben ist Teil des kulinarischen Spiels. Deshalb gehören die Rezepte nach der Veröffentlichung auch nicht einem einzigen Autor, sondern können von allen genutzt und beliebig modifiziert werden. Vielleicht ist das Kochen gerade deshalb so populär geworden: Jeder kann seine eigenen «Kunstwerke» schaffen und sich freuen, wenn sie unter Beteiligung der Mitessenden (im Idealfall mit Applaus) das tun, was sie tun müssen: verschwinden.

Es gibt zwei Sorten von Menschen (und ich bin sicher, Sie gehören zur zweiten): Solche, die sich überhaupt nicht für die Hintergründe des Essens und Kochens interessieren. Und andere, die alles wissen und ausprobieren möchten und für die Kochen und Essen ein Stück Kultur darstellt. Bei den «Angefressenen» biegen sich die Büchergestelle. Jährlich kommen neue Koch- und Kulinarikbücher dazu. Für SIE ist dieses Kochbuch gemacht!

Ich wünsche gutes Gelingen und en Guete!

Martin Weiss

FECHY

SUPPE

Die Urmutter aller Speisen

Es muss ein grosser Moment gewesen sein, als vor etwa 10 000 Jahren zum ersten Mal in einem Tontopf eine Suppe auf dem Feuer kochte. Gräser, Körner, Wurzeln, Pilze, sogar Früchte schwammen in dieser archaischen Ursuppe, die von der Konsistenz her wohl eher ein Brei gewesen war. Doch sie veränderte den steinzeitlichen Menüplan entscheidend: Schwer verdauliche, sogar giftige Pflanzen wurden durch den Kochprozess geniessbar. Und nicht zuletzt die stärkehaltigen Körner der Wildgräser, die sich in der Folge zu Grundnahrungsmitteln entwickelten. Bis weit ins 19. Jahrhundert bildeten solche breiartigen Speisen die Hauptnahrung der Bauern und Hirten in der Schweiz. Fenz, ein Milch-Mehl-Brei, war bis ins späte 19. Jahrhundert das traditionelle Bauernfrühstück in den Schweizer Alpen. Auch die Tessiner Polenta hat ihre Karriere als dampfender Urbrei begonnen. Und selbst die berühmte Bündner Gerstensuppe ist letztlich nicht viel mehr als zu Suppe eingekochtes Gerstenkorn – wunderbar veredelt, wie das Rezept von Anna Simmen-Luzi zeigt, das nur noch wenig Gerste, dafür umso mehr Gemüse und Fleisch enthält (S. 22).

Alchemie

Feuer, kochendes Wasser, ein Wechsel des Aggregatzustands – das ist die Suppe. Ein Stück Alchemie, bei der aus rohen Stoffen ein neues, edleres Ganzes entsteht. Die ganze Kochkultur hat sich daraus entwickelt. Einiges von dieser Magie ist in den modernen, hausgemachten Suppen noch immer drin. Selbst in einem fein gewürzten frischen Kürbissüppchen mit Safran und Rahm duftet es – hochverfeinert – noch nach Urzeit. Und spätestens wenn frisches Bergheu seine Aromen ans kochende Wasser abgibt, ist man wieder ganz nah dran am kulinarischen Urknall. Wen wundert's, dass die Suppe trotz Häppchen- und Vorspeisen-Boom noch immer den klassischen Auftakt beim Essen bildet. Die Suppe gibt Boden, sie ist – wenn sie nicht Hauptmahlzeit ist – die flüssig-leichte, poetische Ouvertüre, die den Appetit anregt. Und sie gehört auch philosophisch betrachtet an den Anfang: Denn die Suppe verkörpert so etwas wie die Quintessenz aller Dinge, zumindest all jener, die auf dem Herd oft stundenlang gekocht haben.

Die Suppe – eine Erinnerungsquelle

Bei meiner Grossmutter stand stets ein grosser Suppentopf auf dem Herd. Und der spiegelte die Jahreszeiten mit opulenten Düften, leise brodelnd wie ein Vulkan. Im Frühling wanderten Spinat, Kohlrabi, Lauch in den dampfenden Topf (und selten ein Hühnchen); im Sommer waren es Blumenkohl, Bohnen, Erbsen und Zucchini; im Herbst Kartoffeln, Rüebli und Wirz; dann bestimmten Schwarzwurzeln, Linsen, Randen und Rosenkohl den Suppenplan. Kaum eine Speise hat sich in meiner Erinnerung so stark mit den Jahreszeiten verbunden wie die Suppe. Und keine hat für mich den gleichen Ton! Denn die Suppe wurde am gut besetzten Tisch meiner Grosseltern nicht nur genüsslich gelöffelt, sondern von manchen auch lautstark geschlürft. Es durfte noch geschlürft werden beim Suppelöffeln damals! Und dieses Schlürfen soll es ja auch gewesen sein, das der Suppe einst den Namen gab: Das Wort «Suppe», so die Sprachforscher, leitet sich von sopha, sûfa, supfen ab, was bei den alten Germanen so viel wie schlürfen, saufen oder schlürfend trinken bedeutet. In vielen Sprachen taucht das Wort mit dem gleichen Lautklang auf – ein deutlicher Hinweis, dass der Suppe eine Schlüsselrolle in der Esskultur zukommt: Suppe (dt.), soupe (frz.), soup (engl.), sopa (span., port.), zuppa (ital.).

Wasser, Salz und erstklassige Zutaten: Mehr braucht es nicht für eine gute Suppe. Doch was für ein kreativer Spielraum! Es gibt kaum ein Nahrungsmittel, das man nicht zu Suppe verarbeiten kann. Experimentierfreudige finden bei der Suppe ein weites kreatives Feld. Vielleicht hat die Suppe gerade deshalb in den letzten Jahren Kultstatus erreicht, unterstützt durch das Interesse an traditionellen Rezepturen, vergessenen Gemüsen und Wildpflanzen, aus denen sich besonders überraschende Suppen zubereiten lassen.

Bei den nachfolgenden Rezepten sind deshalb nicht nur bekannte Schweizer Klasssiker, sondern auch wiederentdeckte Oldies mit Bärenklau, Sauerampfer, Brennnesseln oder Gutem Heinrich dabei. Unsere Gross- oder Urgrosseltern haben diese Wildgemüse in der Küche rege genutzt. Heute werden sie wiederentdeckt. Und mit ihnen ein Universum von Duftnoten, die unser Gehirn begeistert in Empfang nimmt. Hinausgehen in die Natur, riechen, pflücken, was einem schmeckt, und dann ein Süppchen kochen: Das gehört zu den spannendsten Formen des Kochens. Zumal einem die Suppe stets genug Zeit lässt, um mit den Gästen auch noch ausgiebig zu plaudern. Eine Suppe stresst höchst selten.

Mit der Suppe hat das Kochen begonnen

Grillieren am Feuer, Rösten und Garen in der Asche und auf heissen Steinen: Das waren bis zur Erfindung des Töpferns die wichtigsten Techniken unserer Vorfahren, um Nahrungsmittel geniessbar zu machen. Dabei waren sie ausgesprochen erfinderisch: Sie wickelten

Kastaniensuppe
mit Pilzen

Nahrung in Blätter und legten sie in Erdgruben auf heisse Steine. Oder sie umhüllten sie mit Lehm und garten sie im Feuer. Auch das Erhitzen von Flüssigkeit in Muschelschalen, in Knochen oder in mit Tierhäuten oder Blättern ausgekleideten Feuergruben gehört zu den Vorstufen des Kochens.

Noch heute werden Erdöfen von nordafrikanischen Beduinen verwendet, um Fleisch und Süsskartoffeln zu garen. Eine vergleichbare Technik findet man noch im Kanton Neuenburg: die Torrée. Man macht ein grosses Feuer, wickelt die Würste in nasses Papier (oder in Blätter) und legt sie in einem Erdloch in die Glut.

Doch erst das Töpfern ermöglichte ein Kochen im heutigen Sinn, das auch anatomisch entscheidende Folgen hatte: Das Gebiss des Homo sapiens musste wesentlich weniger arbeiten, es bildete sich zurück, was der Entwicklung der Sprache förderlich war. Sprechen und Kochen hängen also eng zusammen. Man könnte sagen: Erst dank dem Suppentopf bekamen die Dinge ihren Namen.

Bündner Gerstensuppe

Anna Simmen-Luzi, Jenaz (GR)
4 Personen ☆

120 g Gerste
70 g weisse Bohnen
2 Lorbeerblätter
1 Zwiebel
5 Gewürznelken
2 Knoblauchzehen
1 Markknochen
200 g Siedfleisch
300 g geräuchertes Schweinefleisch
wenig Speck
1 Lauch
½ Sellerie
¼ Weisskohl
2 Rüebli
2 Kartoffeln
200 g Bündner Rohschinken am Stück
1 EL Mehl
3 EL Rahm
Salz, Pfeffer

Gerste und Bohnen über Nacht einweichen.
Gerste und Bohnen in 2 l frischem Wasser mit Lorbeer, Zwiebel, Nelken, Knoblauchzehen und Markknochen aufkochen und köcheln lassen. Im Abstand von je 30 Min. dazugeben: Siedfleisch und etwas Salz; dann Schweinefleisch und Speck; dann Lauch, Sellerie, Kohl, Rüebli, Kartoffeln (ganz oder halbiert) beigeben und weitere 1–1,5 Std. köcheln lassen (Kochzeit insgesamt 2,5–3 Std.). 10 Min. vor Schluss das Stück Rohschinken beigeben. Fleisch und Gemüse herausnehmen und in einer gedeckten Schüssel im Ofen warm stellen. Mehl mit Rahm verrühren, zur Suppe geben und binden lassen. Mit Salz und Pfeffer abschmecken.
Zuerst die Suppe servieren, dann Fleisch und Gemüse.
Hinweis: Beim Fleisch sind viele Varianten möglich; es muss aber stets etwas Geräuchertes dabei sein. Vorsicht also beim Salzen!

Basler Mehlsuppe

Benno Merz, ehemals Restaurant Höfli, Pratteln (BL)
4 Personen ☆

40 g Bratbutter
70 g Mehl
½ Schalotte
1 Knoblauchzehe
0,5 dl Rotwein
1 l Gemüsebouillon
1 Kalbsfuss oder -knochen
Salz, Pfeffer
Emmentaler, Sbrinz oder Parmesan

In einer Eisengusspfanne Butter erhitzen und Mehl goldbraun rösten. Gehackte Schalotte und Knoblauch beigeben. Vorsichtig, damit keine Mehlklumpen entstehen, unter Rühren erst Rotwein beigeben und etwas einkochen, dann nach und nach Bouillon. Mit Salz und Pfeffer würzen. Kalbsfuss oder -knochen beigeben und auf kleinem Feuer 1 Std. köcheln lassen. Abschmecken. – Geriebenen Käse separat dazu servieren.
Tipp: Die Suppe am Vortag zubereiten. Langsam erwärmen und eventuell noch einen Schuss Rotwein dazugeben.

Mit oder ohne Knochen? Mit Sbrinz, Emmentaler oder Parmesan? Mit Rotwein oder ohne? Wie bei vielen «Urchuchi»-Klassikern sind die Fans auch bei der Mehlsuppe geteilter Meinung. Der Basler Gastroexperte Minu schwört auf die asketische Version; sein Kollege Martin Jenni liebt es dagegen deftig – mit Füssen, Knochen und Wein. Und für die beste Mehlsuppe der Region hat ohnehin jede Basler Familie ihr Geheimrezept. Nur in einem Punkt sind sich alle Basler einig: Am besten schmeckt die braune Suppe «a de scheenste Dääg» – an der Basler Fasnacht!

Busecca (Tessiner Kuttelsuppe)

Anna Biffi, Ristorante Ul Furmighin, Sagno (TI)

4 Personen ☆

100 g Borlotti-Bohnen
500 g Kutteln
50 g Pancetta (Bauchspeck)
5 EL Olivenöl
1 Zwiebel
1 Knoblauchzehe
1 Sellerie
200 g Lauch
4 geschälte Tomaten
2 dl Merlot
5 dl Rindsbouillon
Basilikum, Rosmarin
1 TL Kümmel
Salz, Pfeffer
1 Luganigha (Tessiner Schweinswurst)
Parmesan

Bohnen über Nacht einweichen.
Kutteln in Streifen schneiden und blanchieren; im Sieb abtropfen lassen. Bauchspeck klein würfeln, Zwiebel und Knoblauch fein hacken, Sellerie in Würfelchen schneiden, Lauch fein und Tomaten in kleine Stücke schneiden.
Öl erhitzen, Speck mit Zwiebel und Knoblauch andünsten. Sellerie, Lauch und Kutteln mitdünsten. Tomaten beifügen. Mit Merlot ablöschen, mit Bouillon auffüllen und auf kleinem Feuer 40–50 Min. köcheln lassen. Basilikum, Rosmarin und gehackten Kümmel beifügen; abschmecken. Separat die Luganigha braten, in Scheiben schneiden und zur Suppe geben.
Busecca mit Käse bestreuen und heiss servieren.
Dazu passt Polenta oder Weissbrot, zum Beispiel Valle-Maggia-Brot.

Was für die Italiener die Minestrone, ist für die Tessiner die Busecca (in einigen Regionen auch «Büsecca»). Sie gehört zu den herbstlichen Suppenkreationen und steht in vielen Grotti auf der Menükarte. Beim Gemüse kann nach Saison variiert werden; möglich sind auch Karotten, Wirz oder Weisskohl.

Soupe de chalet

Marielle Colliard, Restaurant Le Tsalé, Les Paccots (FR)

4 Personen ☆

60 g Hörnli
1 Lauch
50 g Kohlrabi
1 Sellerie
6 dl Bouillon
70 g Kefen
100 g Spinat
250 g Kartoffeln
30 g Brotwürfel
40 g Butter
1 Zwiebel
6 dl Milch
1,5 dl Crème double
Salz, Pfeffer
100 g Gruyère
1 Bund Schnittlauch

Hörnli al dente kochen. Gemüse und Kartoffeln rüsten und klein schneiden. Brotwürfel in wenig Butter rösten und beiseite stellen. Übrige Butter in einer grossen Pfanne erwärmen, gehackte Zwiebel andünsten, dann Lauch, schliesslich Kohlrabi und Sellerie mitdünsten. Mit Bouillon ablöschen und 20 Min. köcheln lassen. Kartoffeln zugeben, 20 Min. köcheln; Kefen und Spinat beigeben und nochmals 5 Min. köcheln lassen. Milch dazugiessen und aufkochen. Vor dem Servieren Crème double dazugeben, alles aufkochen und vom Herd ziehen. Vorgekochte Hörnli dazufügen, mit Salz und Pfeffer würzen.

Im Suppentopf oder Caquelon anrichten. Brotwürfel, Gruyère und Schnittlauch darüberstreuen.

Urnäscher Chümibrotsuppe

Hansueli Diesterbeck, ehemals Restaurant Sonne, Urnäsch (AR)
4 Personen ☆

250 g dunkles Bauernbrot, 3 Tage alt
70 g Butter
2–3 TL Kümmel
2 Zwiebeln
1 Knoblauchzehe
1 l Fleischbouillon
1,5 dl Rahm
Salz, Pfeffer, Muskat
Kerbel

Bauernbrot in kleine Würfel schneiden. Davon drei Viertel in 40 g Butter golden rösten, Kümmel zugeben und mitrösten. Gehackte Zwiebeln und Knoblauch in wenig Butter gelb dünsten. Fleischbouillon in passende Pfanne geben, Zwiebeln, Knoblauch und geröstete Brotwürfel dazugeben und 30 Min. köcheln lassen. Die Suppe mixen, mit 0,5 dl Rahm verfeinern, mit Salz, Pfeffer und Muskat würzen. Restliche Brotwürfel in 20 g Butter golden rösten. 1 dl Rahm steif schlagen.
Schlagrahm in vorgewärmte Suppentassen verteilen, mit Suppe auffüllen, mit den warmen Brotwürfeln und etwas Kerbel garnieren.

Emmentaler Holzrahmsuppe

Hans Zaugg, Restaurant Kemmeriboden-Bad, Schangnau (BE)
4 Personen ☆

100 g junge, frische Tannenzweige
1 l Gemüsefond
2 dl Rahm
1 dl Milch
Mehlbutter
Salz, Pfeffer
Tannenholz für Dekoration

Tannenzweige in Gemüsefond 15 Min. auskochen. Fond durch ein Tuch passieren. Mit Rahm und Milch verfeinern, mit einem Stück Mehlbutter (siehe Glossar) binden, mit Salz und Pfeffer würzen.
Nach Bedarf mit Stücken von Tannenholz den Tellerrand garnieren.

Glarner Zigercremesuppe

Bruno Reich, Berggasthaus Fronalpstock, Fronalp ob Mollis (GL)
4 Personen ☆

70–80 g Schabziger
40 g Butter
2 EL Weissmehl
5 dl Milch
5 dl Halbrahm
5 dl Rahm
Salz, weisser Pfeffer, Muskatnuss
150 g Speckwürfelchen
100 g Brotwürfelchen
1 Bund Schnittlauch

Schabziger fein reiben. 30 g Butter in der Pfanne schmelzen, Mehl kurz anschwitzen (es darf nicht braun werden). Kalte Milch dazugiessen und zum Köcheln bringen. Halbrahm mit dem Schabziger mischen, in die Suppe geben, aufkochen. Mit wenig Salz, Pfeffer und Muskat würzen. Speck mit den Brotwürfelchen in restlicher Butter in der Pfanne rösten. Rahm steif schlagen. Suppe anrichten, mit Schlagrahm, Croûtons, Speck und Schnittlauch garnieren.

Urner Käsesuppe

Gret Sicher, Restaurant Gotthard, Gurtnellen (UR)
4 Personen ☆

300 g altbackenes Brot mit dunkler Rinde
1,5 l Fleischbouillon
250 g vollreifer Urner Alpkäse, Gruyère oder Sbrinz
Zitronensaft
Pfeffer
2 grosse Zwiebeln
2 Knoblauchzehen
40 g Butter
Petersilie, Schnittlauch

Brot in dünne Scheiben schneiden, in die Pfanne geben, mit heisser Bouillon übergiessen. Wenn das Brot gut eingeweicht ist, aufkochen und mit dem Schwingbesen kräftig verrühren. Nach und nach geriebenen Käse zugeben, mit ein paar Tropfen Zitronensaft aromatisieren und unter ständigem Rühren kochen, bis die Suppe eine sämige Konsistenz hat. Mit Pfeffer abschmecken. Zwiebeln in Streifen schneiden, Knoblauch hacken, beides in Butter golden werden lassen.
In sehr heissen Suppentellern anrichten, Zwiebelschwitze darübergeben, Petersilie und Schnittlauch darüberstreuen.

Die Käsesuppe aus dem Kanton Uri ist ein Fossil der alten Bergbauernküche: nahrhaft, mehr Brei als Suppe und ideal, um Käse- und Brotresten zu verwerten. Mit einem Schuss Weisswein kann man die Berglersuppe noch etwas edler machen. Wichtig ist, dass vollreifer Käse verwendet wird (mindestens zweijährig) und die Zwiebeln schön knusprig gebraten werden.

Wildgemüse, Kräuter

Guter Heinrich (Wildspinat)

Friedrich Zemanek, Restaurant Walliserkanne, Fiesch (VS)
4 Personen ☆

300 g Guter Heinrich
2 Kartoffeln
1 kleiner Sellerie
½ Zwiebel
20 g Butter
2 EL Olivenöl
8 dl Gemüsebouillon
1 dl Rahm
Salz, Pfeffer, Muskat
Petersilie

Guter Heinrich, auch Wilder Spinat genannt, ist im Umkreis von Bauernhöfen und anderen nährstoffreichen Standorten zu finden. Am besten pflückt man die Pflanzen im Frühjahr, wenn sie noch nicht bitter sind. Roh kann man sie als Salat verwenden, kurz in Butter gedünstet und gewürzt als Spinat. Auch die Stängel sind essbar: Geschält lassen sie sich wie Spargeln zubereiten.

Guten Heinrich waschen, dicke Teile der Stiele wegschneiden, Blätter fein hacken. Kartoffeln schälen, in kleine Würfel schneiden. Sellerie in kleine Würfel schneiden. Zwiebel würfeln.
Butter und Olivenöl erhitzen, Zwiebeln, Kartoffeln, Sellerie dazugeben und kurz andünsten. Mit Gemüsebouillon ablöschen. 10–15 Min. köcheln lassen. Guten Heinrich dazugeben, kurz mitkochen. Rahm dazugeben, alles aufkochen. Mit Salz, Pfeffer und etwas Muskat würzen und pürieren.
In vorgewärmte Teller oder Schalen verteilen. Mit etwas gehackter Petersilie bestreuen, mit Blättern oder Blüten von Gutem Heinrich dekorieren. Nach Belieben Croûtons dazugeben.

Brennnesselcremesuppe

Monica Bürgin, Ristorante San Michele, Arosio (TI)
4 Personen ☆

1 Zwiebel
2 grosse Kartoffeln
150 g junge Brennnesselspitzen
40 g Butter
0,5 dl Weisswein
1 l gemischte Bouillon (Gemüse, Huhn)
1 dl Rahm
Salz, Pfeffer
Maizena

Zwiebel hacken, Kartoffeln schälen und in Würfel schneiden. Brennnesselspitzen mit Zwiebel und Kartoffelwürfeln in Butter andünsten. Mit Weisswein ablöschen. Mit Bouillon aufgiessen und 45 Min. köcheln lassen. Mit Rahm verfeinern und pürieren. Mit Salz und Pfeffer würzen und nach Bedarf mit wenig Maizena binden.
In vorgewärmten Tellern servieren.
Mit Brennnesselblättern dekorieren.
Tipp: Auf gleicher Basis kann man auch eine Bärlauchcremesuppe zubereiten. Dazu verwendet man weniger Bouillon (5 dl) und mehr Rahm (5 dl). Die Kochzeit ist kürzer (30 Min.). Wichtig: Den Bärlauch erst ganz am Schluss beifügen (nicht kochen).

Sauerampfersuppe

Restaurant Chesa Pool, Val Fex (GR)
4 Personen ☆

2–3 Schalotten
20 g Butter
0,6 dl Weisswein
5 dl Gemüsebrühe
60 g Sauerampferblättchen
3 EL Crème fraîche
0,5 dl Rahm
Salz, Pfeffer
1 TL Zitronensaft

Schalotten hacken und in Butter anschwitzen, mit Weisswein ablöschen und etwas einkochen lassen. Gemüsebrühe, 40 g Sauerampfer und Crème fraîche dazugeben und 10 Min. köcheln lassen. Die Suppe im Mixer pürieren und durch ein Sieb passieren. Den geschlagenen Rahm unter die Suppe ziehen. Mit Salz und Pfeffer abschmecken, Zitronensaft zugeben. Nicht mehr kochen.
20 g Sauerampfer in feine Streifen schneiden und über die Suppe streuen.

Bärenklausuppe

Esther Büchel / Werner Hinden, ehemals Restaurant Obholz, Frauenfeld (TG)
4 Personen ☆

300 g Kartoffeln
150 g Blätter vom Wiesen-Bärenklau
1 Zwiebel
40 g Butter
1 l Bouillon
4 EL Rahm
Kerbel

Kartoffeln schälen und in Würfel schneiden. Bärenklaublätter fein schneiden und etwa 10 g auf die Seite legen. Zwiebel fein schneiden und mit dem Bärenklau in 30 g Butter anschwitzen. Kartoffeln dazugeben, kurz mit anziehen lassen. Mit Bouillon ablöschen und gar kochen. Wenn die Kartoffeln gar sind, das Ganze pürieren, salzen und pfeffern. Übrigen Bärenklau in restlicher Butter anschwitzen, mit Rahm ablöschen und etwas einkochen lassen. Zur Suppe geben.
Suppe in heissen Tellern anrichten, nach Belieben mit etwas Wiesenkerbel dekorieren.
Tipp: Wenn Sie eine edlere Suppe wollen, ersetzen Sie die halbe Menge Bouillon durch Milch.

Kräutercremesuppe im Brot

Heiner Invernizzi, Restaurant Kemmeriboden-Bad, Schangnau (BE)
10 Personen ☆

1 Zwiebel
1 Knoblauchzehe
60 g Lauch
50 g Sellerie
350 g Kartoffeln
60 g Butter
2 l Gemüsefond
4 dl Rahm
100 g Mascarpone
Majoran, Kerbel, Thymian, Schnittlauch
Salz, Pfeffer
10 grosse Mutschli (Berner Weissbrötchen)

Zwiebel und Knoblauch hacken, Lauch, Sellerie und Kartoffeln klein schneiden.
Zwiebel und Knoblauch in Butter andünsten, Gemüse und Kartoffeln dazugeben und mitdünsten. Mit Gemüsefond auffüllen und ca. 40 Min. köcheln lassen. Kräuter hacken und zugeben. Suppe pürieren. Rahm und Mascarpone dazugeben. Mit Salz und Pfeffer abschmecken.
Von den Mutschli einen Deckel abschneiden, die Brötchen aushöhlen (die Krume für Paniermehl verwenden) und im Ofen bei 130 ° knusprig aufbacken.
Suppe in die Mutschli füllen und garnieren.

Stein-Moos-Suppe

Stefan Wiesner, Restaurant Rössli, Escholzmatt (LU)
4 Personen ☆

500 g Bachkieselsteine, wenn möglich mit etwas Algenbewuchs
5 dl Fischfond von Forellengräten (oder Gemüsebouillon)
2,5 dl Rahm
5 g Brunnenlebermoos
Salz, weisser Pfeffer
Champagner oder Prosecco

Bachkieselsteine waschen, im Fischfond mit dem Rahm aufkochen und 12 Std. stehen lassen. Die Steine herausheben, erneut waschen und für die Garnitur beiseite legen. Brunnenlebermoos waschen, zur Suppe geben, kurz aufkochen und 2 Std. stehen lassen. Die Suppe mixen, durch ein Haarsieb giessen, mit Salz und weissem Pfeffer abschmecken und mit einem Spritzer Champagner oder Prosecco vollenden.
Mit den Steinen garnieren und heiss servieren.

Brunnenlebermoos findet man auf Steinen oder am Boden in der Nähe von Bächen und anderen feuchten Standorten. Charakteristisch ist das «lappige», an Leber erinnernde Gewebe.

Gemüse

Zweifarbige Suppe mit Spinat und Berner Rosen

Sabina Bertin, Restaurant Rössli, Mogelsberg (SG)
4–5 Personen ☆

Tomatencremesuppe

4 reife fleischige Tomaten (Berner Rosen)
1 kleine Zwiebel
8 frische Basilikumblätter
5 dl Gemüsebouillon
4 EL Olivenöl
1 EL Rahm

Spinatcremesuppe

300 g frischer Spinat
5 dl Gemüsebouillon
4 EL Rahm
Salz, Pfeffer

Tomatencremesuppe: Tomaten häuten und würfeln, Zwiebel hacken.
Gehackte Zwiebel in 2 EL Olivenöl glasig dünsten. Tomaten und Basilikumblätter dazugeben und mitdünsten. Mit Bouillon ablöschen und 1 Std. zugedeckt köcheln lassen. Ab und zu umrühren. Unter Zugabe von 2 EL Olivenöl fein pürieren und durch ein Haarsieb streichen. Rahm dazugeben, mit Salz und Pfeffer würzen.

Spinatcremesuppe: Spinat waschen, in Salzwasser weich kochen, herausnehmen, in kaltem Wasser abschrecken. Fein pürieren. Das Püree in die saubere Pfanne geben, mit Gemüsebouillon auffüllen, mit dem Schwingbesen verrühren und zum Köcheln bringen. Rahm dazugeben, mit Salz und Pfeffer würzen. Konsistenz prüfen. Die Suppe sollte nicht zu dünn sein.
Beide Suppen gleichzeitig in die Teller füllen. Sie sollten ungefähr die gleiche Konsistenz haben, damit sie nicht ineinanderfliessen. Am Schluss einen Löffelstiel durch die beiden Suppen ziehen, sodass eine schöne Verzierung entsteht.

Heusuppe mit Linsenkeimlingen und Rauchlachs

Peter Jörimann, Restaurant Therme, Vals (GR)
4 Personen ☆☆

2 Handvoll Bergheu
100 g kleine grüne Linsen
1,5 l Gemüse- oder Geflügelbouillon
30 g Butter
40 g Mehl
0,5 dl Portwein
Meersalz
8 Tranchen Rauchlachs
1,5 dl Rahm
Kerbel oder Dill

Vorbereitung: Vier Tage vor Gebrauch die Linsen 8–10 Std. einweichen. Wasser abgiessen, Linsen in einem flachen Gefäss verteilen und mit Klarsichtfolie abdecken, drei Luftlöcher in die Folie stechen. 3 Tage lang abseits von Licht keimen lassen. Täglich 2–3 Mal mit etwas Wasser spülen und wieder zudecken. Nach drei Tagen sind die Keimlinge etwa 3 cm lang und können als Beilage für die Heusuppe verwendet werden.

Bergheusuppe: Das Bergheu in eine grosse Pfanne pressen. Bouillon beigeben, aufkochen und bei schwacher Hitze 40 Min. köcheln. Flüssigkeit durch ein feines Tuch oder ein Spitzsieb passieren und erneut aufkochen. Butter mit dem Mehl zu einer Paste (Beurre manié) verkneten. Nach und nach unter ständigem Rühren in die kochende Heusuppe geben. Die Suppe auf 8 dl einkochen. Portwein beigeben, gut rühren, mit Meersalz würzen.

Suppenteller mit Linsenkeimlingen bestreichen (ca. 40 Stück pro Teller). Lachstranchen rollen und in Stücke von ca. 2 cm schneiden. Lachsröllchen in die Mitte der Teller legen. Teller in den Ofen stellen und gut vorwärmen.

Heusuppe nochmals aufkochen. Rahm steif schlagen und darunterziehen. Suppe schäumend über die Linsen und Lachstranchen giessen. Mit frischem Kerbel oder Dill garnieren.

Hinweis: Die Heusuppe muss rasch serviert werden, damit sie luftig-schäumend auf den Tisch kommt. Das Bergheu kann durch normales Heu von Wiesen ohne Kunstdünger ersetzt werden, wo die Gräservielfalt noch vorhanden ist (Aromen).

Gommer Heusuppe mit Trockenfleisch

Ewald Michlig, Restaurant Tenne, Reckingen-Gluringen (VS)
4 Personen ☆

2 Handvoll Bioheu
100 g Sellerie
150 g Lauch, nur vom Weissen
150 g Kartoffeln
30 g Butter
4 dl Heufond
4 dl Molke
1 dl Weisswein
1 dl Rahm
Salz, Pfeffer
50 g Trockenfleisch

Das Heu in 1,5 l kochendes Wasser geben, sofort die Pfanne vom Herd ziehen und zugedeckt mindestens 3–4 Std. stehen lassen, damit sich der Heugeschmack voll entwickeln kann. Absieben. 4 dl abmessen.
Sellerie, Lauch und Kartoffeln in kleine Würfelchen schneiden und in Butter dünsten. Mit dem Heufond und der Molke ablöschen und weiterkochen, bis alles gar ist. Mixen, nach Bedarf passieren, mit Weisswein und 0,5 dl Rahm verfeinern und mit Salz und Pfeffer würzen.
In vorgewärmte Teller geben und mit einer Rahmhaube und Trockenfleischstreifen garnieren.
Walliser Roggenbrot dazu servieren.

Zürcher Spargelsuppe

Sonja Fisler, Restaurant Obermühle, Flaach (ZH)
4 Personen ☆

1 Knoblauch
½ kleine Zwiebel
250 g Spargeln
30 g Butter
1 dl Bouillon
1 Lorbeerblatt
1 Prise Zucker
3 EL Mehl
3 dl Milch
1 Eigelb
1,5 dl Rahm
Salz, Pfeffer, Kräutersalz

Knoblauch und Zwiebel fein scheiden. Spargeln schälen und in kleine Stücke schneiden.
Zwiebel und Knoblauch in Butter andünsten, Spargeln dazugeben. Mit 1 l Wasser und Bouillon ablöschen. Lorbeerblatt und Zucker dazugeben und 45 Min. köcheln lassen. Mehl durch ein Sieb zur heissen Milch geben, verrühren und der Suppe unter Rühren beigeben und etwas binden lassen. Das Ei mit dem Rahm verrühren und in die nicht kochende Suppe geben. Mit Salz, Pfeffer, Kräutersalz abschmecken.

Emmentaler Kartoffelsuppe

Christian Künzi, Restaurant Bären, Reichenbach (BE)
4 Personen ☆

4–6 mittelgrosse Kartoffeln (z. B. Agria)
1 Bund Suppengemüse (Sellerie, Rüebli, Zwiebel, Lauch)
1 Kräutersträusschen mit Lorbeer, Petersilie, Kerbel
30 g Butter
1 l Gemüsebouillon
Salz, Muskatnuss
½ Bund Kerbel
1 dl Rahm
1 EL Apfelessig
100 g Emmentaler

Kartoffeln schälen, in Würfel schneiden. Mit Suppengemüse, Kräutersträusschen und Salz in Butter kurz dünsten. Bouillon dazugiessen. Halb zugedeckt bei kleiner Hitze 30–40 Min. köcheln. Suppengemüse und Kräutersträusschen entfernen, Suppe mit einem grossen Schwingbesen kräftig durchrühren. Mit Salz und Muskat abschmecken. Kerbelblättchen fein hacken, mit Rahm verrühren, in die Suppe geben. Bei kleiner Hitze sämig köcheln. Suppe kurz vor dem Servieren mit Apfelessig abschmecken. Emmentaler in dünne Scheiben schneiden.
Den Emmentaler in Teller verteilen, die heisse Suppe darübergiessen.
Variante: Rüebli und Sellerie in der Suppe lassen.

Grosis Zibelesuppe

Daniel Lüdi, Restaurant Löwen, Heimiswil (BE)
4 Personen ☆

250 g Zwiebeln
1 dl Weisswein
1 l Gemüsebouillon
1,5 dl Rahm
Salz, Pfeffer
Safranfäden

Zwiebeln grob schneiden und glasig dünsten. Mit Weisswein ablöschen, mit Bouillon und Rahm auffüllen.
Suppe kochen lassen, bis die Zwiebeln schön weich sind. Mit Salz und Pfeffer würzen. Am Schluss einige Safranfäden dazugeben.

Gratinierte Zwiebelsuppe

Fiorella Macullo, Grotto Pergola, Giornico (TI)
6 Personen ☆

1 kg weisse Zwiebeln
3 EL Olivenöl
1 l Gemüsebrühe
1 Wacholderbeere
Salz, Pfeffer
6 Scheiben Brot (z. B. Valle-Maggia-Brot)
6 Scheiben Fontina

Zwiebeln schälen und in nicht zu feine Ringe schneiden. Olivenöl erhitzen, die Zwiebelringe unter Rühren glasig dünsten und mit der Gemüsebrühe ablöschen. Wacholderbeere dazugeben, mit Salz und Pfeffer würzen und auf kleinem Feuer 20 Min. köcheln lassen. Wacholderbeere entfernen. Die Brotscheiben im Ofen bei 180 ° während einigen Minuten toasten. Die Suppe in feuerfeste Suppentassen füllen und mit je einer Brotscheibe belegen. Darauf je eine Scheibe Fontina geben und im Ofen bei 220 ° für ca. 5 Min. gratinieren, bis der Käse geschmolzen und leicht gebräunt ist.

Crème d'amour

Christian Künzi, Restaurant Bären, Reichenbach (BE)
4 Personen ☆

1 Zwiebel
1 Lauch
40 g Butter
60 g Mehl
1 dl Weisswein
1 l heller Gemüsefond
1 Lorbeerblatt
2–3 Nelken
Salz, Pfeffer
2 dl Schlagrahm

Zwiebel hacken, Lauch klein schneiden.
Butter in einer grossen Pfanne schmelzen, Mehl dazugeben und mit dem Schwingbesen rühren, bis eine geschmeidige Schwitze entsteht. Mit Weisswein ablöschen und mit Gemüsefond auffüllen. Zwiebel, Lauch, Lorbeer und Nelken dazugeben und 30 Min. mitkochen. Gelegentlich rühren, mit Salz und Pfeffer würzen. Suppe durch ein feines Sieb passieren. Mit Schlagrahm verfeinern. Suppeneinlage nach Belieben.

Schwarzwurzelsuppe mit Randenchips

Urs Trachsel, Restaurant zum Bauernhof, Ulmiz (FR)
5 Personen ☆

1 rohe Rande
700 g Schwarzwurzeln
1 Zitrone
70 g Lauch
40 g Sellerie
70 g Zwiebeln
50 g Butter
2 l Bouillon
Salz, Pfeffer
80 g Rahm

Rande hauchdünn aufschneiden, in der Fritteuse knusprig frittieren, abtropfen und leicht salzen. Schwarzwurzeln rüsten, in kleine Stücke schneiden und in Zitronenwasser geben (sonst verfärben sie sich). Lauch und Sellerie rüsten und klein schneiden. Zwiebel klein schneiden.

Butter in Pfanne geben und Gemüse (ohne Schwarzwurzeln) anziehen, ohne dass sie Farbe annehmen. Schwarzwurzeln beigeben und kurz mitdünsten. Mit der Bouillon auffüllen und köcheln lassen, bis das Gemüse gar ist. Das Ganze mit dem Stabmixer pürieren und mit etwas Salz und Pfeffer würzen. Durch ein Spitzsieb passieren und mit Rahm verfeinern und abschmecken.

In heissen Suppentellern anrichten und mit den frittierten Randenchips dekorieren.

Randensuppe

Werner Rätz, Restaurant Auberge des Clefs, Lugnorre (FR)
3 Personen ☆

1 kleine Zwiebel
1 Knoblauchzehe
10 g Butter
1 Rande
2 dl Gemüsebouillon
2 dl Rahm
Salz, Peffer

Rande schälen, in Salzwasser gar kochen und würfeln.

Zwiebel und Knoblauch fein hacken und in Butter andünsten. Randenwürfeli dazugeben und kurz mitdünsten. Mit Bouillon ablöschen. Rahm dazugeben und leicht einkochen lassen. Mixen. Mit Salz und Pfeffer würzen.

Als Dekoration eignen sich fein geschnittene frittierte Randenscheiben.

Kürbissuppe mit weissen Bohnen

Angela / Manfre / Milena, Grotto Molino, Morbio Inferiore (TI)
4–6 Personen ☆

1 kg Kürbisfleisch
2 Zwiebeln
3 EL Olivenöl
1,2 l Gemüsebrühe
300 g weisse Bohnen, gekocht
Salz, Pfeffer
0,5 dl Rahm

Kürbisfleisch in Würfel schneiden, Zwiebeln hacken, zusammen im Olivenöl andünsten. Mit Gemüsebrühe ablöschen und 20 Min. kochen lassen. Die Bohnen dazugeben, umrühren und alles mixen. Mit Salz und Pfeffer würzen. Mit geschlagenem Rahm garnieren.

Kürbis ist in der Küche überaus beliebt geworden, vor allem für Suppen. Dies liegt auch an seiner Vielfalt: Es gibt über 1000 Sorten, in allen nur denkbaren Farben und Formen. Kürbisse enthalten zudem viel Vitamin A, C, D und E, sie sind reich an Kalium, Kalzium und Zink. Mit einem Wasseranteil von 95 Prozent ist dieses Gemüse, das streng biologisch gesehen eine Beere ist (wie die Tomate und Gurke), auch ausgesprochen kalorienarm: 20–30 kcal / 100 g.

Kürbissuppe à la jurassienne

Markus Mettler, Restaurant du Bœuf, Courgenay (JU)
4 Personen ☆

200 g Kartoffeln
400 g gelbes Kürbisfleisch
1 Zwiebel
2 Knoblauchzehen
2 EL Butter
1 Nelke
1 Lorbeerblatt
Muskatnuss, Meersalz
Rindsbouillonpaste
Speck- und Brotwürfel

Kartoffeln und Kürbis klein würfeln, Zwiebel und Knoblauch hacken.
Butter in einem grossen Kochtopf schmelzen. Zwiebel und Knoblauch andünsten, Kartoffel- und Kürbiswürfel mitdünsten. Ablöschen mit 1,5 l Wasser. Würzen mit Nelke, Lorbeer, Muskat, Meersalz aus der Mühle und wenig Rindsbouillonpaste. 40 Min. köcheln lassen, ab und zu rühren und eventuell nachwürzen. Die Gewürze herausfischen und die Suppe mit dem Stabmixer pürieren. Speck- und Brotwürfel in Butter braten und separat servieren.
Variante: Kürbissuppe in grosse Suppenteller füllen, heisse Ravioli dazugeben und mit Schnittlauch garnieren.

Kürbissuppe von Lugnorre

Werner Rätz, Restaurant Auberge des Clefs, Lugnorre (FR)
6 Personen ☆

12 Flusskrebse, ganz
300 g Kürbis (Muskat)
1 dl Weisswein
3 dl Gemüsefond
4 dl Rahm
5 dl Kaffeerahm
Salz, Pfeffer
Paprika, Curry

Kürbis rüsten und in kleine Stücke schneiden. Weisswein, Gemüsefond, Rahm und Kaffeerahm zusammen aufkochen. Mit Salz, Pfeffer, Paprika und Curry würzen. Die Kürbisstücke beigeben und ca. 15 Minuten leicht kochen, dann im Mixer pürieren und durch ein feines Sieb passieren. Flusskrebse in kochendem Wasser kurz aufkochen.
Kürbissuppe im Suppenteller servieren und mit den Flusskrebsen garnieren.

Darf man einheimische Flusskrebse (Edel-, Dohlen- und Steinkrebs) essen? Ja, sagt das Bundesamt für Umwelt. Es hat die Fangmengen und Schonzeiten jedoch sehr genau festgelegt. Dies auch deshalb, weil die aus Nordamerika eingeschleppten Signal- und Kamberkrebse einen für unsere Krebse tödlichen Pilz (Krebspest) übertragen. Da die Invasoren selber resistent sind, gefährden sie unsere autochthonen Krebsbestände. In vielen Regionen (z. B. im Genfersee) ist der Fang und Verzehr der Fremdlinge deshalb erwünscht. Landen sie auf dem Teller, hilft dies sogar mit, unsere einheimischen Krebsarten zu erhalten.

Walliser Chuchisuppe

Christian Henzen, Restaurant Fafleralp, Lötschental (VS)
4 Personen ☆

1 Zwiebel
2 Karotten
1 Lauch
1 kleiner Wirz
100 g Spinat
50 g Speckwürfeli
1 EL Butter
2 Kartoffeln
1–1,5 l Fleischbouillon
50 g Hörnli
50 g Langkornreis
150 g Raclettekäse

Zwiebel schälen und würfeln. Gemüse waschen und in kleine Stücke schneiden.
Speckwürfeli in Butter dünsten. Gemüse dazugeben und kurz mitdünsten. Mit Bouillon ablöschen und 15 Min. köcheln. Hörnli und Reis hinzufügen, nochmals 15 Min. köcheln.
In vorgewärmte Teller geben und mit geriebenem Raclettekäse bestreuen.

Lötschentaler Rostsuppe

Christian Henzen, Restaurant Fafleralp, Lötschental (VS)
4 Personen ☆

4 Karotten
1 Sellerie
1 Lauch
1 gelbe Kohlrabi
3 Kartoffeln (Lötschentaler)
200 g Mehl
50 g Butter
200 g Hörnli
Salz, Pfeffer
1 dl Rahm

Gemüse rüsten und in Würfel und Scheiben schneiden.
Mehl in Butter rösten, bis das Mehl dunkel ist, aber nicht schwarz. Mit 2 l Wasser ablöschen, mit dem Schwingbesen glatt rühren. Gemüse zusammen mit den Hörnli dazugeben und ca. 30 Min. kochen. Mit Salz und Pfeffer würzen, mit Rahm verfeinern.

La soupe de la Mère Royaume

Thierry Minguez, Café des Négociants, Carouge (GE)
6–8 Personen ☆

500 g Kartoffeln
3 Gemüselauch
1 grosse Zwiebel
400 g Speck, mager, ungesalzen
125 g Rundkornreis
Salz, Pfeffer
50 g Kerbel

Kartoffeln würfeln, Lauch in Ringe schneiden, Zwiebel hacken. Speck in 2 l Wasser 30 Min. kochen, Gemüse zugeben und eine Stunde zugedeckt köcheln lassen.
Den Speck herausnehmen und warm stellen. Reis zum Gemüsesud geben, mit Salz und Pfeffer würzen, etwa 30 Min. köcheln. Kerbel grob hacken, zugeben, weitere 15 Min. köcheln. Den Speck in kleine Stücke schneiden und der Suppe beifügen.

Um Madame Royaumes Suppentopf rankt sich eine Legende: Die beherzte Frau soll in der Nacht vom 11. auf den 12. Dezember 1602, als angreifende Savoyer über die Stadtmauer zu steigen versuchten, den Inhalt eines vollen Suppentopfes über einen Feind geschüttet haben. Seither feiern die Genfer alljährlich die Escalade. In der ganzen Stadt wird die legendäre Suppe von «Mère Royaume» serviert, und überall kann man Marmites (Suppentöpfe) aus Schokolade kaufen, gefüllt mit Marzipangemüse.

Pilze, Kastanien, Fisch, Fleisch

Tessiner Kastaniensuppe mit Pilzen

Anna und Andrea Biffi, Ristorante Ul Furmighin, Sagno (TI)
4 Personen ☆

100 g Pilze, wenn möglich verschiedene
100 g Zwiebel
Olivenöl
1,5 dl Weisswein
2 l Gemüsebouillon
1 EL Petersilie
1 EL Rosmarin
1 Lorbeerblatt
Salz, Pfeffer
200 g Kastanien, gekocht und püriert
Croûtons
Petersilie

Pilze in Stücke schneiden und zusammen mit der gehackten Zwiebel in Olivenöl anbraten. Mit Weisswein ablöschen und einkochen. Gemüsebouillon beigeben, dann gehackte Petersilie und Rosmarin und Lorbeer; salzen und pfeffern. 40 Min. auf kleinem Feuer kochen. Kastanienpüree zur Suppe geben und 15 Min. mitkochen. Nach Bedarf einige ganze gekochte Kastanien zufügen.
Die Suppe mit in Butter gerösteten Brotwürfeln und etwas frischer Petersilie servieren.

Essenz von Steinpilzen mit Häubchen

Peter Gschwendtner, Restaurant Castle, Blitzingen (VS)
4 Personen ☆☆

2 kg Steinpilze
1,5 l Rindsbouillon
Majoran, Thymian
50 g Blätterteig
1 Eigelb

4 Einmachgläser bereitstellen. Steinpilze säubern und schneiden. Rindsbouillon in eine Kasserolle geben, Steinpilze und Kräuter dazugeben und auf mittlerer Hitze gar ziehen lassen (nicht kochen, damit die Essenz schön klar bleibt). Blätterteig ausrollen und mit einem Ring etwas grösser als die Einmachglasöffnung Rondellen ausstechen. Steinpilzbouillon mit wenig Pilzen (die restlichen können z. B. für einen Risotto verwendet werden) in die Gläser füllen. Blätterteig auf die Gläser legen, andrücken. Bei 220 ° die Gläser in den Backofen schieben und den Blätterteig ca. 20 Min. aufbacken. Etwa 2–3 Minuten vor Schluss den Teig mit Eigelb bestreichen (wird dies zu früh gemacht, wird das Eigelb schwarz).

Sauerteigsuppe mit Pilzen

Friedrich Zemanek, Restaurant Walliserkanne, Fiesch (VS)
4 Personen ☆

150 g Kartoffeln
1 Rüebli
150 g Sauerteig vom Bäcker
20 g getrocknete Steinpilze
20 g frische Champignons
½ TL Kümmel
3 Knoblauchzehen
1 Zwiebel
2 EL Butter
5 dl Rahm
1 Eigelb
Petersilie
Salz, Pfeffer

Kartoffeln und Rüebli in Würfel schneiden und in Salzwasser kochen. Sauerteig in Wasser aufquellen lassen. Getrocknete Steinpilze in 1,5 Liter Wasser einweichen. Wenn die Steinpilze weich sind, Wasser absieben und auffangen. Steinpilze kurz abspülen. Dann Steinpilze, Champignons, Kümmel, 1 TL Salz und gehackten Knoblauch in das abgesiebte Wasser geben und zum Kochen bringen. Aufgequollenen Sauerteig dazugeben und unter ständigem Rühren 15–20 Min. köcheln lassen. Zwiebel hacken, in Butter dünsten, gekochte Kartoffel- und Rüebliwürfel dazugeben und kurz mitdünsten. Rahm dazugeben. Verquirltes Eigelb dazugeben. Nicht mehr aufkochen! Gehackte Petersilie zugeben. Gemüse zur Suppe geben. Mit Salz und Pfeffer abschmecken.
Suppe mit von Walliser Trockenfleisch umwickelten Grissini servieren. Eignet sich auch als Hauptgang

Lüscherzer Fischsüppchen

Hans-Jörg Girsberger, Restaurant Drei Fische, Lüscherz (BE)
4 Personen ☆

½ Karotte
¼ Zwiebel
½ Fenchel
1 kleiner Sellerie
½ Lauch, weisser Teil
1 EL Butter
1 dl Weisswein
5 dl Fischfond
1 Kartoffel
200–300 g Süsswasserfisch (Felchen, Egli, Hecht, Trüsche), Filets mit Haut
1 dl Rahm
1 EL Schnittlauch

Gemüse rüsten, waschen, auf Küchenpapier trocknen und in feine Streifen schneiden. Im Butter kurz anziehen, mit Weisswein ablöschen und aufkochen. Fischfond beifügen und bei kleiner Hitze 10 Min. kochen. Kartoffel schälen, in feine Scheiben schneiden, zur Suppe geben und 5 Min. mitkochen. Fischfilets in Würfel schneiden, zur Suppe geben, aufkochen. Mit Rahm verfeinern, mit Salz und Pfeffer abschmecken.
In vorgewärmte Suppenteller verteilen und mit Schnittlauch bestreuen.
Fischfond: Fischgräten mit etwas gehackter Zwiebel, Lauch und Karotte in 1 l Wasser 10–15 Min. auskochen.
Durch ein Sieb giessen, wieder in den Topf geben und auf 5 dl einkochen.

Prättigauer Hochzeitssuppe

Urs Vetter, Restaurant Zum Platz, Fideris (GR)
6 Personen ☆

50 g Karotten
70 g Lauch
50 g Sellerie
80 g Rohschinken
20 g Butter
Salz, Pfeffer
1 l Rindskraftbrühe oder Bouillon
2 Eigelb
2 dl Rahm
100 g Toastbrot
30 g Petersilie

Karotten, Lauch, Sellerie blanchieren. Gemüse und Rohschinken in feine Streifen schneiden, in Butter andünsten und mit Salz und Pfeffer würzen. Mit Bouillon aufgiessen und kurz aufkochen. Eigelb und Rahm mit dem Schwingbesen verrühren und unter die Suppe ziehen, nicht mehr kochen. Nochmals abschmecken. Toastbrot in Würfeli schneiden, in der Bratpfanne in etwas Butter anrösten. Petersilie fein hacken.
Die Suppe in vorgewärmte Tassen füllen, mit Brotwürfeli und Petersilie garnieren.

Süsskartoffelsuppe mit Entenleber

Werner Rätz, Restaurant Des Clefs, Lugnorre (FR)
6 Personen ☆

1 ungestopfte Entenleber
Olivenöl
Meersalz, Pfeffer
Balsamico, rot
300 g Süsskartoffeln
2 Schalotten
30 g Butter
1 l Gemüsebouillon
Curry, Paprika
3 dl Rahm
2–3 dl Champagner
Kerbel oder Sauerampfer

Entenleber gut gekühlt in feine Tranchen schneiden. Auf einem Teller mit Olivenöl, Meersalz, Pfeffer und Balsamico beträufeln, zudecken und marinieren. Süsskartoffeln rüsten und in gleich grosse Stücke schneiden.
Schalotten in Butter dünsten. Süsskartoffeln beigeben und mit Gemüsebouillon auffüllen, 10–15 Min. köcheln lassen, bis die Kartoffeln weich sind. Mit dem Mixer pürieren, wieder in den Topf geben und aufkochen. Mit etwas Curry und Paprika würzen. Mit Rahm und Champagner verfeinern. Nicht mehr kochen. Die Suppe in Tellern anrichten, die Entenlebertranchen sorgfältig auf die Suppe legen, mit Marinade und Kerbel oder Sauerampfer garnieren.

Zürcher Choschtsuppe

Hanna Tenüd, Restaurant Lauf, Hittenberg bei Wald (ZH)
4 Personen ☆

70 g weisse oder farbige Bohnen
30 g Gerste
1 Kalbsfuss
Thymian, Salbei
50 g Speckwürfeli
1 EL Butter
1 Zwiebel
1 Knoblauchzehe
150–200 g Saisongemüse (z. B. Rüebli, Sellerie, Lauch, Wirz, Tomaten)
1–2 Kartoffeln
2 dl Milch
Muskat
Petersilie

Bohnen und Gerste über Nacht einweichen.
Die Bohnen in 1,3 l frischem Wasser mit dem Kalbsfuss und etwas Thymian und Salbei während 1,5–2 Std. weich kochen. Am Ende der Kochzeit salzen. Speckwürfeli im Butter glasig braten; gehackte Zwiebel und Knoblauchzehe, das klein geschnittene Saisongemüse und Kartoffelwürfeli zugeben und anschwitzen. Zur Suppe geben und alles weich kochen. Milch dazugeben, kurz aufkochen. Mit Muskat und Petersilie abschmecken.

Wein

Solothurner Weissweinsuppe «Alter Stephan»

Andy Zaugg, Restaurant Zum Alten Stephan, Solothurn
4 Personen ☆

Einlage
40 g Lauch
40 g Karotten
80 g Poulet, geräuchert
Suppe
4 dl Weisswein
4 dl Hühnerbouillon
4 dl Rahm
1 EL Glace de viande
1 EL Basilikum-Pesto
Sambal Oelek
30 g Butter
Salz, Pfeffer
80 g Rahm
20 g Schnittlauch
Paprika
4 Grissini
4 Tranchen Rohschinken

Einlage: Lauch längs schneiden, waschen, in Würfel schneiden. Karotten in Würfel schneiden. Beides in Salzwasser weich kochen. Poulet würfeln.

Suppe: Weisswein, Bouillon, Rahm, Glace de viande, Pesto, wenig Sambal Oelek, Butter, Salz und Pfeffer: Alles zusammen aufkochen und aufmixen. Rahm steif schlagen.

Suppe in Suppentassen füllen, Einlagen dazugeben, Rahmhäubchen aufsetzen, mit Schnittlauch und Paprika bestreuen. Mit Grissini, eingewickelt in eine Tranche Schinken, garnieren.

Rieslingsuppe «Schloss Weinstein»

Alfred Herzog, Restaurant Schloss Weinstein, Marbach (SG)
3 Personen ☆

20 g Zwiebeln
20 g Lauch, vom Weissen
2 EL Olivenöl
3 dl Rindsbouillon
4 dl Riesling × Silvaner
3 dl Gemüsebrühe
30 g Reismehl
0,5 dl Rahm
Schnittlauch

Zwiebeln und Lauch fein schneiden. Im Olivenöl andünsten und mit dem Wein ablöschen. Rindsbouillon aufgiessen. Gemüsebrühe und Reismehl anrühren und dazugiessen. Während 40 Min. köcheln lassen, dann abschmecken, mixen und passieren.
In Suppentassen mit Häubchen aus geschlagenem Rahm und Schnittlauch anrichten.

Weissweinsuppe «Zur Post»

Anna Erb, Restaurant Zur Post, Volken (ZH)
4 Personen ☆

50 g Speck
½ Lauch
10 g Butter
1 EL Mehl
1 l Riesling × Silvaner
2,5 dl Rahm
Salz, Pfeffer

Speck in Würfeli schneiden, Lauch in Ringe schneiden und beides in Butter anschwitzen. Mit Mehl bestäuben und mit Riesling × Silvaner auffüllen. Rund 3 Std. bei ganz geringer Hitze leise köcheln. Dann passieren und kurz aufkochen. Rahm zugeben und mit Salz und Pfeffer abschmecken.

SALAT

Bärlauch

Sinfonie in Grün

Kurz nach der Schneeschmelze, wenn die Bäume noch kahl sind, spriessen bereits die ersten Löwenzahnblätter aus dem Boden. An den Waldrändern beginnt der Bärlauch seinen Knoblauchduft zu verströmen. Der wilde Bruder des Thymians setzt lila Farbtupfer auf Steine und felsige Fluren. Und der Wiesenkerbel, einer der am schnellsten wachsenden Frühlingsboten, reckt seine filigranen Blütendolden in den Himmel. «Der Bär», sagen die Tessiner, «wechselt sein Fell.» Es ist die Zeit, in der es Kräuterfrauen wie Meret Bissegger magisch hinauszieht in die Wälder und Wiesen. «Im Frühling werde ich zur Geiss», sagt die Naturköchin aus Malvaglia. Sie gibt bei sich zu Hause weit herum bekannte Kochkurse mit Wildpflanzen: Gemeinsam gehen die Teilnehmer hinaus, pflücken junge Triebe, Blätter und Blüten; in der grossen Küche entstehen daraus Salate, Vorspeisen und ganze Mahlzeiten – eine Sinfonie der Aromen, Farben und Düfte. «Die essbaren Wildpflanzen gehören zu den kreativsten Ausgangsprodukten in der Küche», sagt Meret, die immer wieder mit neuen Kreationen überrascht, zum Beispiel mit einem Salat aus Trieben von Wildem Hopfen, der ein bisschen wie Tannenharz schmeckt (Rezept S. 63). Oder mit einem Salat aus gekochten Sprossen des Waldgeissbarts mit Reis und Mandelöl. Wie schwarze Oliven schmecken die in Olivenöl stark angebratenen, mit Weisswein abgelöschten Knospen der Löwenzahnblüten. Wie Rhabarber die jungen Triebe des Japanischen Knöterichs, den Meret mit Ricotta, Nüssen und aromatischen Kräutern füllt, kurz im Ofen bäckt und als Apéro zum Salat serviert. Dazu kommen farbenfrohe Dips und Sösselchen zum Eintunken von fein geschnittenem Gartengemüse. Merets Wildpflanzenküche ist ein kulinarisches Gesamtkunstwerk, das stets auch viel Gesprächsstoff unter den Kursteilnehmern liefert.

Meret Bissegger

- Wilder Thymian
- Borretsch
- Wiesenkerbel
- Bachbungen-Ehrenpreis
- Rote Waldnelke

Wildkräutersalate sind Urchuchi pur

Wie schmecken Malvenblüten? Wie lässt sich das Aroma des Barbarakrauts umschreiben? Woran erinnert Portulak? Spannend an Wildkräutersalaten sind die feinen Geschmacksnuancen. Brunnenkresse schmeckt leicht bitter und scharf. Portulak hat eine säuerliche und salzige Note. Die Wilde Rauke gibt dem Salat ein nussiges Aroma, während die Blütenknospen der Kapuzinerkresse – in Essig eingelegt – wie Kapern schmecken. Auch viele Blüten sind essbar. Delikat ist der blauviolette Borretsch, der ein gurkenähnliches Aroma hat. Oder die orangefarbenen Tagetes, die geschmacklich an Zitronen oder Mandarinen erinnern. Auch frische Rosen-, Nelken- oder Malvenblüten eignen sich als aromatische Farbtupfer in Salaten. Es lohnt sich, diese Schätze der Natur zu entdecken und neue Kombinationen auszuprobieren. Sichere Werte sind die feinen, eher süsslichen Wildpflanzen wie Lindenblätter, Fetthenne, Sauerampfer oder Wilder Nüsslisalat – jung gepflückt, mit etwas Balsamico, Oliven- und Baumnussöl entstehen daraus leichte Frühlingssalate. Etwas dickere Saucen – zum Beispiel mit Apfelessig, kaltgepressten Ölen, Joghurt oder Mayonnaise – benötigen die eher bitter schmeckenden Wildpflanzen wie Labkraut, Knoblauchrauke, Wiesen-Pippau oder Wicke. Dazu gehören auch die jungen Blätter des Löwenzahns: Mit Rosinen, gerösteten Pinienkernen und einem raffinierten Dressing wird dieser zartgrüne Wilde zur Delikatesse (Rezept S. 62).

Der Frühling ist die beste Zeit für Wildpflanzen. Da viele schon nach wenigen Wochen zäh werden und manche sogar unverträgliche Inhaltsstoffe entwickeln, sollte man möglichst nur junge Pflanzenteile pflücken und sicherheitshalber auch nur diejenigen, die man wirklich gut kennt. Vor der Verwendung die Wildkräuter gut waschen oder kurz ins Salzwasser legen und dann vorsichtig auf einem Küchentuch abtupfen.

Ab Mai kommen die Salate aus dem Garten: Kopfsalat, Lollo, Eichblatt, Batavia und andere Schnittsalate. Zahlreiche Gemüse erweitern die Palette: Rettich, Radieschen, Zucchini, Tomaten, Peperoni – ein neues, farbenfrohes Salatkapitel beginnt, das bis in den Spätherbst reicht. Der Herbst ist die richtige Zeit für einen Linsensalat mit Lauch und Karotten (Rezept S. 66) oder für einen Pilzsalat (Rezept S. 68).

Vinaigrettes, Kräuteröle, Kapern aus Blumenknospen

Mit Kräutern angesetzte Öle und Vinaigrettes sind einfach herzustellen. Zum Beispiel eine Zitronenvinaigrette: Den Saft einer Zitrone mit 2 Esslöffeln Rahm, 6 Esslöffeln Olivenöl, Salz und Pfeffer vermengen – und schon hat man eine Salatsauce mit mediterraner Note. Genauso einfach ist die Kreation einer Holunderblüten-Vinaigrette: Eine Handvoll Holunderblüten in einem Liter Weissweinessig und etwas Estragon an der Sonne stehen lassen und dann passieren – das ergibt einen hocharomatischen, leicht süsslichen Frühlingsessig. Statt einer klassischen Salatsauce kann man zur Abwechslung eine leuchtend grüne Kräutermousse servieren: Kräuter (z. B. Basilikum) fein schneiden und mit etwas Zitronensaft, Pinienkernen und Pfeffer pürieren – mehr braucht es nicht. Fast alle Kräuter eignen sich zum Pürieren oder Einlegen in Öl oder Essig. Auf den folgenden Seiten finden Sie dazu einige Rezepte.

Aus den Knospen von Blüten kann man aromatische «Kapern» als Salatzugabe machen (die bekannten Kapern sind eingelegte Blütenknospen des Kapernstrauchs). Gut geeignet sind Knospen von Löwenzahn, Bärlauch, Kapuzinerkresse und Gänseblümchen. Dazu kocht man wenig Wasser mit etwas Kräuteressig, Salz, Pfeffer und einer Prise Zucker auf, gibt die gewaschenen Blütenknospen hinein, lässt sie etwas ziehen und kühlt sie schnell ab.

Wildpflanzensalat

Schon die Pfahlbauer assen Salat

Die prähistorischen Sammler ernährten sich im Wesentlichen pflanzlich. Junge Pflanzenblätter, Samen von Gräsern, Blüten, Pilze und Beeren gehörten zum Menüplan. Als sich die Gletscher zurückzogen, war das vegetarische Buffet bereits reich gedeckt. Durchaus denkbar, dass schon die Pfahlbauer ihre Salate mit einer Art Vinaigrette anmachten, zum Beispiel aus dem vergorenen Saft von Beeren oder Früchten. Mit Sicherheit wurden Kümmel und Kerbelsamen verwendet, wie bei Ausgrabungen nachgewiesen wurde.

Doch erst in der Antike entstand aus der vegetarischen Urküche eine vergleichsweise moderne Salatkultur: Mit Weinessig, Olivenöl und dem Saft von Zitrusfrüchten begannen die Ägypter, Griechen und später die Römer ihre Salate zu veredeln. Im nördlichen Europa wurden Salate dagegen meist nur mit Essig angemacht, wie etwa Wolfram von Eschenbachs «Parzival» (um 1210) belegt: «Dann brachte der eine von den Söhnen des Hauses Portulak herein und Lattich, eingebrockt in Weinessig» – wovon die Gäste nicht begeistert waren. Die geringe Lust der Nordeuropäer auf Salat hatte nicht zuletzt ökonomische Gründe: Mediterrane Gewürzkräuter wie Basilikum, Salbei, Rosmarin oder Senfkraut – von den Römern über den Alpenkamm gebracht – waren Luxusgüter, die man sich nur in den Gärten der Klöster und Fürstenhäuser leisten konnte. Salz und Pfeffer wurden noch im 15. Jahrhundert mit Gold aufgewogen. In der Bergler- und Bauernküche gaben die Salate auch schlicht zu wenig her, um die hungrigen Mäuler zu stopfen. Da war man schon froh, wenn überhaupt eine Mahlzeit auf den Tisch kam – und das war in der Regel ein Brei oder eine Suppe. Ganz anders an den Fürstenhöfen zur Zeit des Barock: Hier waren opulente Salatbuffets gefragt; die Salatiers und Sauciers genossen Künstlerstatus und versuchten sich in der Kombination exotischer Gewürze zu übertreffen. So erstaunt es nicht, dass im kulinarischen Erbe der nördlichen Bauernküche kaum Salate auftauchen – in der Schweiz sogar nur ein einziger: der Wurstsalat mit dem Cervelat.

Cervelat-Salat

Die heute aus bestem Rindfleischbrät gefertigte «Nationalwurst» war früher weit deftiger, wie einem bernischen Kochbüchlein aus dem Jahr 1749 zu entnehmen ist: Schweinefleisch, Speck, Schwarten und frisches Schweineblut gehörten zur Rezeptur. Nicht überliefert ist, ob diese «Blutwurst» schon damals auch als Salat genossen wurde.

Kräutergarten im Kloster St. Gallen

Systematisch erforscht wurden die aromatischen Kräuter und Gewürze im Mittelalter. Dabei nahmen die Benediktiner im Kloster St. Gallen eine führende Rolle ein: Im Klosterplan aus dem 9. Jahrhundert sind Beete mit Bohnenkraut, Rosmarin, Salbei, Weinraute und Ysop aufgeführt. Darunter auch Pflanzen, von denen man glaubte, sie würden Dämonen abwehren, wie der Wacholder oder das damals «Jageteufel» genannte Johanniskraut. Die Kräuterforscher interessierten sich besonders für die ätherischen Öle und heilenden Wirkstoffe, die im Gewebe der Pflanzen gespeichert sind. Im 16. Jahrhundert entstanden zahlreiche üppig bebilderte Kräuter- und Heilpflanzenbücher, die auch Auswirkungen auf die Kochkunst hatten: Die Küche gewann an Raffinesse und an Sicherheit. Denn jetzt wussten die Köchinnen und Köche genau, was gesund und was giftig war, und begannen die Kräuter auch deutlich dezenter einzusetzen. Eine neue Ära der Kräuterküche begann, die sich mit der Wiederentdeckung der essbaren Wildpflanzen in unseren Tagen zu einem neuen Trend entwickelt hat.

Wilder Garten mit Mangold

Löwenzahnsalat

Sabine Miggitsch, Ristorante Oxalis, Ponte Capriasca (TI)
4 Personen ☆

1 EL Rosinen
200–300 g Löwenzahnblätter
2 EL Pinienkerne
4 EL Olivenöl
2 EL Rotweinessig
Salz, Pfeffer

Rosinen kurz in wenig Wasser einweichen und abtropfen lassen. Löwenzahn gründlich waschen und trocken schleudern. Pinienkerne ohne Fett in einer Teflonpfanne leicht rösten.
Olivenöl und Rotweinessig mischen, mit Salz und Pfeffer würzen. Alles in die Schüssel geben und mischen.

Salat aus Wildem Hopfen

Meret Bissegger, La Cucina Naturale, Malvaglia (TI)
4 Personen ☆

300 g Hopfen, junge Triebe
Salz
20 g Butter
Vinaigrette

Hopfentriebe in Salzwasser al dente kochen (nicht weich kochen!). Wasser abgiessen und den Hopfen in Butter andünsten. Auf einer Platte anrichten, mit einer Vinaigrette oder Sauce Hollandaise servieren.
Eignet sich auch als Gemüsebeilage zu Fleischgerichten.

Der Wilde Hopfen (Humulus lupulus) rankt sich an Bäumen, Hecken und Sträuchern hoch. Viele Gartenbesitzer ärgen sich über dieses buchstäblich windige Kraut, das in der Küche eine Delikatesse ist: Die jungen Triebe schmecken wie zarter Spargel.

Wildkräutersalat mit Geisskäse

Robert Gisler, Restaurant Kaiserstock, Riemenstalden (SZ)
4 Personen ☆☆

150 g Wildkräuter und Blüten
2–3 TL Löwenzahngelee (Rezept S. 370)
3 EL Weissweinessig
20 g Zwiebeln
⅓ Knoblauchzehe
Senf
Salz, weisser Pfeffer
4 EL Olivenöl

Geisskäse-Marinade

Wildkräuter und -gemüse, einige Blätter
1 EL Olivenöl
Pfeffer, weiss
160 g Geisskäse
Mehl
1 Ei
Weissbrotbrösel

In Wiesen und Wald Wildkräuter und Blüten sammeln, zum Beispiel Löwenzahn, Schlüsselblumen, Gänseblümchen, Fleischblumen, Sauerklee, Sauerampfer, junge Triebe von Erdbeerkraut und junge Bärlauchspitzen. Kräuter und Blüten unter kaltem Wasser gut abspülen und kühl stellen. Löwenzahngelee mit Essig mischen. Zwiebel fein hacken, Knoblauch (gerieben), Senf, Pfeffer und Salz dazugeben. Olivenöl langsam unter ständigem Rühren beigeben.

Geisskäse-Marinade: Im Mörser einige Blätter Bärlauch, Sauerklee und Sauerampfer mit Olivenöl und weissem Pfeffer zu einer Paste verarbeiten. Geisskäse in Scheiben schneiden, beidseitig marinieren und 1 Std. ziehen lassen. Käsescheiben in Mehl und Ei wenden, mit Brotbrösel panieren, in der Pfanne knusprig braten und auf Küchenpapier absetzen.

Geisskäse auf Tellern anrichten, Kräutersalat mit der Hälfte der Vinaigrette mischen und auf die Teller verteilen. Übrige Vinaigrette separat servieren.

Tipp: Den Salat mit Würstchen (in Scheiben geschnitten) oder mit Trockenfleischstreifen ergänzen und mit getrockneten ganzen Löwenzahnblüten dekorieren (siehe Bild Kapitel-Titelseite).

Spinat-Kerbel-Salat

Hanna Tenüd, Gasthof Lauf, Hüttenberg bei Wald (ZH)
4 Personen ☆

600 g junger Spinat
½ Bund Radieschen
1 kleine Karotte
1 Bund Wilder Kerbel
4 EL Apfelessig
6 EL Distelöl
Salz, Pfeffer
½ Zwiebel
½ Bund Schnittlauch

Spinat unter fliessendem Wasser waschen (nicht in Wasser einlegen, da sich die Vitamine sonst herauslösen). Stiele entfernen und Blätter klein zupfen. Radieschen waschen und in Scheiben schneiden. Karotte schälen und raffeln. Den Kerbel abbrausen und die feinen Blättchen abzupfen. Alles vermengen. Separat Distelöl langsam in den Essig einrühren, mit Salz und Pfeffer würzen und fein gewürfelte Zwiebel zugeben.

Salat auf Tellern anrichten, mit der Sauce übergiessen und mit Schnittlauch dekorieren.

Variante: Den Salat mit Schaf- oder Ziegenfrischkäse anreichern.

Der Wilde Kerbel, auch Echter Kerbel genannt, wächst an Böschungen, bei Hecken und Zäunen – aber aufgepasst: Er hat einen gefährlichen Doppelgänger, den giftigen Schierling! Der Unterschied ist durch Zerreiben der Blätter leicht festzustellen: Schierling stinkt urinartig, Kerbel dagegen duftet nach Anis, würzig und elegant. Wie die meisten Wildkräuter ist der Kerbel auch eine Heilpflanze. Er zeichnet sich durch seine blutreinigende und leicht harntreibende Wirkung aus.

Buchweizensalat

Erica Bänziger, Verscio (TI)
4 Personen ☆

160 g Buchweizen
3 EL Olivenöl
Kardamom
3,5 dl leichte Gemüsebouillon
2 EL Apfelessig
Paprikapulver
250 g Gemüse, gemischt (z. B. Karotten, Sellerie, Fenchel, Kohlrabi)
100 g Lauch
Kräutersalz
Basilikum

Buchweizen in einer heissen Pfanne kurz trocken rösten, bis er leicht duftet. 1 EL Olivenöl und eine Prise Kardamom unterrühren, mit Gemüsebouillon ablöschen, aufkochen und 2–3 Min. sprudelnd kochen. Herd abschalten und zugedeckt 30 Min. ausquellen lassen. Mit Apfelessig und einer Prise Paprika abschmecken.
Gemüse schälen, in Stäbchen schneiden, Lauch in Ringe schneiden. Gemüse ohne Lauch im Dampf bissfest garen. Lauch dazugeben und 5 Min. mitgaren. Das Gemüse mit 2 EL Olivenöl und Kräutersalz würzen. Basilikumblätter in Streifen schneiden, mit dem Buchweizen mischen.
Lau servieren: Gemüse auf Teller verteilen, Buchweizen auf dem Gemüse anrichten.
Tipp: Mit einem Eisportionierer lässt sich der Buchweizen schön halbkugelförmig anrichten.

Linsensalat mit Lauch und Karotten

Erica Bänziger, Verscio (TI)
4 Personen ☆

100 g rote Linsen
2 dl Gemüsebouillon
1 EL Olivenöl
150 g Lauch
100 g Karotten
1 EL Kürbiskerne
Blattsalat (z. B. Endivie)
Marinade
1 unbehandelte Zitrone
1 EL Sojasauce
4 EL Olivenöl
Petersilie
Kräutersalz

Linsen in der Bouillon aufkochen, bei geringer Hitze 10 Min. köcheln, bis die Linsen weich sind. Abgiessen. Lauch rüsten, längs halbieren und in Streifen schneiden. Karotten schälen und in Stäbchen schneiden. Lauch und Karotten im Olivenöl knackig dünsten.
Marinade: Zitrone auspressen, etwas Schale abreiben und dazugeben, dann gehackte Petersilie, Sojasauce und Olivenöl. Mit Kräutersalz abschmecken und gut mischen
Das noch lauwarme Gemüse mit den Linsen zur Marinade geben. In Teller verteilen, mit Blattsalat garnieren, Kürbiskerne darüberstreuen.

Kartoffelsalat

Anna Erb, Wirtschaft Zur Post, Volken (ZH)
4–5 Personen ☆

1 Eigelb
1 TL Senf
1 dl Rapsöl
2 EL kräftige Bouillon
2 EL Kräuteressig
0,5 dl Halbrahm
Salz, Pfeffer
1 kg Kartoffeln (Desirée oder Agate)
Petersilie

Eigelb mit Senf und Rapsöl zu einer Mayonaise verrühren. Nacheinander Bouillon, Kräuteressig und Halbrahm einrühren. Mit Salz und Pfeffer würzen.
Kartoffeln dämpfen (wie Gschwellti), abkühlen lassen, schälen und sorgfältig in die Sauce schneiden.
Zum Garnieren Peterli, nach Belieben feingeschnittene Zwiebeln.

Randensalat nach Bauernart

Elisabeth König-Staub, Restaurant Kreuz, Iffwil (BE)
4 Personen ☆

4 Randen
½ Apfel
½ Zwiebel
1 Knoblauchzehe
Salz, Pfeffer
Zimt, gemahlen
Rotweinessig oder roter Balsamico

Randen ganz kochen, dann in feine Scheiben schneiden oder würfeln. Apfel, Zwiebel und Knoblauch fein hacken und dazugeben. Mit Salz, Pfeffer und Zimt würzen. Essig oder Balsamico dazugeben und 1 Std. ziehen lassen. Nicht in den Kühlschrank stellen, der Randensalat sollte lauwarm serviert werden.

Wurst-Käse-Salat

Giorgio Bernard, Gasthaus Bergli, Klausenpass (GL)
4 Personen ☆

1 dl Balsamico, weiss
0,5 dl Olivenöl
1–2 EL Senf
Salz, Pfeffer
Paprika
6 Cervelats
300 g Glarner Alpkäse
2 Zwiebeln
Salatblätter (gemischt, z. B. Kopf-, Nüssli-, Eisbergsalat)
2 Tomaten
4 Radiesli
Kräuter

Balsamico, Olivenöl, Senf, Salz, Pfeffer und Paprika zu einer Salatsauce mixen.
Cervelat in Rädli schneiden, Käse in dünne Stücke, Zwiebeln in Streifen. In eine Schüssel geben, mit der Hälfte der Salatsauce mischen und etwas ziehen lassen.
Salatblätter einzeln durch die restliche Salatsauce ziehen und auf Teller anrichten. Den Wurst-Käse-Salat in die Mitte legen und die übrig gebliebene Salatsauce darübergeben. Mit in Scheiben geschnittenen Tomaten und Radiesli sowie Kräutern garnieren.

Pilzsalat

Erica Bänziger, Verscio (TI)
4 Personen ☆

500 g gemischte Pilze (z. B. Eierschwämme, Steinpilze, Champignons)
2 Frühlingszwiebeln
4 EL Olivenöl
2 EL weisser Balsamico
2 TL Thymianblättchen
Salz, Pfeffer
100 g Schnittsalat (z. B. grüner Eichblattsalat)
4 Thymianzweige

Eierschwämme rüsten und halbieren (je nach Grösse auch vierteln). Steinpilze und Champignons kurz im kalten Wasser spülen, trockentupfen und in Scheiben schneiden. Frühlingszwiebeln (inkl. Grün) in feine Ringe schneiden. Zwiebelringe in Olivenöl kurz andünsten. Pilze dazugeben und mitdünsten. Mit Aceto balsamico, Thymian, Salz und Pfeffer würzen. Alles gut mischen.
Salatblätter auf Teller anrichten, Pilze darauf verteilen, mit Thymianzweig garnieren.

Sauce, Essig

Rote Brunnenkresse-Vinaigrette

Friedrich Zemanek, Restaurant Walliserkanne, Fiesch (VS)
4 Personen ☆

30 g Brunnenkresse
1 TL Paprikapulver
2 TL Senf, scharf
2 ½ EL Pflanzenöl
4 TL Rotweinessig
5 EL Fendant
1 TL Zucker
Salz, Pfeffer

Brunnenkresse hacken. Alle weiteren Zutaten miteinander verrühren. Brunnenkresse dazugeben, nochmals gut verrühren und alles im Mixer aufmixen. In ein Einmachglas füllen und bis zur Verwendung gekühlt aufbewahren.
Die leicht scharfe, aromatische Vinaigrette passt gut zu Wildkräutersalaten, Rohgemüse (Apéro) oder zu geräucherten Fischfilets.

Brunnenkresse findet man an und in fliessenden Bächen bis hinauf zur Baumgrenze. Die Blätter eignen sich nicht nur für Vinaigrettes, sondern auch für Salate und als Beilage zu Fleischgerichten. Auch die Samen kann man verwenden: Getrocknet ergeben sie ein aromatisches, pfefferähnliches Gewürz.

Salatsauce mit Feigensenf

Agnese Broggini, Ristorante Stazione Da Agnese, Intragna (TI)
4 Portionen ☆

1 EL Feigensenf
1 EL milder Senf
1 EL Mayonnaise
2 EL Sonnenblumenöl
Salz, Pfeffer

Feigensenf, Senf und Mayonnaise miteinander verrühren. Sonnenblumenöl und 2 EL Wasser dazugeben und alles tüchtig mit dem Schneebesen verrühren. Mit Salz und Pfeffer würzen.

Himbeer-Vinaigrette

Monica Bürgin, Ristorante San Michele, Arosio (TI)
4 Personen ☆

3 EL Apfel- oder weisser Balsamicoessig
1 Handvoll frische Himbeeren
6 EL Olivenöl
Salz, Pfeffer

Essig mit den Himbeeren kurz aufkochen und so lange rühren, bis die Beeren zerfallen. Mit Olivenöl, Salz und Pfeffer mischen und noch warm über Wildkräutersalat träufeln. Schmeckt auch gut zu Spinatsalat.

Erdbeeressig

Nadja Hoffer, ehemals Hirschen, Oberstammheim (ZH)
1 Liter ☆

500 g vollreife Erdbeeren
1 l Weissweinessig
1 TL Zitronenpfeffer

Erdbeeren waschen, rüsten und in gleich grosse Stücke schneiden. Mit dem Weissweinessig (erste Qualtät) in eine Flasche füllen. Zitronenpfeffer dazugeben. Die Flasche gut verschliessen und kräftig schütteln. Für mindestens 4 Wochen in den dunklen kühlen Keller stellen. Dann durch ein Passiertuch laufen lassen, in die gereinigten Flaschen füllen und gut verschliessen. Erdbeeressig eignet sich zum Verfeinern von Wildkräutersalaten, Spinatsalat und für sommerliche Gemüse-Carpaccios.

Holunderessig

Friedrich Zemanek, Restaurant Walliserkanne, Fiesch (VS)
7 Deziliter ☆

10 Holunderblütendolden
1 l Weissweinessig
2 Zweige Estragon

Weissweinessig in ein passendes Glasgefäss füllen, Holunderblütendolden und Estragon dazugeben, verrühren und mindestens 1 Woche in der Sonne stehen lassen. Durch ein feines Sieb passieren und in Flaschen abfüllen.

Sowohl der Schwarze Holunder (Sambucus nigra) als auch der Rote Holunder (Sambucus racemosa) eignen sich zur Herstellung von Essig. Auch Sirup, Konfitüren und Schaumwein lassen sich aus dieser weit verbreiteten Wildpflanze zubereiten (siehe Rezept «Holunderblütensirup» S. 369).

VORSPEISE

Klein und fein

Schwartenmagen, Luussalbi, Chäs-Chissi: Bei den Vorspeisen geht es in der Schweizer Küche urchig zu und her. Da sucht man vergeblich nach französischen Überfeinerungen und «l'art pour l'art». Zwar gibt es auch bei uns herrliche Terrinen, die schon fast Kunststatus geniessen, doch auch sie sind bodennahe Kreationen, zubereitet aus Kartoffeln, Linsen oder Ziger. Selbst die Mousses erinnern noch an Archaisch-Alpines: Ziegenfrischkäse aus dem Verzascatal wird glatt gemixt und mit Rahm verfeinert, oder Kastanien und Auberginen gehen eine luftige Mariage ein. Da die Schweiz ein Käseland ist, sind viele Vorspeisen auf Käse aufgebaut, etwa die Kernser Chäs-Chissi (Rezept S. 80) oder die Fitri d'Anzonico aus dem Tessin (Rezept S. 80).

Die meisten Vorspeisen sind erst in den letzten Jahrzehnten entstanden. Gourmetköche haben die Zutaten der Schweizer Urchuchi sozusagen neu aufgemischt, verfeinert und daraus Häppchen und Entrées gemacht. Die eine oder andere Vorspeise lässt sich – mit grösseren Mengen zubereitet oder mit einem Salat erweitert – durchaus als Hauptgang servieren. Die knusprigen Polentablätter zum Beispiel (Rezept S. 87) oder die marinierten Forellen (Trota in carpione), die mit knusprigem Brot und einem guten Glas Wein eine leichte, sommerliche Hauptspeise darstellen.

Andere Vorspeisen wollen lieber klein bleiben, etwa die gefüllten Zucchiniblüten. Oder Lucas Ziegenfrischkäse-Terrine mit Gemüse (Bild links) – schon optisch ein edles Stück Urchuchi, das den Begriff Terrine (von frz. Erde, Boden) auch inhaltlich schön umsetzt: Die Zutaten bringen den Geschmack der Region zum Ausdruck (Rezept S. 86).

Während Terrinen bei Schweizern ausgesprochen beliebt sind (insbesondere in der Wildzeit), spielen interessanterweise Pasteten keine grosse Rolle. Weil ihnen der Ruch des Adligen anhaftet? Sie wurden an den französischen Fürstenhöfen als repräsentative Kunstwerke inszeniert. So soll zu Ehren des Herzogs Philippe le Bon 1452 eine Pastete serviert worden sein, auf der ein Orchester musizierte. Ein bescheidener Nachklang findet sich in der Luzerner Fritschipastete, die alljährlich dem neuerkorenen Zunftmeister zur Safran und seinen Zünftern serviert wird. In kleiner Form wird sie gelegentlich auch als Vorspeise serviert. Im «Urchuchi-Rezeptbuch» ist sie bei den Hauptgängen zu finden (Rezept S. 147).

Die Vorspeise – bei den Franzosen entrée – ist laut Duden eine kleine Speise, die den Appetit anregen soll. Während Vorspeisen in Italien (Antipasti), in arabischen Ländern (Mezze) oder in Spanien (Tapas) opulente Buffets sein können, beschränkt sich die Vorspeise in der Schweiz in der Regel auf eine einzige Darreichung. Die ist dann allerdings oft besonders liebevoll gestaltet. Die Kunst besteht in der Reduktion und der optisch und geschmacklich raffinierten Inszenierung. Gourmetköche haben sich in den letzten Jahrzehnten intensiv mit Vorspeisen befasst und sich dabei – ganz im Sinne Escoffiers – auf die regionalen Produkte konzentriert. Dabei kam die schweizerische Vorliebe fürs Tüfteln zum Zug. Entstanden sind überraschende Fusionen und Kombinationen, die gar nicht schwierig sein müssen, wie bei den Apérokugeln mit Farina bóna (Rezept S. 81) zu merken ist. Farina bóna, Mehl aus gerösteten Maiskörnern, eine uralte Spezialität der Bauern im Onsernonetal, wurde ursprünglich für Polenta verwendet, jetzt auch für ebenso einfache Mais-Bällchen, die man zum Apéro serviert.

Lebende Fische zur Vorspeise

Vorspeisen sind ein Produkt der Haute Cuisine Frankreichs, die im 19. Jahrhundert europaweiten Einfluss gewann. Begründet wurde sie von Starköchen wie Antonin Carême (1784–1833) und Auguste Escoffier (1846–1935), die eine Küche propagierten, in der ausschliesslich frische, hochwertige Produkte der Region verwendet werden. Viel zur Esskultur trug auch der Gastrophilosoph Jean Anthelme Brillat-Savarin (1755–1826) bei, der in seiner «Physiologie du goût» den Genuss betonte. Er unterschied als Erster zwischen Gourmand (Schlemmer) und Gourmet (Feinschmecker) und zählte sich selbstverständlich zu den Gourmets, obwohl er einen Fasanenbraten samt Beilagen ganz selbstverständlich zu den Vorspeisen zählte. Einig waren sich alle grossen Kochtheoretiker, dass in der klassischen Küche die kalte Vorspeise als Erstes gereicht wird, die warme Vorspeise als Bindeglied zwischen Suppe und Hauptgang.

Auch die Brüder Grimm haben sich der Vorspeise angenommen und sie im Deutschen Wörterbuch als «speise, welche vor einer anderen aufgesetzt und genossen wird», beschrieben. Unter ihren Einträgen findet sich auch dieser: «Einige kleinere arten fische werden als vorspeise sogar lebendig verzehrt.» Zu solchem bemerken die Brüder Grimm: «Der bauch nimpt eben allerley speise zu sich, doch ist nicht jede speise so gut als die andere.»

Klassiker

Zigerbrüüt (Brot mit Luussalbi)

Bruno Reich, Berggasthaus Fronalpstock, Fronalp ob Mollis (GL)
Für 10 Brotscheiben ☆

250 g Butter
170–200 g Schabziger
10 Weissbrotscheiben
Kräuter

Zimmerwarme Butter mit dem Rührwerk zu einer schaumigen Masse schlagen. Fein geriebenen Schabziger beigeben und 2 Min. weiterrühren. Kein Salz beigeben, Schabziger ist würzig genug! Weissbrot- oder Parisettescheiben leicht toasten, mit dem Zigerschaum bestreichen und mit Kräutern dekorieren.
Variante: Wer es edler mag, kann etwas geschlagenen Rahm dazumischen.

Ziger-Soufflé

Markus Strässle, Restaurant Richisau, Klöntal (GL)
5–6 Personen ☆

50 g Butter
50 g Mehl
2,5 dl Milch
100–150 g Schabziger
4 Eigelb
4 Eiweiss
1 Msp. Maizena
Salz, Pfeffer

Butter schmelzen, Mehl beigeben, erhitzen und rühren, bis ein leichter Glanz entsteht. Mit Milch ablöschen und zu einer dicken Béchamel rühren. Vom Feuer nehmen. Den fein geriebenen Schabziger dazumischen. Eigelb einzeln einrühren. Eiweiss mit Maizena schaumig schlagen und in Etappen darunterziehen. Mit Salz und Pfeffer würzen. Backofen auf 160 ° vorheizen. Förmchen mit Butter ausstreichen, mehlen, Masse einfüllen (Förmchen nur zu zwei Dritteln füllen). Förmchen in den Ofen geben und Temperatur auf 200 ° erhöhen. Nach 20 Min. sind die Soufflés schön aufgegangen und gebräunt.
Mit Salat servieren.

Fitri d'Anzonico

(Alpkäse mit Buchweizen-Käse-Kruste)

Rosa Maddalon, Ristorante Bellavista, Anzonico (TI)
6 Personen ☆

600 g Buchweizenmehl
1 ½ TL Salz
1 ½ TL Trockenhefe
3 Eier
1 Handvoll Sbrinz
500 g Alpkäse aus der Leventina
Olivenöl

Buchweizenmehl mit Salz, Trockenhefe und 8 dl lauwarmem Wasser verrühren. Eier aufschlagen, mit dem geriebenen Sbrinz verrühren und zum Teig geben. Gut vermengen. Den Teig 1 Std. quellen lassen. Alpkäse in Würfel von 1,5 cm schneiden. Käsestücke durch den Teig ziehen und in heissem Olivenöl knusprig frittieren. Auf Küchenkrepp abtropfen lassen.
Mit Blattzichoriensalat servieren.

Kernser Chäs-Chissi

Rolf della Torre, Restaurant Rose, Kerns (OW)
6–7 Personen ☆

500 g Greyerzer
50 g Butter
Salz, Pfeffer
½ EL Worcestersauce
1 Knoblauchzehe
250 g Mehl
5 Eier
50 g Mandelplättchen
Frittieröl

Greyerzer reiben. 5 dl Wasser mit Butter, Salz, Pfeffer, Worcester und durchgepresstem Knoblauch aufkochen. Mehl im Sturz beifügen. Eier und Greyerzer unterziehen und alles gut verrühren. Die Masse in den Kühler stellen. Mit dem Glacelöffel kleine Kissen formen, in Mandelplättchen wenden und in der Fritteuse knusprig backen. Heiss zum Apéro servieren.

Trota in carpione

Claudio Caccia, Grotto Dötra, Olivone (TI)
4 Personen ☆

4 Forellen à 300 g
100 g Karotten
100 g Stangensellerie
100 g Lauch
1 Zwiebel
2 Knoblauchzehen
3 EL Olivenöl
5 Zweiglein Thymian
4 Salbeiblätter
1 Rosmarinzweig
2 Lorbeerblätter
10 Wacholderbeeren
4 Gewürznelken
1 dl Rotweinessig
5 dl Rotwein
Mehl
1 EL Sonnenblumenöl
30 g Butter

Karotten und Lauch zu Julienne schneiden, Stangensellerie und Zwiebel sehr fein schneiden, Knoblauchzehen fein hacken und alles in Olivenöl anschwitzen. Thymian, Salbei, Rosmarin grob hacken, mit Lorbeer, gequetschtem Wacholder und Nelken zum Gemüse geben. 5 Min. weiterdünsten. Mit Rotweinessig und Rotwein ablöschen und auf hoher Flamme um einen Drittel einkochen und etwas auskühlen lassen. Das Gemüse soll noch Biss haben. Die pfannenfertigen Forellen mit Mehl bestäuben und in Sonnenblumenöl und Butter golden braten.
Die Forellen auf einer Platte anrichten und völlig mit dem Gemüse bedecken. Im Kühlschrank 3–5 Tage ziehen lassen. Kalt oder lauwarm servieren.

Pesce in carpione (marinierter Fisch) zählt zu den Klassikern im kulinarischen Erbe des Tessins und wird im Sommer in vielen Grotti angeboten. Das Gericht kann auch mit Albeli (siehe Rezept «Frittierte marinierte Albeli» S. 112) oder Felchen, ganz oder filetiert, zubereitet werden.

Apérokugeln mit Farina bóna

Meret Bissegger, La Cucina Naturale, Malvaglia (TI)
4 Personen ☆

40 g Schalotten
100 g Knollensellerie
3 Lorbeerblätter
½ dl Weisswein
½ dl Gemüsebouillon
70–90 g Farina bóna
Pfeffer
Olivenöl

Schalotten und Knollensellerie grob schneiden und mit den Lorbeerblättern in wenig Wasser mit etwas Salz kochen (10–15 Min.). Bouillon und Weisswein dazugeben und nochmals 5–10 Min. kochen. Abkühlen lassen, mit dem Stabmixer pürieren und eventuell mit Wasser auf 2 dl Masse ergänzen. Langsam, unter stetem Rühren 70–90 g Farina bóna dazugeben, bis eine formbare Masse entsteht. Mit schwarzem Pfeffer und Olivenöl würzen. Aus der Masse kleine Bällchen formen und zum Aperitif servieren.

Farina bóna ist eine wiederentdeckte Spezialität aus der alten Bauernküche im Onsernonetal. Das Mehl, das aus gerösteten Maiskörnern hergestellt wird, schmeckt ähnlich wie Popcorn. Mit Milch und Rahm lassen sich daraus Puddings machen. Auch für Polenta und Glaces ist das «gute Mehl» geeignet. Bezugsquelle siehe Einkaufstipps S. 380.

Gefüllte Zucchiniblüten

Nicoletta Sargenti, ehemals Grotto La Baita, Gambarogno (TI)
4 Personen ☆☆

8 geöffnete Zucchiniblüten
4 Zucchini
4 Tomaten
120 g Frischkäse
120 g Quark
1 Bund Schnittlauch
Salz, Pfeffer
Frittieröl
2 EL Olivenöl

Bei den Zucchiniblüten den Stiel und den Stempel (im Innern der Blüten) entfernen. Blüten kurz in kaltes Wasser tauchen und in einem Sieb abtropfen. Frischkäse (z. B. Osella oder Ziegenfrischkäse aus dem Verzascatal), Quark und fein geschnittenen Schnittlauch mischen und mit Salz und Pfeffer würzen. 4 Blüten mit der Masse füllen (mit dem Dressiersack geht es am besten).
Zucchini waschen, in dünne Scheiben schneiden und zusammen mit den gefüllten Blüten 2 Min. im Dampf garen.
Übrige 4 Zucchiniblüten in Olivenöl bei 160 ° frittieren und auf Küchenpapier abtropfen lassen.
Tomaten schälen, das Fleisch in kleine Würfel schneiden, Olivenöl dazugeben, mit Salz und Pfeffer würzen. Tomaten auf den Tellern verteilen. Die gefüllten Blüten auf dem Tomatenbett anrichten und mit den frittierten Zucchiniblüten dekorieren. Etwas Olivenöl darüberträufeln und servieren.
Varianten: Die Füllung kann variiert werden, zum Beispiel: Kartoffelpüree vermischen mit blanchiertem Zucchinifruchtfleisch, Basilikum, Majoran, einem Ei und etwas Parmesan. Die gefüllten Blüten, beträufelt mit Olivenöl, im Ofen (250 °) backen. – Oder ein Rezept aus dem Wallis: Alpenfrischkäse vermischen mit einem Ei, etwas Knoblauchsaft, Tomatenwürfeln, Bergkräutern, Salz und Pfeffer. Die gefüllten Blüten 5 Min. im Dampf garen und danach kurz in Olivenöl anbraten.

Die goldgelben Blütenkelche der Zucchini (Deutschschweiz: Zucchetti) findet man ab Anfang Juni auf den Märkten oder direkt bei Gemüsebauern.

Kartoffelterrine (warm)

René F. Maeder, Restaurant Ruedihus, Kandersteg (BE)
4 Personen ☆

250 g Kartoffeln
150 g gekochter Schinken
150 g Kalbsbrät
2,5 dl Rahm
Salz, Pfeffer
1 dl Fleischbouillon
0,5 dl Rahm
1 Bund Schnittlauch

Kartoffeln mit der Schale kochen, schälen und mit der Röstiraffel reiben. Schinken in feine Würfel schneiden. Geriebene Kartoffeln, Schinkenwürfel, Kalbsbrät und Rahm vermischen. Mit Pfeffer und wenig Salz würzen. In die Cakeform geben und 40 Min. im Ofen bei 200 ° garen.
Fleischbouillon mit Rahm verfeinern und auf Teller geben. Terrinetranchen darauflegen und mit Schnittlauch garnieren.

Linsenterrine

Hannelies Thomas, Restaurant Chez Babel, Bardonnex (GE)
4 Personen ☆

400 g grüne Linsen
Suppengemüse
Salz, Pfeffer
2 EL Moutarde de Meaux
2 EL Baumnussöl
1 EL Himbeeressig
2 dl Gemüsebouillon
4 Blatt Gelatine
Vinaigrette

Linsen in kaltem Wasser mit dem Suppengemüse (Karotte, Zwiebel, Petersilie, Lorbeerblatt, Lauchgrün, Thymian) gar kochen. Abgiessen und das Suppengemüse entfernen. Die Linsen mit Salz, Pfeffer, Meaux-Senf (mittelscharf, grobkörnig), Baumnussöl und Himbeeressig würzen. Gelatine in kaltem Wasser 5 Min. einweichen. 2 dl Gemüsebouillon erwärmen, die ausgedrückte Gelatine darin auflösen. Zu den Linsen geben und gut vermengen. Eine Terrinenform mit Folie überlappend auslegen, die Linsen einfüllen, verschliessen und 12 Std. im Kühlschrank fest werden lassen.
Stürzen, in Tranchen schneiden und mit einer Vinaigrette servieren.

Gommer Zigerterrine im Roggenbrotmantel

Peter Gschwendtner, Restaurant Castle, Blitzingen (VS)
4 Personen ☆☆

100 g Eierschwämme (oder Morcheln)
200 g frischer Ziger
0,5 dl Naturjoghurt
0,5 dl Magerquark
1 dl Rahm
Salz, Pfeffer
1 Blatt Gelatine
6–8 dünne Roggenbrotscheiben
1 EL Kräuter
4 Salatherzen
Vinaigrette

Eierschwämme putzen, schneiden, sautieren und würzen. Ziger mit Joghurt und Quark im Cutter mixen. Rahm beigeben, salzen und pfeffern. Die Masse in eine Schüssel geben. Gelatineblatt in kaltem Wasser einweichen und abtropfen lassen. Leicht erwärmen und unter ständigem Rühren in die Masse unterheben. Die Masse dreiteilen: Den ersten Drittel belassen, in den zweiten die Kräuter rühren, in den dritten die Pilze.
Die Terrinenform mit den Roggenbrotscheiben auslegen, sodass sie über den Rand reichen. Die drei Zigermassen Schicht um Schicht einfüllen und mit dem Roggenbrot abdecken. 3 Std. im Kühlschrank kalt stellen.
Die Terrine mit dem Messer portionieren, Salatherzen auf die Teller legen und die Terrine daraufsetzen.
Mit einer Vinaigrette würzen.

Steinpilzterrine in Hirschbinde, Nüsslisalat mit Rüeblibrand

Martin Herrmann, Restaurant Mühle, Fläsch (GR)
8 Portionen ☆☆

500 g Hirschschnitzel
5 dl Rahm
0,5 dl Portwein
⅓ TL weisser Pfeffer
2 TL Salz
100 g Pistazien
100 g Kürbiskerne
400 g Steinpilze
80 g Hirschbindenfleisch
Salz, Pfeffer
Nüsslisalat
Rüeblibrand

Hirschschnitzel, Rahm, Portwein, weissen Pfeffer und Salz in der Mulinex zu einer Farce verarbeiten; abschmecken. Pistazien und Kürbiskerne grob hacken. Steinpilze waschen und trocknen. Hirschbindenfleisch in dünne Tranchen schneiden und damit eine mit Klarsichtfolie ausgekleidete Terrinenform überlappend auslegen. Etwas Farce einfüllen, schöne Steinpilze hineindrücken und mit der restlichen Farce zudecken. Die überlappenden Hirschbindentranchen darüberklappen und mit der Klarsichtfolie komplett verschliessen. Im Wasserbad bei 130 ° 35 Min. garen (im Steamer bei 90 ° 20 Min.). In der Form auskühlen lassen.
In 1 cm dicke Tranchen schneiden und auf den Tellern mit Nüsslisalat anrichten. Salat mit etwas Salz und Pfeffer würzen (kein Öl dazugeben), mit Rüeblibrand beträufeln.
Hinweise: Hirschschnitzel und Rahm sollten für die Verarbeitung zur Farce kalt sein. Rüeblibrand: siehe Einkaufstipps S. 380.

Ziegenfrischkäse-Terrine mit Gemüse

Luca Brughelli, Ristorante La Froda, Gerra-Verzasca (TI)
6–8 Personen ☆☆

2 Lauch
150 g weisse Spargeln
150 g grüne Spargeln
3 Karotten
100 g grüne Bohnen
100 g Kefen
2 kleine Zucchini
1 Barba di frate (Mönchsbart)
4 Artischocken
500 g Ziegenfrischkäse
Salz, Pfeffer, Muskatnuss
12 g Gelatine
1 dl Milch
2,5 dl Rahm

Von den Lauchstangen das Grün und das äussere Blatt entfernen. Lauch waschen und ganz in kochendem Salzwasser blanchieren. Kalt abschrecken. Die Terrinenform (28 cm) mit Klarsichtfolie so auskleiden, dass allseits einige Zentimeter überhängen. Die Form mit den gekochten Lauchblättern auskleiden, sodass sie überstehen.

Spargeln und Karotten schälen. Bohnen und Kefen fädeln. Zucchini der Länge nach halbieren und die Enden abschneiden. Einen Bund Mönchsbart gründlich waschen und die unteren, holzigen Wurzelteile abschneiden. Artischocken so rüsten, dass nur der Boden übrig bleibt. Alle Gemüse waschen und in Salzwasser je nach Sorte separat für einige Minuten al dente kochen. Kalt abschrecken. Beiseite stellen.

Ziegenfrischkäse mit Salz, Pfeffer und Muskatnuss im Mixer fein pürieren. Gelatine in reichlich kaltem Wasser einweichen, nach 10 Min. ausdrücken und in heisser Milch auflösen. Zum Käse geben und alles gut mixen. Rahm schlagen und vorsichtig unter die Käsemasse ziehen.

Terrinenboden 5 mm dick mit der Käsecreme bedecken. Zuerst Spargelstücke, dann von den anderen Gemüsen darauf verteilen und mit Käsecreme bedecken. So fortfahren, bis alles aufgebraucht ist. Die Terrine mit Lauchblättern zudecken und mit der überhängenden Klarsichtfolie gut verschliessen. Für einige Stunden oder über Nacht im Kühlschrank fest werden lassen.

Hinweis: Je nach Saison kann man andere Gemüse verwenden.

Knusprige Polentablätter mit Zincarlin-Mousse

Davide Alberti, Ristorante Vecchia Osteria, Seseglio (TI)
4 Personen ☆

100 g Polenta, gekocht
1–2 EL Rahm
250 g Zincarlin-Käse
3 EL Rahm

Polenta mit 2 EL Rahm verfeinern, auf ein geöltes Backblech streichen und im Ofen bei 180 ° trocknen. Zincarlin-Käse mit 3 EL Rahm glatt rühren. Die Polenta in rechteckige Stücke schneiden. Mit der Zincarlincreme bestreichen und mit einer Polentaschnitte decken; diese wieder mit Creme bestreichen und mit einer Polentaschnitte decken. Das Ganze soll wie eine Cremeschnitte aussehen.
Mit gemischtem Blattsalat dekorieren.

Gefüllte Borretsch-Müüsli

Hans Gloor, ehemals Restaurant Juraweid, Biberstein (AG)
Für 4 Stück ☆

2 Eier
2 EL Dill oder Wildfenchelkraut
Salz, Pfeffer
8 Borretschblätter
2 EL Mehl
60 g Parmesan oder Sbrinz
Olivenöl

Eier verquirlen. Dill oder Wildfenchel hacken und unterrühren. Mit Salz und Pfeffer abschmecken.
Die Borretschblätter waschen und abtropfen lassen. Blätter in Mehl wenden, abklopfen und durchs Ei ziehen. 4 Borretschblätter mit Reibkäse bestreuen. Die anderen 4 Blätter zum Abdecken nehmen und alle im heissen Olivenöl goldgelb backen.
Hinweis: Am besten verwendet man junge, mittelgrosse Borretschblätter.

Wegen seines gurkenähnlichen Geschmacks wird der Borretsch auch Gurkenkraut genannt. Wie der Beinwell gehört er zu den klassischen Gewürz- und Heilpflanzen und soll, wie bereits der römische Dichter Plinius schrieb, die Leute fröhlich stimmen und die Lebensgeister wecken. Die leuchtend blauen Blüten können als Salatdekoration oder zur Herstellung von Sirup verwendet werden. Auch Konfekt lässt sich herstellen. Dazu werden die Blüten mit geschlagenem Eiweiss und Puderzucker bestrichen und danach getrocknet.

Gefüllte Beinwellblätter

Sabina Bertin, Restaurant Rössli, Mogelsberg (SG)
4 Personen ☆

8 Beinwellblätter
100 g Ziegenfrischkäse
2 Eier
1 EL Rahm
1 EL Parmesan
Meersalz

Vier Beinwellblätter mit Ziegenfrischkäse bestreichen und mit einem zweiten Blatt bedecken und andrücken. Eier, Rahm, geriebenen Parmesan und Meersalz gut verrühren. Butter in einer Antihaft-Bratpfanne erhitzen, bis sie aufschäumt. Die gefüllten Beinwellblätter durch die Eiermasse ziehen, abtropfen lassen und in der schäumenden Butter auf beiden Seiten goldgelb braten (wie Piccata).

Dazu passen frische Spargeln und junge Kartoffeln.

Tipp: Statt Ziegenkäse kann Quark oder ein zarter Kuhmilchkäse wie St André verwendet werden. Falls Sie keinen Beinwell im Garten haben, können Sie Huflattich, Borretsch oder grosse Spinatblätter nehmen. Gut schmecken gefüllte Beinwellblätter in einer Frühlingszwiebel- oder Spinatsuppe.

Randen-Carpaccio mit Ziegenfrischkäse und Mohn

Nicola Rizzo, Ristorante Il Guardiano del Farro, Cadenazzo (TI)
4 Personen ☆

4 Rondellen Ziegenfrischkäse
4 TL Mohnsamen
1 dl Aceto balsamico
2 rohe Randen
Parmesan
Meersalz, Pfeffer
Olivenöl
Basilikum
Petersilie oder Kresse

Die Frischkäserondellen beidseitig in die Mohnsamen drücken (Rand weiss lassen). Balsamico auf die Hälfte einkochen und warm halten.
Randen rüsten und mit dem Gemüsehobel in dünne Scheiben schneiden. Auf die Teller verteilen, salzen und pfeffern. Den Hobel waschen und trocknen. Parmesan mit dem Hobel in gleiche Scheiben schneiden (Menge nach Belieben). Parmesan über die Randenscheiben verteilen. Carpaccio mit Olivenöl und reduziertem Balsamico beträufeln.
Die Käserondellen setzen, den Carpaccio mit streifig geschnittenem Basilikum und gehackter Petersilie (oder Kresse) dekorieren.

Carpaccio vom Barsch mit Kaffee-Vinaigrette

Davide Alberti, Ristorante Vecchia Osteria, Seseglio (TI)
4 Personen ☆

1 dl Olivenöl
25 g Kaffeebohnen
250 g Barschfilet
80 g Meersalz
10 g Zucker
1 Zitrone
Blattsalat, angemacht
Aceto balsamico extravecchio

Für das Kaffee-Olivenöl einige von den Kaffeebohnen in Olivenöl einlegen, 3–4 Tage stehen lassen.
Meersalz mit Zucker, abgeriebener Zitronenschale, den Kaffeebohnen (auch jenen aus dem Öl) mischen. Barschfilet mit der Marinade bestreichen und für 6 Std. im Kühlschrank ziehen lassen. Filet aus der Marinade nehmen und in sehr feine Scheiben schneiden. Auf Tellern anrichten, mit Blattsalat dekorieren. Den Carpaccio mit Kaffee-Olivenöl und altem Aceto balsamico beträufeln.

Ziegenfrischkäse-Mousse

Loris Zurini, Ristorante Centovalli, Ponte Brolla (TI)
4 Personen ☆☆

150 g Ziegenfrischkäse
10 Blätter Basilikum
2 dl Rahm
Salz, Pfeffer
2 Tomaten
3 EL Olivenöl

Ziegenfrischkäse fein mixen. 3 Blätter Basilikum in feine Streifen schneiden und mit dem Frischkäse mischen. Rahm schlagen und vorsichtig darunterziehen. Mit Salz und Pfeffer würzen. Masse in eine Schüssel füllen und mindestens 4–5 Std. zugedeckt im Kühlschrank ruhen lassen.

Für die Garnitur: Tomatenfleisch in Würfel schneiden, mit Olivenöl und 3 Blättern Basilikum, fein geschnitten, mischen (nicht salzen, die Mousse ist schon kräftig genug gewürzt).

Aus der Mousse mit Hilfe von zwei Suppenlöffeln (oder einem Eislöffel) Nocken formen, auf Tellern mit den Tomatenwürfelchen anrichten. Alles mit Olivenöl beträufeln und mit ganzen Basilikumblättern garnieren.

Kastanien-Auberginen-Mousse

Monica Bürgin, Ristorante San Michele, Arosio (TI)
4 Personen ☆

1 Aubergine
200 g Kastanienpüree, ungesüsst
1–2 TL Zitronensaft
Salz, Pfeffer
Gemüsebouillon
4 Zucchini

Aubergine direkt auf der Herdplatte oder im Ofen (ca. 30 Min. bei 220 °) rösten, bis sie ganz weich ist. Aubergine kalt abspülen, halbieren, das Fleisch mit dem Löffel herauskratzen und mit Kastanienpüree und Zitronensaft mixen. Mit Salz und Pfeffer würzen. Je nach Konsistenz mit etwas Gemüsebouillon glatt rühren. Die Masse mit dem Dressierbeutel in blanchierte, halbierte und ausgehöhlte Zucchini-Schiffchen füllen und servieren.

Varianten: Kann auch in Peperoni-Vierteln oder Chicorée-Blättern serviert werden. Dazu passen glasierte Marroni oder rohes Gemüse als Apérohäppchen.

Mousse von Morcheln mit Bärenkrebsen

Peter Gschwendtner, Restaurant Castle, Blitzingen (VS)
4 Personen ☆☆

2 kleine Zwiebeln
1 Knoblauchzehe
Olivenöl
30 g getrocknete Morcheln
5 dl Rahm
2 Blatt Gelatine
4 Bärenkrebsschwänze
Salz, Pfeffer
Kräuter

Morcheln nach Packungsanleitung kochfertig machen; einen Teil für die Dekoration beiseite legen. 1 Zwiebel und Knoblauchzehe fein schneiden, mit wenig Olivenöl und Morcheln leicht andünsten. Mit 2 dl Rahm im Cutter durchmixen. Gelatineblätter 5 Min. in kaltem Wasser einweichen. Mit der Morchel-Rahm-Masse leicht erwärmen und gut durchrühren. 3 dl Rahm steif schlagen und gut mit der Morchel-Rahm-Masse vermengen. Die Masse in Ringe abfüllen und kalt stellen. Bärenkrebsschwänze mit Salz und Pfeffer würzen, mit etwas Zwiebel, Kräutern und, wenn vorhanden, fein geschnittenem Zitronengras und den übrigen Morcheln sautieren.
Morchelmousse auf die Teller geben, mit Bärenkrebs und Morcheln anrichten.

Spinat-Timbale

Sabina Bertin, Restaurant Rössli, Mogelsberg (SG)
4 Personen ☆

500 g Spinat
6 Eier
1,2 dl Rahm
Meersalz
Muskatnuss
15 g Butter

Spinat in Salzwasser blanchieren, kalt abschrecken, auspressen und grob hacken. Eier, Rahm, Meersalz und wenig Muskat mit dem Schwingbesen verrühren. Spinat dazugeben und vermengen. Timbalförmchen mit weicher Butter bepinseln. Spinatmasse einfüllen. Im Wasserbad im Ofen bei 170 ° 40 Min. garen. (Wasserbad: Eine Gratinform mit Zeitungspapier auslegen, Förmchen hineinstellen, bis zu zwei Dritteln mit sehr heissem Wasser füllen, in den vorgeheizten Ofen schieben.)
Die Spinat-Timbales können heiss oder lau serviert werden, mit einem Frühlingssalat.

Vanilleflan mit Steinpilzen

Peter Brunner, Restaurant Kaiser's Reblaube, Zürich
4 Personen ☆

2 dl Milch
2 dl Rahm
1 Vanilleschote
Salz, Muskat
4 Eigelb
150 g Steinpilze
1 EL Schalotte
Salz, Pfeffer
1 TL Majoranblättchen
15 g Butter
1 EL Cognac

Milch, Rahm, ausgekratzte Vanillesamen und die Schote, etwas Salz und wenig Muskat aufkochen und durch ein feines Sieb passieren. Mit den Eigelb gut verrühren. In gebutterte kleine Schälchen füllen. Bei 85 ° im Ofen (oder im Wasserbad zugedeckt, knapp unter dem Siedepunkt) 45–60 Min. garen. Garprobe: Mit einer Nadel hineinstechen, sie soll trocken bleiben.
Steinpilze in Scheiben schneiden. Gehackte Schalotte, Salz, Pfeffer und Majoranblättchen in heisser Butter dünsten, mit Cognac ablöschen, abschmecken. Noch warm servieren.

Millefeuille mit Pilzen

Philippe Milleret, Auberge de la Couronne, Lessoc (FR)
4 Personen ☆

250 g Blätterteig
300 gemischte Pilze (oder Champignons)
1 Schalotte
1 EL Butter
0,5 dl Rahm
Salz, Pfeffer
Geflügelfond

Blätterteig 3 mm dick zu einem Rechteck ausrollen und bei 210 ° 10–12 Min. backen. Dann vorsichtig in 8 gleich grosse Rechtecke schneiden. Pilze in Schreiben schneiden und mit der gehackten Schalotte in Butter bei grosser Hitze dünsten, bis sie ihre Flüssigkeit abgegeben haben. Ein Drittel der Pilze pürieren und leicht würzen; die Blätterteigrechtecke damit gleichmässig bestreichen. Ein Drittel der Pilze mit Rahm vermixen, mit Salz und Pfeffer würzen und mit etwas Geflügelfond zur gewünschten Konsistenz verdünnen. Mit den restlichen Pilzen vermischen. Pilzmischung auf vier bestrichene Blätterteigrechtecke verteilen und diese mit den anderen vier Rechtecken bedecken.

Entenleber «Mont-Cornu»

Christoph Resch, Auberge de Mont-Cornu, La Chaux-de-Fonds (NE)
4 Personen ☆

700 g Foie gras de canard (nicht gestopfte Entenfettleber)
15 g Salz
3 g Pfefferkörner
2 dl roter Portwein
4 Scheiben Toastbrot

Entenleber von Nerven und Sehnen befreien. Mit Salz, Pfefferkörnern und Portwein während 24 Std. im Kühlschrank marinieren. Dann die Leber auf einem Backpapier zu einem Zylinder formen. Ins Backpapier einschlagen, auf einem Stück Leinen platzieren, einrollen und mit Faden zusammenbinden. 6 Min. im auf 90 ° vorgeheizten Backofen garen. 24 Std. in den Kühlschrank legen.
Zum Servieren in Tranchen schneiden und auf Toast geben. Pfeffermühle auf den Tisch stellen, um nach Belieben nachzuwürzen.
Variante Auberge de la Poste, Les Diablerets (VD): Marinade mit 7 dl Süsswein und 1 dl Cognac. Backofen auf 120 ° vorheizen. Leber in Terrinenform legen. Form ins Wasserbad stellen und 20 Min. im Ofen garen.

Toast mit Pilzen, Fasanenbrust, Wachtelei und Trüffeln

Luca Merlo, Ristorante Pizzo Forno, Chironico (TI)
4 Personen ☆☆

400 g Steinpilze
200 g Fasanenbrust
50 g Butter
Salz, Pfeffer
Knoblauch
4 Stängel Petersilie
4 Scheiben Toastbrot
4 Wachteleier
10 g Trüffel
2 EL Olivenöl
Aceto balsamico

Steinpilze gründlich putzen und in feine Scheiben schneiden. Pilze in kochendem Wasser einige Minuten blanchieren und abtropfen lassen. Fasanenbrust in feine Würfel schneiden und in einer beschichteten Pfanne in heisser Butter braten. Die abgetropften Pilze dazugeben und kurz mitbraten. Mit Salz und Pfeffer würzen, nach Belieben auch mit gepresstem Knoblauch und gehackter Petersilie. Wachteleier weich kochen.

Toastbrot toasten und mit einem runden Ausstecher 4 grosse Rondellen ausstechen und auf die Teller verteilen. Die Ausstechform darauf setzen und die Pilz-Fasan-Mischung einfüllen. Die Formen vorsichtig entfernen und das Ganze mit den geschälten, noch warmen Wachteleiern belegen. Trüffelspäne darüberhobeln, mit Olivenöl und wenig Aceto balsamico beträufeln. Sofort servieren.

FISCH

Leckerbissen aus Bächen, Flüssen und Seen

Nach der Eiszeit entstanden am Schweizer Alpenrand Seen, in denen sich eine vielfältige Fauna entwickelte. Vor allem den Felchen, die zur grossen Familie der lachsartigen Forellenfische oder Salmoniden zählen, behagte es in den eiszeitlichen Gewässern gut: Über vierzig lokale Arten bildeten sich im Laufe der Zeit in der Schweiz heraus, darunter die Albeli im Vierwaldstättersee, die etwas grösseren Bondelles im Neuenburgersee oder die stattlichen Blaufelchen im Bodensee. Eine Spezialität der Region Thurgau sind die Silberfelchen, die man hier ganz räuchert, die weiblichen Exemplare sogar mit dem Rogen. Gangfisch nennt sich diese exklusive Spezialität. Und es ist nicht die einzige im kulinarischen Erbe unseres Landes. In fast jeder Region gibt es Fischrezepte, die auf den lokalen, autochthonen Fischsorten basieren. Die folgenden Rezepte bieten somit auch die Möglichkeit, sozusagen auf dem Teller eine Schweizer Reise zum Thema Fisch zu machen – vom Zanderfilet mit Schabziger-Mandel-Kruste aus dem Glarnerland (Rezept S. 116) bis zum berühmten Omble chevalier, dem Seesaibling aus dem Lac Léman (Rezept S. 105).

Zur Familie der lachsartigen Fische gehören neben dem Saibling auch die Regenbogen-, See- und Bachforelle. Zusammen mit den Felchen und den vor Jahrmillionen aus den Meeren zugewanderten Raubfischen aus der Familie der Barsche – Egli und Zander – machen sie den grössten Anteil unseres einheimischen Fischangebotes aus.

Was gibt es besseres, als einen fangfrischen Fisch?

Zu meinen Favoriten gehören die dorschartigen Trüschen, die ich mit Sardellen, Tomaten und Kräutern zubereite. Im November versuche ich, Röteli zu ergattern, einen raren Saibling aus dem Zugersee, dessen Bauch sich zur Laichzeit rot färbt. Im Dampf gegart und begleitet von Herbstgemüse wird er zum Festessen (Rezept S. 104). Auch der Egli gehört zu meinen Lieblingsfischen. Wie von Rosa Tschudi rezeptiert, umhülle ich den Räuber (er frisst andere Fische und neigt zum Kannibalismus) mit einem feinen Bierteig, garniere mit Zitronenscheiben und Petersilie und serviere Salzkartoffeln dazu, was eine – zugegeben – etwas deftigere Fischspeise ergibt (Rezept S. 113). Schön beim Fisch ist: Die Zubereitung ist einfach und man muss nur wenige Regeln beachten. Die wichtigsten: Damit sich der feine Geschmack der Süsswasserfische entfalten kann, sollte man sie nur dezent würzen. Und: Beim Anbraten braucht es hohe Temperatur, damit sich die äussere Eiweissschicht schnell festigt und so die Saftigkeit des Fischs erhalten bleibt.

Bei meinen Recherchen für die «Urchuchi» bin ich oft mit Berufsfischern hinausgefahren. Etwa dreihundert sind es in der Schweiz, die jährlich rund 1600 Tonnen Fisch aus unseren Gewässern holen – etwa halb so viel wie noch vor fünfzig Jahren. Das hat mit dem Phosphatgehalt der Seen zu tun. Seit er gesunken ist, ist auch der Fischbestand zurückgegangen. Es versteht sich, dass die heutigen Fangmengen bei Weitem nicht genügen, um den Bedarf zu decken. Über 40 000 Tonnen Fisch werden deshalb jährlich importiert.

Bei der Menüplanung ist die Fangsaison zu beachten: Hecht ist vor allem im März und April erhältlich. Bei Egli und Forelle sind Juli, August und September die fangstarken Monate, beim Saibling ist es der November. Felchen werden praktisch ganzjährig gefischt. Höchst selten geht auch einmal ein Wels ins Netz.

Gibt es bald wieder Schweizer Lachs?

Das Rezept für den Basler Salm (S. 106) ist in letzter Minute in unsere Sammlung gerutscht. Zunächst schien es uns nämlich nicht opportun, den in Basel längst verschwundenen Lachs sozusagen postum zu verkochen. Doch die Chancen stehen gut, dass die Basler Fischspezialität schon bald wieder aus einheimischer Produktion zubereitet werden kann. 2008 wurden Jungfische ausgesetzt, die heute deutlich bessere Bedingungen vorfinden: Dank Fischtreppen können sie wieder bis zum Rheinfall hinauf zu den Laichplätzen wandern. Und das ist entscheidend, denn es waren nebst der Gewässerverschmutzung vor allem die Flusskorrekturen, die vielen sensibleren Schweizer Fischarten das Ende bereiteten. Dutzende sind ausgestorben, darunter der Stör, der Maifisch und drei Neunaugen-Arten. Dagegen hat sich der Schweizer Flusskrebs vergleichsweise gut erholt und taucht zunehmend wieder auf den Märkten und selbstverständlich auch in unseren Rezepten auf (S. 114).

Remo Grimm, Berufsfischer am Bielersee. Noch vor Sonnenaufgang holt er die Netze ein und legt die Fische in seinem Boot aufs Eis. Danach beginnt das Ausnehmen und Filetieren. Ab zehn Uhr kann man die Fische bei den Grimms im Laden oder auf dem Wochenmarkt kaufen. Mein Tipp: Machen Sie den Fischer in Ihrer Wohnregion ausfindig, um wirklich fangfrischen, lokalen Fisch zu erhalten. Die meisten Berufsfischer bieten zudem speziell marinierte oder geräucherte Fische und Fischterrinen an, oft nach alten Familienrezepten.

Lieber gesunde als gedüngte Schweizer Fische

In den Seen ist es wie in der Landwirtschaft: Wird Dünger zugeführt, steigen die Erträge. Als man in der Schweiz die Abwässer noch ungeklärt in die Seen leitete, waren die Fischerträge hoch. Mit den in die Seen geleiteten Phosphaten aus der Landwirtschaft kletterten sie bis 1980 auf Rekordhöhen. «Das war wie in einem Supermarkt», erinnert sich Ivo Mattai, Berufsfischer in Bissone im Tessin. «Jetzt ist der Lago di Lugano wieder sauber, dafür hole ich kaum mehr das heraus, was die Restaurants täglich brauchen.»

Paradoxerweise ist ein kranker See also gut für den Markt. Wen wundert's, dass unter Berufsfischern Stimmen laut werden, die fordern, die Seen wieder zu düngen, «sonst stehen wir schon bald am Ende der Berufsfischerei», sagt Beat Abegglen, Obmann vom Brienzersee. Doch so weit wird es nicht kommen. «Lieber weniger, dafür aber gesunden Fisch», heisst die Devise beim Buwal (Bundesamt für Umwelt, Wald und Landschaft): «Der Fischbestand pegelt sich auf das Gleichgewicht ein, das wir vor etwa dreihundert Jahren hatten», sagt Claudia Friedli, wissend, dass so die Nachfrage nie gedeckt werden kann. Um trotzdem noch annähernd gute Erträge zu erreichen, müssen überall in der Schweiz Jungfische in Aquakulturen gezüchtet und ausgesetzt werden. Zehntausende von Felchen sind es allein im Sempachersee. Auch der berühmte Genfer Seesaibling und alle Forellenarten würden heute ohne künstliche Bewirtschaftung kaum mehr auf den Tellern erscheinen. Die Doubs-Forelle, eine Spezialität des Jura, kommt heute sogar ausschliesslich aus Aquakulturen, darunter sind welche im angrenzenden Frankreich. Schweizer Fisch wird also zunehmend rar. Umso bewusster soll man in der Küche mit diesen edlen Delikatessen umgehen.

Weiterführende Informationen: www.schweizerfisch.ch

Saibling, Salm

Zugersee-Röteli aus dem Dampf

Stefan Meier, Restaurant Rathauskeller, Zug
4 Personen ☆

4 Röteli (Saiblinge) à 200 g
80 g Karotten
80 g Wirz
80 g Bohnen
80 g Broccoli
4 dl Gemüsebouillon
Salz, Pfeffer

Karotten in Stäbchen schneiden, Wirz blättrig schneiden, Bohnen entfädeln und Broccoli rüsten.
Ein Gemüse nach dem anderen in Salzwasser knackig kochen. Abschütten und in die warme Gemüsebouillon geben. Mit Salz und Pfeffer abschmecken. Bereithalten. Die kochfertigen Röteli leicht salzen und ganz im Dampf 6–7 Min. garen. Auf ein Schneidebrett legen und filetieren.
Die Fischfilets auf Suppenteller legen und das Gemüse mit der Bouillon anrichten.
Variante: Gut schmeckt der Röteli auch an einer Weisswein-Kräuter-Sauce oder an brauner Butter.

Röteli nennen die Zuger ihren Saibling, weil sich der Bauch dieses edlen Fisches während der Laichzeit im November tiefrot verfärbt. Nur in den Wintermonaten und in kleinen Mengen ist der Röteli bei den lokalen Fischern und auf den Märkten erhältlich. Der Seesaibling (Salvelinus alpinus) ist schon in einer Zuger Urkunde aus dem 13. Jahrhundert erwähnt; er galt bis ins Spätmittelalter als so wertvoll, dass er auch als Zahlungsmittel diente.

Omble chevalier (Saibling nach Genfer Art)

Christian Bize, Restaurant Chez Babel, Bardonnex (GE)

4 Personen ☆☆

4 Saiblinge
2 Zitronen
Petersilie
Schnittlauch
Thymian
Rosmarin
Estragon
90 g Butter
3 Schalotten
Salz, Pfeffer
2 dl Weisswein
2 EL Mehl
2 dl Rahm
2 Eigelb

Ausgenommene Saiblinge waschen, innen gut trocknen und mit dem Saft von 1 Zitrone würzen. Kräuter fein hacken.

Fein geschnittene Schalotten in 40 g Butter hellgelb dünsten. Die Kräuter dazugeben und mitdünsten. Die Fische in die Kasserolle legen, salzen und pfeffern. Mit einer Mischung aus Wasser und Weisswein aufgiessen, bis die Fische halb bedeckt sind. Etwas Zitronensaft darüberträufeln und zugedeckt 15 Min. ziehen lassen. Die Fische aus dem Sud nehmen und mit Zitronenachteln auf einer heissen Platte anrichten; warm stellen.

Mehl in 50 g Butter rösten, mit dem Fischsud ablöschen und glatt rühren. Rahm und 2 EL Weisswein beifügen, mit Salz und Pfeffer abschmecken. Wenn die Sauce zu kochen beginnt, vom Feuer nehmen und mit Eigelb verrühren. Kurz vors Kochen bringen und über die Fische giessen.

Bachsaibling mit wilden Beeren

Klaus Leuenberger, Restaurant Sankt Georg, Ernen (VS)
4 Personen ☆

4 Saiblinge à 250–300 g
1 ½ Zwiebeln
1 ½ Orangen
2 cm Ingwer
1,5 dl Cassis-Sirup, trinkfertig
½ EL scharfer Senf
Salz, Pfeffer
1 Bund Salbei
40 g Butter
300 g wilde Heidelbeeren

Zwiebeln schälen und fein schneiden. Die Schale der Orangen dünn abschälen und in Streifen schneiden, den Saft auspressen. Ingwer in Streifen schneiden. Cassis-Sirup und Senf dazugeben und alles in einem Topf zu Kompott einkochen. Saiblinge filetieren, waschen, würzen, ganz leicht bemehlen, mit Salbeiblättern belegen und beidseitig in Butter golden braten.
Heidelbeeren mit dem Kompott aufkochen. Mit den Filets auf heissen Tellern anrichten.

Basler Salm

Benno Merz, ehemals Restaurant Höfli, Pratteln (BL)
4 Personen ☆

4 Tranchen Salm, 2 cm dick
½ Zitrone
Salz, Pfeffer
2 Zwiebeln
3 EL Mehl
50 g Butter
3 EL Olivenöl
1 dl klare Bouillon

Fischtranchen mit Salz, Pfeffer und etwas Zitronensaft würzen und 30 Min. marinieren. Zwiebeln in feine Streifen schneiden, in Mehl wenden, gut abschütteln (geht am besten in einem Sieb). 25 g Butter und 1 ½ EL Olivenöl erhitzen, Zwiebeln darin goldbraun rösten. Zwiebeln abtropfen und warm stellen. Fischtranchen in Mehl wenden, abklopfen, sodass sie nur hauchdünn mit Mehl überzogen sind, dann in restlicher Öl-Butter auf jeder Seite 5 Minuten braten. Auf einer vorgewärmten Platte anrichten. Zwiebelringe darüber verteilen.
Überschüssiges Fett abgiessen, Bouillon in die Pfanne geben und unter Rühren kurz aufkochen. Über den Fisch geben.
Dazu passen Salzkartoffeln.
Hinweis: Statt Bouillon kann man auch Weisswein verwenden, den man etwas einkochen lässt.

Forelle

Gedämpfte Forelle

Hermann Spiess, Restaurant Kundelfingerhof, Schlatt (TG)
4 Personen ☆

4 Forellen
1 Zitrone
1 kleine Zwiebel
Kräuter (Petersilie, Majoran, Thymian, Estragon)
2 dl Weisswein
1 EL Mehl
1 EL Butter
2–3 EL Rahm

Die Forellen innen mit Zitronensaft marinieren. Zwiebel fein schneiden und in eine ausgebutterte feuerfeste Form verteilen. Forellen darauflegen. Kräuter fein hacken und darüber verteilen. Mit Weisswein begiessen und mit einer bebutterten Folie zudecken. Im Ofen bei 220 ° 15–20 Min. garen. Die Fische auf einer warmen Platte anrichten. Die Garflüssigkeit in ein Pfännchen geben und aufkochen. Mehl mit Butter verkneten und flockenweise mit dem Schwingbesen einrühren, mit Rahm verfeinern und die Sauce über die Fische giessen.

Forelle in Sulz

Hermann Spiess, Restaurant Kundelfingerhof, Schlatt (TG)
4 Personen ☆

4 Forellen
4 Zitronenscheiben
½ Bund Petersilie
10 Pfefferkörner
2 dl Weisswein
1 Zwiebel
1 Karotte
½ Lauch
¼ Sellerie

Forelle blau zubereiten: 1,5 l Salzwasser, Zitronenscheiben, Petersilie, Pfefferkörner, Weisswein, Zwiebelringe und – für die Garnitur – längs geviertelte Karotte, Lauch und Selleriestücke 10–15 Min. kochen. Forellen in den Sud geben und je nach Grösse 5–10 Min. ziehen lassen (nicht kochen!). Im Sud erkalten lassen. Fische und Garniturgemüse herausnehmen und abtropfen lassen. Das Gemüse gefällig zurechtschneiden und mit den Fischen anrichten. Forellen und Gemüsegarnitur 2–3 Mal mit Sulzbrühe überpinseln, bis sie glänzen. Mit Tomaten, Eiern, Oliven, Sardellen garnieren.

Forelle im Salzmantel

Claudio Caccia, Grotto Dötra, Olivone (TI)
4 Personen ☆

4 Forellen à 300 g
2 kg grobes Salz
3 Eiweiss
1 Bund Thymian
2 EL Weisswein
3 EL Olivenöl
Pfeffer
Föhrenzweige

Kochfertige Forellen waschen. Salz und Eiweiss vermischen. Thymianblättchen mit Weisswein und Olivenöl mischen, pfeffern – nicht salzen! – und in den Bauch der Forellen geben. Die Salzmasse 1 cm dick aufs Blech (Backpapier) streichen, Fische aufs Salz legen, je ein Föhrenzweig auf die Fische legen und mit dem restlichen Salz komplett zudecken. Am Salzmantel aussen herum eine Furche ziehen (Sollbruchstelle), damit sich der Mantel nach dem Backen gut aufschlagen lässt. 20–25 Min. im 180 ° heissen Ofen backen. Salzdeckel mit dem Hammer rundherum aufschlagen, Fische aus dem Salz nehmen und sofort servieren.

Felchen «Jean-Jacques Rousseau»

Hans-Jörg Girsberger, Restaurant Drei Fische, Lüscherz (BE)
4 Personen ☆

8–12 Felchenfilets
2 grosse Zwiebeln
2 EL Butter
2 dl Weisswein
1 Knoblauchzehe
2 dl Rahm
1 TL Dill
2 EL Petersilie
1 EL Schnittlauch
Salz, Pfeffer
Mehl
2 EL eingesottene Butter

Zwiebeln in feine Streifen schneiden und in Butter dünsten, ohne Farbe annehmen zu lassen. Mit Weisswein ablöschen. Knoblauchzehe fein hacken und zugeben. Den Wein etwas verdampfen lassen, Rahm zufügen und 20 Min. auf kleinem Feuer kochen. Dill und Petersilie hacken, Schnittlauch fein schneiden, unter die Sauce ziehen und mit Salz und Pfeffer würzen. Felchenfilets salzen und pfeffern, in Mehl wenden und das überschüssige Mehl abschütteln. Beidseitig in eingesottener Butter braten und auf einer vorgewärmten Platte anrichten. Die Sauce über die Filets verteilen.

Felchenfilets nach Höngger Art

Rico Nachtweih, Restaurant Sonne, Küsnacht (ZH)
4 Personen ☆☆

700 g Felchenfilets mit Haut
1 ½ TL Meersalz
1 TL Senfkörner
½ TL Zucker
2 TL bunte Pfefferkörner
4 dl helles Bier
1 dl Weisswein (Neuenburger Chasselas)
50 g Räuchermehl (beim Metzger erhältlich)
70 g Butter
2 Eiweiss
200 g Mayonnaise
50 g milder Senf
Salz, Pfeffer
Zitronensaft
1 dl helles Bier
Linsen-Wirz-Salat
200 g Linsen
350 g Wirz
30 g Butter
1,5 dl italienische Salatsauce
1 ½ rosa Grapefruits
4 Pfefferminzblätter

Meersalz, Senfkörner, Zucker, Pfefferkörner, Bier und Weisswein zu einer Marinade mischen und darin die Felchenfilets einlegen; in der zugedeckten Schüssel 24 Std. im Kühlschrank ziehen lassen.

Felchen aus der Marinade nehmen, mit Haushaltpapier trocken tupfen und auf einem Gitterrost auslegen. Räuchermehl (Alternative: Räucherfolie) auf ein Backblech geben und im Ofen erhitzen, bis Rauchentwicklung einsetzt. Felchenfilets auf dem Gitterrost für 3 Min. in den Ofen schieben. Die ausgekühlten Filets in der Butter goldgelb braten.

Eiweiss steif schlagen und mit Mayonnaise und Senf vorsichtig verrühren. Mit Salz, Pfeffer und reichlich Zitronensaft würzen und das Bier beimischen. Diese Marinade über die Felchenfilets giessen und ein paar Stunden ziehen lassen.

Linsen-Wirz-Salat: Linsen im Wasser weich kochen, abgiessen und auskühlen lassen. Wirz fein schneiden und mit den Linsen in Butter andünsten. Wirz und Linsen mit Salatsauce vermischen.

Linsen-Wirz-Salat in die Tellermitte geben, Felchenfilets auflegen und mit ihrer Marinade beträufeln; mit filetierten Grapefruitschnitzen und Pfefferminzblatt garnieren.

Frittierte marinierte Albeli

Carlo Rigamonti, Grotto Paudese, Paudo (TI)
4 Personen ☆

600 g Albelifilets
Mehl
Salz, Pfeffer
Erdnussöl fürs Frittieren
1 Zwiebel
½ Stange Sellerie
1 Karotte
2 EL Olivenöl
3 Salbeiblätter
2 dl Weisswein
1 dl Rotweinessig

Albeli gehören zur Familie der Forellenfische und sind eine kleinwüchsige Felchenart. Sie kommen nur in wenigen Schweizer Seen vor.

Albeli grosszügig im mit Salz und Pfeffer gewürzten Mehl wenden und in Öl schwimmend frittieren. Frittierte Fische in eine Gratinform legen. Zwiebel hacken, Stangensellerie und Karotte klein würfeln und zusammen in Olivenöl kurz dünsten. Salbeiblätter, Weisswein und Rotweinessig dazugeben und aufkochen. Mit Salz und Pfeffer würzen. Die warme Marinade über die Fische giessen und 24 Std. im Kühlschrank ziehen lassen.

Egli im Bierteig

Rosa Tschudi, ehemals Restaurant Wiesental, Winkel-Rüti (ZH)
4 Personen ☆

800 g Eglifilets
2 Zitronen
Salz, Pfeffer
200 g Weissmehl
2,5 dl helles Bier
50 g Butter
Salz, Pfeffer
Muskatnuss
Erdnussöl
Petersilie

Eglifilets mit Küchernpapier trocken tupfen, mit Salz, Pfeffer und etwas Muskat würzen. Saft von 1 Zitrone darüberträufeln und ziehen lassen. Mehl und lauwarmes Bier zu einem glatten Teig verrühren. 15 Min. quellen lassen. Weiche Butter sorgfältig daruntermischen. Mit je einer Prise Salz und Pfeffer abschmecken. Eglifilets leicht in etwas Mehl wenden, überschüssiges Mehl abschütteln. Einzeln durch den Backteig ziehen. Teig gut abstreifen (!), danach die Egli in 180 ° heissem Erdnussöl frittieren.
Mit dünn geschnittenen Zitronenscheiben und grossblättriger Petersilie anrichten.
Dazu passen Salzkartoffeln.

Rosa Tschudi hat die Schweizer Kochkunst mitgeprägt. Eine Reihe von Schweizer Klassikern hat die heute über 80-jährige Köchin rezeptiert. Dazu gehören nebst Egli im Bierteig (womit sie berühmt wurde) Rosas Sauerbraten mit Kartoffelstock, Kalbskopf, Schwartenmagen und Gebrannte Creme.

Eglifilets «Du Port»

Guy Schacher, Restaurant Café du Port, Rolle (VD)
4 Personen ☆

750 g Eglifilets
Saft von 2 Zitronen
Salz, weisser Pfeffer
Mehl
50 g Butter
50 g Schweineschmalz
Petersilie

Eglifilets mit dem Zitronensaft beträufeln und mit Salz und weissem Pfeffer würzen. Im Mehl wenden, überschüssiges Mehl abschütteln. Die Filets portionenweise in der Butter-Schmalz-Mischung in einer beschichteten Pfanne nicht zu heiss und nur kurz braten.
Mit gehackter Petersilie bestreuen und mit Salzkartoffeln servieren.

Gratinierte Eglifilets und Flusskrebse an Orangen-Rosmarin

Ursula Reichenbach, Restaurant La Pinte du Paradis, Château d'Aigle (VD)
4 Personen ☆☆

32 Eglifilets
8 Flusskrebse
1 Rosmarinzweig
50 g Butter
1 dl Orangensaft
2 dl Rahm
Salz, Pfeffer
5 EL Paniermehl

Eglifilets und das Fleisch der Flusskrebse leicht würzen und in Butter mit etwas Rosmarin anbraten. Fisch und Krebs herausnehmen und warm stellen. Den Fond mit Orangensaft ablöschen und die Sauce etwas reduzieren. Rahm dazugeben und weiterkochen, bis die Sauce leicht gebunden ist. Mit Salz und Pfeffer würzen. Fisch und Krebsfleisch zur Sauce geben, Paniermehl über das Ganze streuen und einige Minuten im Ofen gratinieren. Mit einem kleinen Zweig Rosmarin dekorieren und heiss servieren.

Zander

Zanderfilets mediterran

Giuseppe Crosta, ehemals Ristorante Battello,
Brusino Arsizio (TI)
4 Personen ☆

4 Zanderfilets
2 EL Olivenöl
1 Knoblauchzehe
50 g Kapernfrüchte
50 g schwarze Oliven
500 g Cherry-Tomaten
Weisswein
Oregano, Salz, Pfeffer

Zanderfilets gut abspülen und kontrollieren, ob der Fisch grätenfrei ist. Mit Küchenpapier trocken tupfen und schwach salzen. Knoblauch und Oliven hacken, Kapernfrüchte halbieren, Tomaten vierteln.
Olivenöl in einer Teflonpfanne erhitzen und Knoblauch, Kapern und Oliven anbraten. Tomaten dazugeben und wenig Weisswein. Aufkochen und mit Oregano, Salz und Pfeffer würzen. Die Zanderfilets auflegen und zugedeckt 5–8 Min. rege köcheln lassen. In der entstandenen Sauce servieren, mit weissem Brot.

Zander nach Vully-Art

Werner Rätz, Auberge des Clefs, Lugnorre (FR)

4 Personen ☆☆

1 Zander, ca. 1 kg
250 g Pilze, z. B. Champignons
3 Schalotten
2 Zitronen
Salz, Pfeffer, Dill, Schnittlauch, Petersilie, Kerbel, Estragon
Mehl
60 g Butter
2 dl Riesling × Silvaner vom Vully
3 dl Rahm
40 g kalte Butter
2 Handvoll rote Trauben
1,5 dl Rahm
1 Knoblauchzehe

Den ausgenommenen und geschuppten Zander waschen. Pilze putzen und in kleine Würfel schneiden. Schalotten fein würfeln. Zander mit dem Saft 1 Zitrone, Salz und Pfeffer würzen. Den Bauch mit den fein geschnittenen Kräutern (Dill, Schnittlauch, Petersilie, Kerbel, Estragon) und Zitronenscheiben füllen.
Den Fisch im Mehl wenden. In einer grossen Pfanne 60 g Butter aufschäumen und den Zander anbraten. Pilze und Schalotten dazugeben, 15 Min. im Backofen bei 220 ° braten. Mit Weisswein und 3 dl Rahm ablöschen, den Fisch mehrmals damit übergiessen. Zander herausnehmen und warm stellen. Sauce bei Bedarf etwas einkochen, dann 40 g kalte Butterstückchen einmontieren, 1,5 dl geschlagenen Rahm einarbeiten und die Trauben einlegen. Mit Zitronensaft, Salz, Pfeffer und durchgepresstem Knoblauch abschmecken. Die Sauce über den Zander geben und servieren.

Zanderfilets mit Schabziger-Mandel-Kruste

Käthy Knobel, ehemals Landgasthaus Biäsche, Weesen (GL)

4 Personen ☆

4 Zanderfilets ohne Haut
Salz, Pfeffer
2 Zitronen
50 g Mandelblättchen
50 g Schabziger
1 Schalotte
1 EL Petersilie
1 EL Dill
2 EL helles Paniermehl
½ abgeriebene Zitronenschale
30 g Butter
2 EL Erdnussöl

Zanderfilets mit Salz und Pfeffer leicht würzen und mit etwas Zitronensaft beträufeln. Mandelblättchen fein hacken, trocken rösten und abkühlen lassen. Schabziger fein reiben, Schalotte fein hacken, Petersilie und Dill hacken, mit Paniermehl, Zitronenschale und gerösteten Mandeln mischen. Fischfilets in dieser Panade wenden und in Butter und Erdnussöl goldbraun braten.
Mit Zitronenscheiben, gehackter Petersilie und gehacktem Dill garnieren. Dazu Salzkartoffeln oder Trockenreis servieren.

Karpfen frittiert

Yves Rondez, Restaurant du Lion d'Or, Cornol (JU)
4 Personen ☆

1,2 kg Karpfen in Scheiben
Salz, weisser Pfeffer
2 Zitronen
170 g Mehl
2 Eier
1,2 dl helles Bier
Erdnussöl
Mayonnaise

Karpfenscheiben (5 cm) trocken tupfen, salzen und pfeffern und mit Zitronensaft marinieren. Mehl, zwei Prisen Salz, Eier und Bier glatt rühren und den Teig 15 Min. quellen lassen. Die Fritteuse auf 180 ° erhitzen. Karpfen in Mehl wenden, überschüssiges Mehl abklopfen und die Fischstücke durch den Teig ziehen. 2–3 Min. frittieren (am besten in zwei bis vier Gängen). Auf Küchenpapier an der Wärme abtropfen lassen. Mit Zitronenvierteln und Mayonnaise servieren.

Karpfen fressen gerne Algen, was ihnen unter Umständen einen leicht «schlammigen» Geschmack verleiht. Achten Sie deshalb darauf, dass die Fische vor dem Verkauf gut ausgewässert wurden. In der Schweiz gehört frittierter Karpfen zu den Spezialitäten der Ajoie. Rund um das jurassische Dörfchen Cornol gab es früher zahlreiche Teiche, in denen Karpfen gezüchtet wurden. Im Mittelalter waren sie wichtiger Bestandteil der Esskultur. Klöster besassen zum Teil grosse Teichanlagen, in denen die bis zu zwei Kilogramm schweren Fische mit ihrem charakteristischen nussigen Geschmack für die Fastenzeit herangezogen wurden.

Sardellen «alla vernazzana»

Antonio Mazzoleni, Grotto dell'Ortiga, Manno (TI)
4 Personen ☆☆

500 g Sardellen
400 g Kartoffeln
300 g Tomaten
1 ½ Glas Olivenöl
Salz, Pfeffer, Oregano

Sardellen ausnehmen und abspülen; Gräten, Kopf und Schwanz entfernen und die Sardellen aufgeklappt auf Küchenkrepp legen. Kartoffeln in Scheiben von 4–5 mm schneiden, ebenso die Tomaten.
Eine Gratinform mit Olivenöl auspinseln. Eine Lage Kartoffen einfüllen, salzen und pfeffern. Sardellen mit der Haut nach oben auflegen, leicht salzen, pfeffern und reichlich mit Olivenöl beträufeln. Die Scheiben von reifen, aromatischen Tomaten auflegen, mit Oregano bestreuen, salzen, pfeffern und mit Olivenöl beträufeln. Im Ofen bei 200 ° 30–40 Min. garen. Wenn die Kartoffeln weich sind, ist das Gericht servierbereit.

«Alici alla vernazzana» ist die Adaptation eines Gerichts, das die Italiener «Tegame di acciughe» nennen. Wie viele andere Spezialitäten ist diese mediterrane Fischspeise vom Piemont und der Lombardei in die Tessiner Küche eingewandert.

Fischeintopf «Lac Léman»

Marc Bohren, Restaurant Café Le Cercle, Aubonne (VD)
4 Personen ☆☆

130 g Lachsforellenfilets
130 g Welsfilets
130 g Zanderfilets
130 g Eglifilets
100 g rote Zwiebeln
200 g Kartoffeln
4 EL Olivenöl
2,5 dl Weisswein (Chasselas)
7,5 dl Fischbouillon
200 g Sellerieknolle
300 g Karotten
200 g Kohl
200 g Lauch
Meersalz, Pfeffer
½ Bund Koriander
Zitronenschnitze

Zwiebeln und Kartoffeln in kleine Würfel schneiden und in Olivenöl glasig anziehen lassen. Mit Weisswein ablöschen und mit Fischbouillon (nicht zu salzig) auffüllen. Sellerie, Karotten, Kohl und Lauch in kleine Stücke schneiden und mit gehacktem Koriander in den Topf geben. 10–15 Min. al dente kochen. Währenddessen die Fischfilets in breite Streifen schneiden, mit Meersalz und schwarzem Pfeffer würzen. Die Fische 3–4 Min. im Gemüsesud ziehen lassen.
Mit Koriander und Zitronenschnitzen garnieren. Dazu passt Knoblauchbrot.

Marc Bohren
AUBONNE
Réserve
2006
FÉCHY
CAFÉ - RESTAURANT

GEFLÜGEL

Flatterhaftes

Was war zuerst – das Huhn oder das Ei? Diese uralte philosophische Frage, die schon Plutarch intensiv beschäftigte, beantworten wir im «Urchuchi»-Rezeptbuch ganz pragmatisch: Natürlich kommt in der Küche zuerst das Huhn, die Eier(speisen) folgen später. Dies entspricht auch ganz der klassischen Gourmetregel, die eine Abfolge der Speisen vom Leichten zum Schwereren empfiehlt. Und beim Geflügel, das ursprünglich zum Fliegen bestimmt war, gehört leichtes, fettarmes Fleisch sozusagen zum genetischen Programm. Die gefiederten Genossen sind in der Küche aber auch deshalb so beliebt, weil sie einfach zu kochen sind und eine hohe Varietät an Zubereitungsarten ermöglichen: Vom Güggeli aus dem Ofen über Pouletgeschnetzeltes bis zum gefüllten Huhn gibt es allein schon bei den Poulets Dutzende von leckeren Rezepten. Geflügel wie Ente, Gans und Truthahn erweitern die Palette. Und im Herbst bereichert Wildgeflügel wie Fasan, Rebhuhn und Perlhuhn den Markt. Mit etwas Glück findet man in den Läden sogar Wachteln und Schnepfen, die jeweils im Herbst im Wallis, Tessin und in Graubünden Station machen, allerdings aber etwas Erfahrung in der Zubereitung voraussetzen.

Geflügelte Worte

Das Huhn ist einzig und allein dazu bestimmt, im Kochtopf zu landen, sagt Christian Morgenstern, der dem Huhn ein Gedicht gewidmet hat («Das Huhn»). Heinrich IV., König von Frankreich, machte im 17. Jahrhundert mit dem Huhn Politik: Er schwor feierlich, dass es keinen französischen Bauern mehr geben soll, der nicht jeden Sonntag ein Huhn im Kochtopf haben werde. Und von Napoleon wird kolportiert, dass er ein junges gebratenes Güggeli sogar einem Kotelett vorgezogen habe. Dem kann ich mich durchaus anschliessen, versuche aber statt der klassischen Würze (Pfeffer, Salz, Rosmarin, Paprika, Zitronensaft und Olivenöl) zur Abwechslung auch mal eine andere Marinade (zum Beispiel mit Honig und Orangensaft). Oder ich gebe dem Poulet einen Salzmantel, um seinen Eigengeschmack zu bewahren und hervorzuheben (Rezept S. 126). Eines meiner Lieblingsrezepte ist von Grossmutter Virginia, die das Poulet mit fein gehacktem Fleisch, etwas Brot, Käse, Nüssen und Kräutern füllt (S. 124). Schön bei diesem Rezept aus der Cucina povera ist, dass sehr viele Variationen möglich sind. Und dass man die Füllung auch nicht unbedingt mit dem Poulet servieren muss, sondern später für Hacktätschli verwenden kann, wie dies Giacomina macht (S. 124). Star unserer Rezeptauswahl ist die auf Heu geräucherte Entenbrust, die, von Salat und warmen Orangenfilets begleitet, den Applaus der Gäste garantiert (S. 129).

Gut zu wissen

Auch wenn Poulets heute küchenfertig verkauft werden: Manche Köche empfehlen, die Geflügelteile mit Zwiebel, Knoblauch, Thymian und Lorbeer über Nacht in Wein zu marinieren. So wird das Fleisch besonders zart und nimmt gleichzeitig Würze auf. – Besonders delikat sind Mais-Poularden, die mit Mais und Milch gefüttert werden. Das Fleisch ist weiss, hat kaum Fett und ein besonderes Aroma. – Zur Streitfrage um Huhn oder Ei gesellte sich lange eine weitere um Geflügel-Essenssitte, die inzwischen von allen Gastrosophen gleich beantwortet wird: Ja, ein Güggeli darf man mit den Fingern essen – zumindest die Flügel und Schenkel. Deshalb gehört unbedingt eine Fingerschale auf den Tisch. Bei den übrigen Teilen ist dagegen nach wie vor Messer und Gabel angesagt.

Eine Besonderheit stellt der Kapaun dar: Der gemästete und kastrierte junge Masthahn ist geradezu prädestiniert, um geschmort eine festliche Tafel zu krönen. Die Zubereitung ist keine Hexerei: Den Kapaun am Vortag marinieren, dann drei Stunden im Backofen schmoren; wenigstens alle zwanzig Minuten mit dem Saft übergiessen, damit er aussen schön knusprig wird und innen nicht austrocknet.

Gefülltes Huhn «Giacomina»

Giacomina Jurietti, Osteria degli Amici, Quinto (TI)
4 Personen ☆

1 Huhn, ca. 1,2 kg
200 g Hackfleisch (Rind und Schwein)
3 grosse Zwiebeln
1 Knoblauchzehe
1 Bund Petersilie
2 Handvoll Reibkäse (Sbrinz und Parmesan)
2 Handvoll Paniermehl
Salz, Pfeffer
1–2 dl Fleischbouillon
2 Karotten

Das Huhn abspülen. Gehacktes in eine Schüssel geben. 1 Zwiebel, Knoblauchzehe und Petersilie hacken, mit dem Reibkäse dazugeben und alles gut durchkneten. Paniermehl kurz einkneten, mit Salz und Pfeffer gut würzen. Unter Zugabe von Fleischbouillon alles nochmals gut durchkneten zu einer glatten Masse.
Das Huhn mit der Fleischmasse locker füllen und gut zunähen.
In eine Pfanne geben, zusammen mit halbierten Zwiebeln und Karotten. Mit Wasser fast bedecken und das Wasser salzen. Langsam erwärmen und bei kleiner Hitze 1½–2 Std. simmern lassen; allfälligen Schaum abschöpfen. Mit Salzkartoffeln servieren.
Tipp: Die Fleischmasse eignet sich auch für Hacktätschli: In Eigelb wenden, panieren und knusprig braten.

Gefülltes Huhn «Nonna Virginia»

Claudio Croci-Torti, Ristorante Montalbano, San Pietro di Stabio (TI)
4 Personen ☆

1 Huhn, ca. 1,2 kg
200 g Hackfleisch
100 g altbackenes Brot
1 dl Milch
1 Ei
20 g Reibkäse
3 Baumnusskerne
½ Bund Petersilie
1 Zwiebel
1 Knoblauchzehe
Salz, Pfeffer

Brot in Milch einweichen. Verquirltes Ei, Reibkäse, gemahlene Baumnüsse, Petersilie, Zwiebel und Knoblauch, je fein gehackt, zum eingeweichten Brot geben und alles mit dem Fleisch gut vermengen. Die Masse darf weder zu fest noch zu flüssig sein, allenfalls mit etwas Milch korrigieren. Salzen und pfeffern. Nochmals während 1 Min. gut mischen und nach Bedarf abschmecken. Mit dieser Masse das Geflügel füllen. Gut zunähen, damit die Füllung während des Kochens nicht herausquillt. Garen wie «Gefülltes Huhn ‹Giacomina›».
Hinweis: Die Füllung eignet sich auch für Bratgeflügel (Huhn, Kapaun, Taube, Wachtel). Die Grossmutter von Claudio Croci-Torti verwendete Fleischresten von Kalbs-, Rinds- oder Geflügelbraten. Auch gekochte Luganighetta (Tessiner Schweinswurst) oder Cotechino (Schweinswurst zum Sieden), Resten von Speck oder Salami können für die Füllung verwendet werden.

Poulet «Perly» im Salzmantel

Franz R. Wehren, Auberge d'Hermance, Hermance (GE)

4 Personen ☆☆

1 Huhn, ca. 1,2 kg
1 dl Erdnussöl
Pfeffer
3 kg grobes Salz
100 g Mehl
1 dl Hühnerbouillon
100 g Crème fraîche
Beilagen
2 Karotten
1 Navet (weisse Rübe)
2 Zucchini
200 g grüne Bohnen
2 Kartoffeln
Salz, Pfeffer
100 g Butter
1 EL Schnittlauch

Das Huhn mit Erdnussöl bestreichen und pfeffern. In einer Schüssel Salz, Mehl und 1 dl Wasser zu einer homogenen Masse mischen. Huhn zur Salzmasse geben, rundum damit bedecken und aufs Blech legen. Das Huhn im 250° heissen Ofen 45 Min. garen. Die hohe Temperatur ist nötig, damit die Salzkruste hart wird und sich später gut von der Haut löst.

Beilagen: Karotten, Rübe, Zucchini und Bohnen in Stäbchen schneiden und in Salzwasser blanchieren. Gemüse in 30 g Butter wenden und leicht salzen. Kartoffeln fein reiben, mit Salz und Pfeffer würzen und in 30 g Butter zu knusprigen Küchlein braten. Hühnerbouillon aufkochen und Crème fraîche einrühren. Mit 40 g Butter montieren und Schnittlauch in Röllchen beifügen. Abschmecken.

Poulet mit einem Holzhämmerchen aus der Salzkruste lösen, portionieren, mit Kartoffelküchlein und Gemüse auf Saucenspiegel servieren.

Die Salzkruste lässt sich am besten aufbrechen, wenn man ein Tuch auf das Poulet legt und mit einem Holzhammer die Kruste aufschlägt. Dieses Vorgehen empfiehlt sich auch bei Fisch in der Salzkruste.

Pollo in carpione

Hans Gloor, Osteria Grütli, Camedo (TI)

4 Personen ☆☆

600 g Pouletbrust
½ Stange Sellerie
5 Karotten
1 grosse Zwiebel
3 Knoblauchzehen
Olivenöl
2 Loorbeerblätter
2 Rosmarinzweige
12 Salbeiblätter
2 Nelken
7 Wacholderbeeren
1 TL weisse Pfefferkörner
1 TL Koriandersamen
2 dl Weisswein (z. B. Merlot bianco)
1 dl Weissweinessig
2–3 dl Hühnerbouillon
Mehl

Pouletbrüste in 4 mm dicke Streifen schneiden. Stangensellerie und Karotten in 4 cm lange, feine Streifen (Julienne) schneiden. Zwiebel und Knoblauchzehen fein schneiden. Zwiebeln, Knoblauch, Stangensellerie und Karotten in wenig Olivenöl auf kleinem Feuer dünsten. Loorbeerblätter, Rosmarin, Salbei, Nelken, Wacholder, Pfefferkörner, Koriandersamen dazugeben und weiterdünsten (nicht zu lange, damit das Gemüse knackig bleibt). Weisswein und Essig zugeben und ein wenig verdampfen lassen. Hühnerbouillon zugeben und das Ganze 10 Min. köcheln lassen. Pouletscheiben in Mehl wenden und in wenig Olivenöl anbraten, bis sie knapp weiss sind. Poulet auf das Gemüse legen und einseitig salzen. Alles gut vermischen und 10 Min. köcheln lassen. 1–3 Tage an einem kühlen Ort (nicht im Kühlschrank) durchziehen lassen.

Die Pouletbrüstchen können kalt, lau oder heiss serviert werden.

Auf Heu geräucherte Entenbrust

Urs Trachsel, Restaurant zum Bauernhof, Ulmiz (FR)
4 Personen ☆☆

2 Entenbrüste à 300 g
Salz, Pfeffer, Ingwerpulver
1 Handvoll Bioheu
4 EL Schwarztee
Sesamöl
Bratöl
Salat
1 Orange

Entenbrüste mit Pfeffer, Salz und wenig Ingwer würzen. Die Fettseite dreimal einschneiden.
In den Wok frisches Bioheu und Schwarztee geben. Darüber ein in den Wok-Rauch passendes Gitter setzen und die Entenbrüste darauflegen. Die Ente darf nicht mit dem Wokrand in Berührung kommen, damit der Rauch gut zirkulieren kann. Den Wok mit dem Deckel gut verschliessen. Bei gutem Feuer erhitzen, bis sich Rauch entwickelt. Nach 15 Min. die Entenbrüste wenden und die andere Seite räuchern. Vom Feuer nehmen. Wenn das Fleisch so weit abgekühlt ist, dass man damit hantieren kann, herausnehmen. Die Brüste mit Sesamöl bestreichen und im ausgeräumten Wok in wenig heissem Öl goldbraun braten.
In feine Tranchen schneiden und auf Salat legen. Mit warmen Orangenfilets garniert servieren.

FLEISCH

Saft und Kraft

Basler Lümmelibraten

Beim Fleisch tauchen wir erneut tief in die «Urchuchi» ein. Nicht nur, weil einige der Rezepte nachgerade aus der Urzeit des Kochens zu stammen scheinen, sondern auch, weil die Semiotik der Kulinarik beim Fleisch auf besonders witzige Art zum Ausdruck kommt. Gemeint sind die oft wundersamen Dialektnamen und (versteckten) Bedeutungen, mit denen Schweizer Fleischspeisen versehen sind:

Erklären Sie einmal einem Nichtschweizer, was ein Fleischvogel ist! Oder dass der Lümmelibrate nichts mit einem kleinen Schweizer Lümmel zu tun hat, sondern ein Lenden-, Lungen- oder Lummelbraten ist. Und was meinen die Berner mit Mocke, noch dazu einem sauren? Oder die Luzerner mit Chueflade? Das ist ein Dessertkäse. Selbst kulinarisch bewanderte Schweizer müssen sich mitunter erklären lassen, was mit Chatzegschrei gemeint ist, nämlich Gehacktes mit Hörnli. Und mit Alpeneiern nicht Hühnereier, sondern Munihoden und Milken – früher die klassischen Ingredienzen der Luzerner Chügeli- oder Fritschipastete. Doch all diese Dialektbegriffe gehören zum Wesen der Schweizer

Kulinarik. Essen war bei uns stets auch ein kreatives Spiel mit Verschlüsselungen und Verrätselungen: So richtig verstehen kann Brägu (Schweinsbrustspitze) schliesslich nur, wer in der Region des Brägu aufgewachsen ist. Und nur wer die «geheime» Rezeptur jener berühmten Kräuterbutter kennt, darf das dazugehörige Entrecôte «Café de Paris» nennen – erfunden wurde die Kräuterbutter in Genf (Rezept S. 159).

Fleischgerichte sind auffällig häufig mit solchen Codes versehen. Denn Fleisch ist der Höhepunkt und das Herzstück des Essens. Mutters Sonntagsbraten ist ja auch nicht irgendein Braten, sondern es ist «Annas Sonntagsbraten». Und die spezielle Füllung eines Poulets ist von «Nonna Virginia» – ein kulinarisches Erbstück, das von Generation zu Generation weitergereicht wurde. Manche dieser Fleischgerichte haben viel zur Identität eines Dorfs oder einer Talschaft beigetragen und sind regionales Volksgut geworden. Die Chügelipastete zum Beispiel, gehört ganz klar den Luzernern. So wie der Chruschtebrate den Thurgauern oder der Zwetschgenbraten den Aargauern. Das wohl berühmteste Beispiel ist das Zürcher Kalbsgeschnetzelte, das heute weltberühmt ist. Ein Branding, das nebst dem Wiener Schnitzel und dem Hamburger nur wenige Gerichte geschafft haben. Doch genau das ist ja mit ein Ziel beim Kochen: etwas zu kreieren, das in sich stimmig ist, das bleibt – auch in der Sprache und in den Köpfen. Das ist nur möglich, wenn das Gericht aussergewöhnlich gut und einzigartig ist – und eben auch einen wundersamen Namen trägt.

Kennen Sie Braisi? Das ist gepökeltes und geräuchertes (zum Rohessen auch noch luftgetrocknetes) Rindfleisch von der Schulter oder Brust – ein Stück Urchuchi, das so nur im Jura vorkommt. Geschmort kommt der Braisi auf den Tisch und ist höchst exquisit (Rezept S. 145). Pökeln, räuchern, lufttrocknen: Damit sind wir bei den ältesten Methoden überhaupt, um Fleisch haltbar zu machen. Daraus ist der Evolener Eintopf entstanden, bei dem geräucherter Speck und Würste auf dem Feuer garen. Oder Gsottus aus dem Oberwallis, das aus luftgetrockneten, salzigen Fleischstücken besteht, begleitet von saftigen Birnen. Ein Relikt aus archaischen Zeiten ist auch die Metzgete, entstanden aus der bäuerlichen Kultur des Schlachtens. In der Ajoie entwickelte sich daraus der Saint-Martin, ein grossartiger Novemberbrauch, bei dem ausschliesslich Schweinefleisch auf den Tisch kommt: Atriau, Schweinshals, Speck, Brühwürste, Schüfeli und noch viel mehr. Das Pendant zur jurassischen Cochonnaille ist die Bénichon im Kanton Fribourg: Das opulente Erntedankessen besteht aus nicht weniger als acht Gängen, angefangen mit Siedfleisch und Markbein, gefolgt von Lammragout und dem Fumé (Geräuchertes) mit Beinschinken, Speck, Zunge und Saucissons. Nach dem Coup du milieu, einer Pause mit Birnenschnaps, folgt noch ein saftiges Gigot. Und wer immer noch nicht satt ist, kann sich an den Süssigkeiten gütlich tun, unter anderem an Meringues mit Greyerzer Doppel-

Braisi d'Ajoulot

rahm. Nur wenige Menüs im kulinarischen Erbe der Schweiz sind so reichhaltig und mit so viel dramaturgischem Gespür komponiert wie die Freiburger Bénichon: Da kommt nicht nur viel Fleisch auf den Tisch, in der fast rituellen Handhabung der Rezepte zeigt sich auch ein hoher Respekt vor der Natur.

Oft sind es kleine feine Unterschiede, die ein Gericht zu einer lokalen Spezialität machen. Bei den Zürcher Kutteln sind traditionsgemäss Champignons und Kümmel dabei; beides fehlt bei den Neuenburgern. Oder es ist die Marinade, die den Unterschied macht: Für den Suure Mocke verwenden die Berner deutlich weniger Essig als die Zürcher für ihren Sauerbraten. Ganz grosse Unterschiede macht oft Ignoriertes wie der Fond. Er ist das A und O der Fleischküche. Knochen, Fleischabfälle, Röstgemüse, Kräuter, Wein in einem grossen Topf leise köcheln lassen, stundenlang: Daraus entsteht die Essenz der Dinge, eben der Fond – kein Vergleich mit einer industriell gefertigten Sauce.

Wer hat das Cordon bleu erfunden?

Das Cordon bleu hat sich seit den 1960er-Jahren klammheimlich zu einer Schweizer Nationalspeise gemausert. Ob die Kalbsplätzli mit eingeklemmtem Käse und Rohschinken aber tatsächlich von den Schweizern erfunden wurden, hat bis heute niemand endgültig beantworten können. Fest steht nur: Der Name kommt vom Blauen Band (frz. Cordon bleu), das in Frankreich ab dem 16. Jahrhundert für herausragende Leistungen verliehen wurde. Dazu gehörten auch besondere kulinarische Kreationen. Nur: Das Panieren war in den königlichen Küchen verpönt und ist es noch heute, weshalb das Cordon bleu in keinem französischen Kochbuch zu finden ist.

Eine Erfolg versprechende Spur führt zu den oströmischen Kaisern nach Byzanz, wo man Fleischstücke mit Blattgold zu panieren pflegte, das damals als Heilmittel galt. Eine Technik, die im 15. Jahrhundert von den Norditalienern übernommen wurde, allerdings nicht für lange. 1514 schob der Rat von Venedig dem Vergolden von Speisen einen Riegel. Um die goldgelbe Farbe zu retten, begannen die Köche das Fleisch mit Paniermehl und Eigelb zu rösten. Stimmt die Legende, dann wäre nicht nur das Cordon bleu, sondern auch das goldgelbe Wiener Schnitzel in Italien erfunden worden …

Oder war es eben doch der Westschweizer Schiffskoch, der 1929 und 1933 auf der «Bremen» in der Kombüse stand? Er soll von Kapitän Ziegenbein anlässlich einer erfolgreichen Atlantiküberquerung den Auftrag erhalten haben, eine besondere Fleischspeise mit Käse zu kreieren. Der Koch tat, wie man ihn geheissen, und taufte das Gericht zu Ehren des mit dem Blauen Band ausgezeichneten Dampfers «Cordon bleu». Da die «Bremen» 1941 von einem Schiffsjungen in Brand gesteckt wurde, hat sich die Wahrheit buchstäblich in Rauch aufgelöst.

Bleibt noch die Legende der Köchin aus Brig: Als gleich zwei grosse Gesellschaften das Restaurant stürmten und beide das Gleiche bestellten, nämlich Schweinscarré, musste die Köchin improvisieren. Also schnitt sie das Fleisch dünner und packte Käse und Rohschinken zwischen die Schnitzel. Ein genialer Streich, lobte der Patron und wollte der Köchin – im Stil der Franzosen – das Blaue Band verleihen. Nein, sie wolle keine Auszeichnung, sagte die Köchin, aber er könne das Gericht ja Cordon bleu nennen.

Wer auch immer das Cordon bleu erfunden hat: Es taucht erst in den Sechzigerjahren in den Schweizer Kochbüchern auf, und zwar mit Kalbfleisch und ohne Gold.

Ausführlicher nachzulesen sind die Cordon-bleu-Geschichten in der Textsammlung des Kulinarischen Erbes der Schweiz (www.kulinarischeserbe.ch).

Zürcher Geschnetzeltes

Georg Ruis, Restaurant Münsterhof, Zürich
4 Personen ☆

400 g Kalbsgeschnetzeltes
1 Zwiebel
1 Knoblauchzehe
20 g Butter
200 g weisse Champignons
1 dl Weisswein
1 dl Kalbsjus
3 dl Rahm
Maizena
Salz, Pfeffer
1 EL Erdnussöl

Zwiebel und Knoblauch hacken, Champignons scheibeln.
Zwiebel und Knoblauch in Butter kurz anbraten. Champignons dazugeben und mit Weisswein ablöschen. Kalbsjus und Rahm zufügen und 10 Min. köcheln lassen. Mit etwas Maizena binden und mit Salz und Pfeffer würzen. Kalbsgeschnetzeltes in einer Bratpfanne in Erdnussöl kurz scharf anbraten und sofort zur Sauce geben.
Dazu passt Rösti.

Kalbsgeschnetzeltes Nidwaldner Art

Toni Gisler, Restaurant Rössli am See, Beckenried (NW)
4 Personen ☆

500 g Kalbsgeschnetzeltes vom Bäggli
1 kleine Zwiebel
200 g Champignons
2 Birnen
2 EL Öl
20 g Butter
0,5 dl Weisswein
2 dl Demi-Glace
2 dl Rahm
1–2 EL Nidwaldner Birnenträsch
Salz, Pfeffer
8 Baumnusskerne

Zwiebel hacken, Champignons scheibeln, Birnen entkernen, schälen und in Würfel schneiden.
Kalbsgeschnetzeltes bei starker Hitze in Öl anbraten, aus der Pfanne nehmen und warm stellen. Butter in die Pfanne geben. Zwiebel andünsten. Champignons mitdünsten, mit Weisswein ablöschen. Demi-Glace und Rahm beigeben und auf die gewünschte Konsistenz einkochen lassen. Birnen und Birnenträsch zugeben. Mit Salz und Pfeffer würzen. Mit Baumnusskernen garnieren.
Dazu passen Bohnenbündeli mit Speck und Gemüserösti.

Zürcher Chatzegschrei

Tine Giacobbo, Restaurant Alpenrose, Zürich
4 Personen ☆

800 g gehacktes Zweierlei (Kalb / Schwein, biologisch)
2 gelbe Peperoni
2 rote Peperoni
2 Zwiebeln
3 EL Öl
Salz, Pfeffer
Paprika, Chiligewürz
4 dl Fleischbouillon
2 dl Sauerrahm
600 g Hörnli
20 g Butter
½ Bund Petersilie

Gelbe und rote Peperoni in Würfelchen schneiden. Zwiebeln fein hacken.
Gehacktes Zweierlei in Öl gut anbraten, bis es die rote Farbe verloren hat. Peperoni- und Zwiebelwürfel zufügen und mit Salz, Pfeffer, Paprika und wenig Chili ein paar Minuten dünsten. Mit Fleischbouillon ablöschen und ca. 15 Min. köcheln lassen. Sauerrahm dazugeben und etwas einkochen. Abschmecken.
Hörnli al dente kochen, absieben, in Butter mit gehackter Petersilie schwenken, in Teller verteilen und Chatzegschrei darübergeben.

Nur die Zürcher nennen ihr Gehacktes mit Hörnli «Chatzegschrei». Der Grund ist nicht überliefert. Vielleicht liegt es daran, dass das Gericht ein wenig wie Katzenfutter aussieht. Wegen des scharfen Paprikagewürzes und der Peperoni ist es für Haustiere allerdings nicht bekömmlich …

Rindszunge an Kapernsauce

Elisabeth König-Staub, Restaurant Kreuz, Iffwil (BE)
6 Personen ☆

1 Rindszunge, geräuchert, gesalzen
1 Zwiebel
1 Knoblauchzehe
1 Karotte
½ Lauch
½ Sellerie
3 Lorbeerblätter
Mehlschwitze oder -butter
1–2 Msp. Safran
1,5 dl Rahm
1 EL Butter
Salz, Pfeffer
4 EL eingelegte Kapern

Zunge in kaltem Wasser aufsetzen. Wasser nach dem ersten Sieden erneuern. Mit Zwiebel, Knoblauch, Rüebli, Lauch (alles ganz), Sellerie (halbiert) und Lorbeerblättern 3–4 Std. ziehen lassen (Garpunkt wiederholt überprüfen, besser zu weich). Zunge herausnehmen, mit kaltem Wasser abspülen, die Haut von der Spitze her abziehen. Gewonnenen Sud sieben. 5 dl davon mit Mehlschwitze oder -butter binden. Safran, Rahm und kalte Butterflöckli einarbeiten, salzen und pfeffern. Kurz vor dem Servieren Kapern mit etwas Flüssigkeit, je nach Konsistenz, beifügen. Abschmecken.

Zunge schräg in 5 mm dicke Stücke schneiden, mit viel Sauce übergiessen.

Dazu passt Kartoffelstock oder Reis.

Thurgauer Chruschtebrate

Esther Büchel / Werner Hinden, Restaurant Obholz, Frauenfeld (TG)
4 Personen ☆

1 kg Schweinsschulter
2 Knoblauchzehen
Bratbutter
Salz, Pfeffer
1 dl Apfelwein
1 dl Gemüsebouillon
1 Lorbeerblatt
2 Karotten
1 Zwiebel
Honig
1 Apfel
1 EL Zucker
1 dl Rahm

Schweinsschulter mit spitzem Messer einstechen, mit längs geviertelten Knoblauchzehen spicken. Fleisch im Gusstopf rundum in Bratbutter anbraten. Mit Salz und Pfeffer würzen. Den Bratensatz mit Apfelwein und Gemüsebouillon lösen, Lorbeerblatt beigeben. Gusstopf ohne Deckel auf der untersten Rille im 200° heissen Backofen 1,5–2 Std. braten. Während der Bratzeit Fleisch öfter mit Jus begiessen, wenn nötig Flüssigkeit ergänzen. Nach 40 Min. geviertelte Rüebli und geschnittene Zwiebel dazugeben. Das Fleisch mit etwas Honig bestreichen, damit es knusprig und leicht süss wird. Den Braten aus seinem Jus nehmen und 15 Min. im ausgeschalteten, offenen Backofen ruhen lassen.

Währenddessen Garnitur und Apfelsauce zubereiten: Apfel ungeschält in Scheiben schneiden und mit 2 dl Wasser und Zucker nicht zu weich garen. Bratenjus entfetten und absieben. 1 Rüebli mixen, mit Rahm dem Bratenjus beigeben und abschmecken.

Fleischtranchen anrichten, etwas Sauce darübergeben, mit Rüebli und Apfelscheibe garnieren.

Dazu passt Kartoffelstock.

Aargauer Zwetschgenbraten

Dieter Keist, Restaurant Zum Hirzen, Schinznach Dorf (AG)
4 Personen ☆

1 kg Schweinshals
200 g Dörrzwetschgen
Salz, Pfeffer
Rosmarinpulver
Senf
2 EL Öl
1 Karotte
1 kleiner Sellerie
1 kleine Zwiebel
1 Knoblauchzehe
2 EL Tomatenpüree
1 dl Rotwein
2 dl Fleischbouillon

Schweinshals mit Dörrzwetschgen spicken (oder der Metzger hat gespickt), mit Salz, Pfeffer, Rosmarin und Senf einreiben. Im Brattopf in Öl kräftig anbraten. Rüebli, Sellerie, Zwiebel, Knoblauch in Würfel schneiden. Braten aus der Pfanne nehmen und das in Würfel geschnittene Gemüse in den Topf geben und mit Tomatenpüree leicht anrösten. Mit Rotwein und Fleischbrühe ablöschen und zur Hälfte einkochen lassen. Den Braten dazugeben und im 200 ° heissen Ofen auf der untersten Rille 1,5 Std. ohne Deckel schmoren. Von Zeit zu Zeit den Braten mit dem Saft begiessen.
Dazu passt Kartoffelstock, Puls (Rezept S. 265), Emmer-Rahmnudeln oder Einkorn-Spätzli.

Suure Mocke (Sauerbraten)

Daniel Lüdi, Restaurant Löwen, Heimiswil (BE)
4 Personen ☆

1,3 kg Rindsschmorbraten (Schulter)
200 g Röstgemüse (Zwiebeln, Karotte, Sellerie)
1 Gewürzsäcklein (Pfeffer, Nelken, Lorbeer)
1 Flasche kräftiger Rotwein
1 dl Rotweinessig
Salz, Pfeffer
Bratfett
1 TL Tomatenpüree
1 dl Kalbsfond
Maizena

Rindsschmorbraten, in Würfel geschnittenes Röstgemüse, Gewürzsäcklein in ein hohes Gefäss geben und mit Rotwein und Rotweinessig im Verhältnis 10 zu 1 aufgiessen, bis das Fleisch bedeckt ist. Die Beize 10 Tage kühl ziehen lassen.
Das Fleisch aus der Marinade nehmen und trocken tupfen. Gemüse aus der Marinade nehmen und beiseite stellen. Marinade aufkochen und abschäumen. Das Fleisch mit Salz und Pfeffer würzen und in Bratfett anbraten und in eine Schale geben. Das Gemüse in der gleichen Pfanne anbraten. Tomatenpüree dazugeben und etwas rösten. Mit Marinade kellenweise ablöschen. Alle Zutaten in einen Schmortopf geben, mit etwas Kalbsfond auffüllen und zugedeckt im Ofen bei 150 ° weich schmoren (4–5 Std.).
Den entstandenen Bratfond durch ein feines Sieb giessen und eventuell etwas einkochen. Mit Maizena leicht binden und abschmecken. Mit viel Sauce servieren.
Dazu passt Saisongemüse und Kartoffelstock.

Berner Brägu (Schweinsbrustspitze)

Elisabeth König-Staub, Restaurant Kreuz, Iffwil (BE)
4 Personen ☆

1 kg Schweinsbrustspitze
Öl
Salz, Pfeffer
Korianderpulver
Nelkenpulver
1 Karotte
1 Zwiebel
1 Knoblauch
3 Lorbeerblätter
½ Bund Majoran
Mehl
1,5 dl Weisswein
Kartoffelstärke

Brustspitze in Stücke (3 cm) schneiden. Fleischstücke bei grosser Hitze anbraten. Mit Salz, Pfeffer, etwas Koriander und Nelkenpulver gut würzen. Im Bräter bei 170 ° im Ofen garen. Nach 30 Min. Rüebli, Zwiebeln, Knoblauch, Lorbeer und Majoran beifügen. Mit etwas Mehl bestäuben, mit Wasser und Weisswein ablöschen. Immer wieder wenden. Nach ca. 2 Std. den Jus absieben (evtl. entfetten) und zu Sauce binden. Abschmecken und etwas fein gehackten Majoran einstreuen.
Als Beilage eignen sich Hörnli, Rösti oder Kartoffelstock.
Hinweis: Verwenden Sie möglichst frische Brustspitze. Früher wurde bei den Bauern das noch warme Fleisch direkt von der Schlachtbank in der Küche verarbeitet.

Brasato al Merlot

Claudio Croci-Torti, Ristorante Montalbano, San Pietro di Stabio (TI)

4 Personen ☆

1 kg Rindshohrücken
40 g getrocknete Steinpilze
1 Zwiebel
3 Nelken
1 Lorbeerblatt
1 Karotte
1 Sellerie
1 Lauch
Salz, Pfeffer
1–2 EL Bratbutter
1 EL Tomatenpüree
1 EL Mehl
1–2 dl Merlot
3 Knoblauchzehen
1 Zweig Rosmarin
1 Zweig Thymian
3 dl Fleischbouillon

Steinpilze einweichen. Zwiebel mit Nelken und Lorbeerblatt spicken, Karotte, Sellerie und Lauch klein schneiden.
Rindshohrücken mit Salz und Pfeffer einreiben und in Bratbutter anbraten. Herausnehmen und warm halten. Im gleichen Bräter gespickte Zwiebel, Karotte, Sellerie und Lauch andünsten. Tomatenpüree hinzufügen, mit Mehl bestäuben und das Ganze vermengen. Mit Merlot ablöschen und aufkochen. Das Fleisch hineinlegen. Gequetschte Knoblauchzehen, Rosmarin, Thymian, eingeweichte Steinpilze dazugeben und mit Fleischbouillon auffüllen. Zugedeckt 2–3 Std. bei 140 ° schmoren lassen; dreimal wenden.
Klassisch wird der Brasato mit Polenta serviert.

Tipp: Probieren Sie einmal die besonders geschmackvolle Polenta rossa aus (Einkaufstipps S. 380).

Basler Lümmelibrate

Max Schmid, Restaurant Mühle, Allschwil (BL)
4 Personen

1 kg Lummel (Rindsfilet)
Salz, Pfeffer
2 EL Erdnussöl
1 Zwiebel
¼ Lauch
¼ Sellerie
1 Karotte
1 dl Weisswein
1 dl Fleischbouillon

Rindsfilet mit Salz und Pfeffer einreiben und im offenen Bräter mit Erdnussöl anbraten. Zwiebel, Lauch, Sellerie, Karotte, alles geschnitten, zum Filet legen. Im Ofen bei 220° und häufigem Begiessen mit dem Bratfond ca. 20 Min. rosa braten. Den Bratensatz mit Weisswein und Fleischbrühe lösen; aufkochen, absieben und abschmecken.
Das Rindsfilet in Tranchen schneiden und Sauce darübergeben. Mit Gemüse, Pilzen und gebratenen Frühkartoffeln servieren.

Braisi ajoulot

(gepökelter, geräucherter Rindsschmorbraten)

Markus Mettler, Restaurant du Bœuf, Courgenay (JU)

4 Personen ☆

1 kg Rindshals, gebunden, leicht gepökelt und geräuchert
1 Zwiebel
1 Karotte
¼ Sellerie
1 EL Bratfett
2 Knoblauchzehen
1 EL Tomatenmark
1 dl kräftiger Rotwein
2 dl Rindsbouillon
Meersalz, Rosmarin
1 Lorbeerblatt
3 Nelken
1 EL frische Gartenkräuter

Zwiebel, Karotte, Sellerie in kleine Würfel (Mirepoix) schneiden. Rindshals in Bratfett in einem Gusstopf anbraten, herausnehmen und warm stellen. Mirepoix in den Gusstopf geben und bei kleiner Hitze anbraten. Fein geschnittenen Knoblauch mit Tomatenmark mitdünsten. Ablöschen mit Rotwein und Rindsbouillon. Würzen mit wenig Meersalz und Rosmarin. Lorbeerblatt und Nelken dazugeben. Rindshals einlegen und im 160° heissen Ofen ca. 2 Std. oder über Nacht bei 85° 8–12 Std. zugedeckt garen (Kerntemperatur 80–85°).

Den Braisi herausnehmen, Bratenjus absieben, reduzieren, eventuell leicht binden.

Fein geschnittene Gartenkräuter über die Braisi-Tranchen geben.

Dazu serviert man Spätzli, Bandnudeln oder wie im Jura Floutes (Rezept S. 270).

Fricassée genevoise

Christian Bize, Restaurant Chez Babel, Bardonnex (GE)
4 Personen ☆

700 g Schweinsschulter
1 dl Schweineblut (beim Metzger bestellen)
⅓ Lauch
1 Karotte
1 kleine Zwiebel
¼ Sellerie
Rotwein
1 Majoranzweig
2 Thymianzweige
1 Lorbeerblatt
2 EL Butter oder Schweinefett
Salz, Pfeffer
1,5 dl Halbrahm

Schweinefleisch in 2 cm kleine Stücke schneiden. Gemüse grob zerkleinern. Fleisch mit Rotwein bedecken, Majoran, Thymian und Lorbeerblatt zugeben und 3–4 Tage zugedeckt im Kühlschrank marinieren. Das Fleisch von Zeit zu Zeit wenden.
Fleisch aus der Marinade nehmen, abtropfen lassen, trocken tupfen. Marinade um einen Drittel einkochen und durch ein Sieb giessen. Fleisch in Butter oder Schweinefett anbraten, würzen, mit Marinade ablöschen und bei kleiner Hitze ca. 50 Min. schmoren. Fleisch herausheben und warm stellen. Halbrahm zum Jus geben und reduzieren. Topf vom Feuer nehmen. Schweineblut unter die Sauce schlagen. Die Sauce behutsam (Blut gerinnt bei starker Hitze) aufwärmen, bis sie leicht eindickt. Fleisch in die Sauce geben und sofort servieren.

Die Marinade und das Blut sind typisch für die Genfer Fricassée und geben ihr den unverwechselbaren, leicht süsslichen Geschmack (im Unterschied zur Waadtländer Version, bei der das Fleisch nicht mariniert wird). Wer kein Blut verwenden möchte, kann 10 g Bitterschokolade in der Sauce schmelzen, um sie etwas dunkler und süsslicher zu machen. Oder man püriert 100 g Schweinsleber und mischt sie unter die Sauce.

Luzerner Chügelipastete

Saemi Honegger, Restaurant Taube, Luzern (LU)
5 Personen ☆☆

1 Fritschipastete vom Bäcker
400 g Kalbsbrätchügeli
400 g Kalbsschulter
1 l Gemüsebouillon
2 Lorbeerblätter
1 Zwiebel
4 EL Butter
300 g Champignons
3 EL Mehl
2 dl Weisswein
1 dl Rahm
2 EL Rosinen
3 EL Petersilie
Salz, Pfeffer

Gemüsebouillon aufkochen, Lorbeerblätter beifügen und Kalbsschulter am Stück darin während 1,5 Std. gar ziehen lassen. Auskühlen lassen. Fleisch herausnehmen, in 1 cm grosse Würfel schneiden. Bouillon beiseite stellen.
Zwiebel fein hacken und in 1 EL Butter dünsten. Champignons vierteln, zu den Zwiebeln geben und 5 Min. mitdünsten. In einer Pfanne Mehl und 3 EL Butter andünsten, von der Bouillon dazugeben und unter stetem Rühren aufkochen. Weisswein und Rahm beigeben und 10 Min. köcheln lassen. Auskühlen.
Kalbsschulterwürfeli, Kalbsbrätchügeli, Champignons, Rosinen, Petersilie in 2 dl von der erkalteten gebundenen Bouillon geben. Alles kurz aufkochen, mit Salz und Pfeffer würzen. In die warme Fritschipastete füllen.
Trockenreis und gedämpfte Rüebli dazu servieren.
Hinweis: Die frische Fritschipastete gibt es bei Luzerner Bäckereien (Einkaufstipps S. 380).

Prättigauer Fleisch-Chnödli

Urs Vetter, Restaurant Zum Platz, Fideris (GR)
4 Personen ☆

125 g Schweinefleisch
300 g Rindfleisch
80 g Speck
2 kleine Zwiebeln
½ Bund Petersilie
½ TL Oregano
5 Eier
Salz, Pfeffer
Mehl
2 EL Bratbutter
0,5 dl Rotwein
0,5 dl Bouillon
0,5 dl Bratensauce
1 Handvoll Speckwürfeli, geröstet

Schweinefleisch, Rindfleisch und Speck durch den Fleischwolf treiben und mit 1 gehackter Zwiebel, gehackter Petersilie, Oregano, Eiern, Salz und Pfeffer zusammenkneten. Aus der Masse etwa 20 g schwere Bällchen (Chnödli) formen und mit wenig Mehl leicht bestäuben.
Fett in die Bratpfanne geben und die Chnödli braten, bis sie gar sind. Chnödli aus der Pfanne nehmen. Den Bratensatz mit etwas Rotwein, Bouillon und Bratensauce lösen. 1 Zwiebel hacken, andünsten und mit den gerösteten Speckwürfeli dazugeben. Die Chnödli in der Sauce kurz aufkochen und anrichten.

Bollito misto (gemischtes Siedfleisch)

Angela / Manfre / Milena, Grotto al Mulino, Morbio Inferiore (TI)
4 Personen ☆☆

800 g gemischtes Siedfleisch (Rind, Kalb, Huhn, Schlachtwurst, Zunge)
Pro Fleischsorte je
1 Thymianzweig
1 Stück Sellerie
1 Karotte
1 Zwiebel
3–4 Wacholderbeeren

Die Fleischstücke separat mit Thymianzweig, Sellerie, Karotte, Zwiebel und Wacholderbeeren in kaltem Salzwasser aufsetzen, aufkochen und ziehen lassen. Kochzeiten bis zu 3 Std.
Fleisch in Stücke schneiden und auf einer heissen Platte oder in einem Suppentopf anrichten.
Dazu Salzkartoffeln, gedämpfte Karotten, Senffrüchte, Senf und grüne Sauce servieren.

Solothurner Schweinshals in saurem Most

Andy Zaugg, Zum Alten Stephan, Solothurn
4 Personen ☆

800 g Schweinshals
Salz, Pfeffer
1 EL Erdnussöl
50 g Butter
100 g Stangensellerie
100 g Karotten
200 g Zwiebeln
3 Knoblauchzehen
50 g Mehl
2 dl trockener Weisswein
1 dl Kalbsfond
5 dl saurer Most
1 Lorbeerblatt
1 Gewürznelke
25 g Butter

Schweinshals salzen und pfeffern und in Erdnussöl rundum knusprig goldfarben anbraten. Öl abschütten. Butter in Pfanne geben, Stangensellerie, Karotten, Zwiebeln, Knoblauchzehen, je klein geschnitten, andünsten. Mit Mehl bestäuben und caramelfarben anschwitzen. Mit Weisswein, Kalbsfond und saurem Most ablöschen und aufkochen. Lorbeerblatt und Gewürznelke dazugeben. Den Schweinshals 1,5 Std. bei 160–170 ° zugedeckt im Ofen schmoren; eine Viertelstunde vor Schluss Deckel abnehmen. Schweinshals herausnehmen und warm stellen. Sauce passieren und reduzieren, abschmecken und mit kalter Butter montieren. Gemüse in Sauce geben. Schweinshalsbraten aufschneiden und mit Sauce übergiessen.
Dazu einen Kartoffelstock servieren.

Kalbsfiletroulade auf Edelbitterschokolade-Sauce

Rolf Gruber, Restaurant Gommerstuba, Niederernen (VS)
4 Personen ☆

4 Filets mignons vom Kalb à 130 g
Salz, Pfeffer
120 g Kalbsbrät
1 Chilischote
je 1 TL Petersilie, Thymian, Rosmarin
Schweinsnetz

Sauce
2 dl Kalbsfond
1 dl Rotwein
15 g Edelbitterschokolade

Chips
1 Blaue Kartoffel
1 Rettich
1 Karotte
Butter
Salz, Pfeffer

Kalbsfiletscheiben zwischen Plastikfolie flach klopfen, mit Salz und Pfeffer würzen.

Kalbsbrät mit gehackter Chilischote und gehackten Kräutern mischen. Das Brät auf die Kalbsfilets streichen, die Filets rollen und in gut gewässertes Schweinsnetz packen. Von allen Seiten heiss anbraten und im Ofen bei 180 ° während 10 Min. garen.

Sauce: Kalbsfond mit Rotwein stark reduzieren, Edelbitterschokolade einmontieren.

Chips: Blaue Kartoffel, Rettich und Karotten rüsten, in hauchdünne Scheiben schneiden. Die Chips separiert blanchieren, in einer Pfanne mit heisser Butter kurz anschwenken und mit Salz und Pfeffer würzen.

Chips auf heissen Tellern kreisrund anrichten, die Sauce in die Mitte giessen. Die Kalbsfilets halbieren und je zwei Stück auf die Teller geben.

Scaloppine «Bordei»

Rosaria Quattrini, Osteria Bordei, Bordei (TI)
4 Personen ☆

8 Kalbsplätzli (700–800 g)
Mehl
1 El Butter
1 EL Öl
Salz, Pfeffer
4 Knoblauchzehen
Petersilie
1 dl trockener Weisswein
1 dl Marsala
1 dl Tomatensauce
1 dl Bouillon

Die Plätzli in Mehl wenden, rasch in Butter und Öl anbraten. Salzen und pfeffern. Knoblauch und Petersilie, je gehackt, dazugeben. Mit Wein und Marsala ablöschen. Tomatensauce und Bouillon hinzufügen. 10 Min. ruhen lassen, damit die Sauce sich bindet.
Dazu passt Risotto alla milanese.

Kalbsfilet mit Junglauch-Ravioli

René Lampart, Restaurant Kurhaus Ohmstal, Ohmstal (LU)
4 Personen ☆☆

600 g Kalbsfilet
Salz, Pfeffer
2 Junglauch
Butter
1 dl Doppelrahm
½ Zitrone
100 g Ravioliteig
100 g Eierschwämme
4 Wachteleier

Eierschwämme putzen und gut waschen. Ganzes Kalbsfilet mit Salz und Pfeffer würzen, auf allen Seiten heiss anbraten und im Ofen bei 80 ° fertig garen. Junglauch fein schneiden, waschen, in Butter leicht andünsten und auskühlen lassen. Doppelrahm dazugeben, mit Salz, Pfeffer und Zitronensaft würzen und kühl stellen.

Ravioli: Ravioliteig mit der Nudelmaschine sehr dünn ausrollen, rund ausstechen und mit Wasser bestreichen. Lauchmasse in die Mitte der Teigplätzchen geben und diese zu Ravioli einschlagen. Die Ravioli im Salzwasser kochen. Eierschwämme im Butter kurz schwenken und würzen. Wachteleier zu Spiegeleiern zubereiten.
Kalbsfilet aufschneiden, mit Ravioli, Eierschwämmen und Wachtelspiegeleiern garnieren.

Kalbsfilet mit Kastanienkruste an Americano-Sauce

Daniele Blum, Ristorante Pentolino, Verdasio (TI)

4 Personen ☆

4 Scheiben Kalbsfilet à 150 g
Salz, Pfeffer
2 EL Olivenöl
80 g ungesüsstes Kastanienpüree
4 EL Brösmeli (trockenes geriebenes Brot)

Sauce aus Americano-Trauben
5 dl Demi-Glace
20 Americano-Trauben
Rotwein

Kürbisrisotto aus Asconeser Reis
1 Zwiebel
2 EL Olivenöl
200 g Tessiner Risottoreis (Loto)
2 dl Weisswein
50 g Kürbisfleisch
6 dl Rindsbouillon
50 g Parmesan
30 g Butter

Kalbsfilets mit Salz und Pfeffer würzen, in Olivenöl auf beiden Seiten kurz anbraten. Kastanienpüree mit Brösmeli mischen und mit Salz und Pfeffer würzen. Die Filets mit der Kastanienfarce bestreichen und im Ofen bei Grilloberhitze kurz knusprig machen. Auf Kürbisrisotto und mit Americano-Sauce servieren.

Sauce aus Americano-Trauben: Demi-Glace mit Americano-Trauben (Tessinertrauben) und einem Schuss Rotwein kurz aufkochen und leicht einkochen lassen.

Kürbisrisotto aus Asconeser Reis: Zwiebel fein hacken, in Olivenöl glasig dünsten. Loto dazugeben und mit Weisswein ablöschen. Kürbisfleisch in kleine Würfel schneiden, dazugeben. Mit heisser Rindsbouillon nach und nach auffüllen, dabei immer rühren. Mit geriebenem Parmesan und Butter verfeinern und sofort servieren.

Hinweis: Den Tessiner Loto-Reis gibt es bei Terreni alla Maggia, Ascona (Einkaufstipps S. 380).

Kalbsbäggli «Ferme des Brandt»

Cyrille Tribut, Restaurant La Ferme des Brandt,
La Chaux-de-Fonds (NE)
4 Personen ☆

8 Kalbsbäggli (vorbestellen)
3 Karotten
1 Zwiebel
1 Stange Sellerie
½ Lauch
Salz, Pfeffer
Mehl
2 EL Traubenkernöl
Butter
5 dl Weisswein
3 Lorbeerblätter
2 EL Pinienkerne
1–2 TL Löwenzahnblüten-Honig
Kräuter (Löwenzahn, Brennnesselspitzen, Sauerampfer etc.)

Rüebli und Zwiebel schälen, Stangensellerie und Lauch waschen. Das Gemüse zu Brunoise schneiden. Kräuter hacken. Die Kalbsbäggli salzen, pfeffern und mehlen. In einem tiefen Brattopf rundum in Traubenkernöl anbraten, bis sie eine schöne Farbe angenommen haben. Aus dem Topf nehmen und auf Küchenpapier entfetten. Im gleichen Topf das Gemüse in der Butter anziehen und leicht Farbe annehmen lassen. Mit Wein ablöschen, Lorbeerblätter und Kalbsbäggli dazugeben. Zudecken und 2–2,5 Std. auf kleinster Flamme köcheln lassen. Um festzustellen, ob das Fleisch gar ist, mit einer Messerspitze hineinstechen; es muss wie durch Butter gehen. Pinienkerne rösten, Honig zufügen und die Kerne damit überziehen.
Die Kalbsbäggli aus dem Topf heben und warm halten. Die Sauce durchs Passevite passieren oder durch ein Sieb streichen. Sauce auf grosser Flamme reduzieren. Kräuter und Pinienkerne zufügen.
Die Kalbsbäggli mit Sauce überziehen.
Mit Linsengemüse oder Risotto servieren.

Geschmorte Kalbsbäggli mit Kartoffelstock

Silvia Manser, Restaurant Traube, Gais (AR)

4 Personen ☆

4 Kalbsbäggli (vorbestellen)
1 El Bratbutter
Salz, Pfeffer
200 g Röstgemüse (Sellerie, Karotte, Zwiebeln)
1 EL Tomatenpüree
2 dl dunkler Rotwein
5 dl Kalbsfond
Kräuter
700 g mehlige Kartoffeln
1 dl Milch
1 dl Rahm
40 g Butter
Muskatnuss

Die Kalbsbäggli allseits gut anbraten, würzen und in einen Schmortopf geben. Die in Würfel geschnittenen Röstgemüse in der gleichen Pfanne anbraten, Tomatenpüree kurz mitrösten, mit Rotwein ablöschen und mit dem Kalbsfond auffüllen. Kräuter dazugeben und im Ofen zugedeckt bei 170 ° 1,5 Std. weich schmoren.

Für den Kartoffelstock die Kartoffeln schälen, schneiden und in Salzwasser weich kochen. Währenddessen Milch, Rahm und Butter kurz aufkochen, würzen. Die Kartoffeln abschütten und durchs Passevite direkt in die Milch drehen. Mit Salz, Pfeffer und Muskat würzen und in einen Dressiersack geben.

Auf die Teller einen schönen Kartoffelstock-Kreis dressieren. Das Bäggli mit Schmorsauce in die Mitte anrichten. Mit separat gekochten und in wenig Butter geschwenkten Gemüsen fertig anrichten.

Ossobuco mit Polenta

Fiorella Macullo, Grotto Pergola, Giornico (TI)
4 Personen ☆

4 Kalbshaxen à 250 g
500 g Tessiner Maisgriess
Olivenöl
1 Zwiebel
Salz, Pfeffer
3–4 dl Weisswein
je 1 Zweig Thymian, Salbei, Rosmarin
2 EL Butter

1,5 l Salzwasser zum Kochen bringen und den Maisgriess unter Rühren einrieseln, sodass sich keine Klümpchen bilden. Mindestens 1 Std. köcheln lassen, dabei ab und zu umrühren.
Kalbshaxen in heissem Olivenöl von beiden Seiten anbraten. Eine grob geschnittene Zwiebel dazugeben. Mit Salz und Pfeffer würzen. Mit Weisswein ablöschen. Thymian, Salbei, Rosmarin und Butter dazugeben und die Ossobuchi in einer feuerfesten Form im Ofen bei 200 ° 40–60 Min. schmoren.

Entrecôte «Café de Paris»

François Vouillamoz, Restaurant Café de Paris, Genf
4 Personen ☆

4 Entrecôtes à 200 g
Salz, Pfeffer
2 EL Bratbutter
100 g Kräuterbutter «Café de Paris»

Entrecôtes mit Salz und Pfeffer würzen und in Bratbutter beidseitig gut anbraten. Im auf 80 ° vorgeheizten Ofen während ca. 75 Min. garen lassen.
Zusammen mit Kräuterbutter «Café de Paris» und Pommes frites servieren.

Das Kräuterbutter-Rezept ist ein kreativer Baukasten, bei dem zahlreiche Kräuter-Kombinationen möglich sind. Bewährt ist das Kräutertrio mit Thymian, Rosmarin und Bohnenkraut. Oder das Trio mit Petersilie, Dill und Estragon. Unsere 4-Kräuter-Version dürfte nahe beim Originalrezept liegen, das im Restaurant Café de Paris in Genf erfunden wurde. In den Details ist es jedoch ein streng gehütetes Geheimnis.

Kräuterbutter «Café de Paris»

François Vouillamoz, Restaurant Café de Paris, Genf
4 Personen ☆

200 g Butter
1 Bund Petersilie
2 EL Estragon
1½ EL Rosmarin
2 EL Thymian
1 TL Currypulver
Paprika
Salz, Pfeffer
2 Sardellenfilets
2 EL Cognac
2–3 TL Zitronensaft
2 TL milder Senf
1–2 Knoblauchzehen

Weiche Butter verrühren, bis die Masse weiss ist und etwa das doppelte Volumen hat. Petersilie, Estragon, Rosmarin, Thymian fein hacken und mischen. Mit Currypulver, wenig Paprika, Salz und Pfeffer würzen. Sardellenfilets in kleine Stücke schneiden, zerquetschen und mit Cognac, Zitronensaft, Senf und dem Saft der Knoblauchzehe vermischen. Sardellenmasse zu den Kräutern geben, gut verrühren und unter die Buttermasse ziehen; nochmals gut vermischen und abschmecken.
In Töpfchen füllen oder mit einem Spritzsack Rosetten formen und in den Tiefkühler stellen (mind. 30 Min.).
10 Min. vor dem Servieren aus dem Tiefkühler nehmen.
Hinweis: Kräuterbutter lässt sich einen Monat tiefkühlen.

Entrecôte flambiert mit Edelweisslikör

Charles-Albert Fellay, Restaurant La Tsâna, Le Châble (VS)

4 Personen ☆☆

4 Entrecôtes à 200 g (möglichst vom Eringer Rind)
2 Karotten
2 gelbe Rüben
½ Kohlrabi
2 Schalotten
1 EL Zucker
Olivenöl
4 Kirschentomaten
2 Zucchini
Kräuter
50 g Butter
80 g Wacholder- oder Kräuterbutter
4 EL Edelweisslikör

Karotten, gelbe Rüben, Kohlrabi, nach Belieben geschnitten, nacheinander in Salzwasser knackig kochen und kalt abschrecken. Schalotten halbieren und mit Zucker auf kleinem Feuer in Olivenöl weich dünsten. Kirschentomaten halbieren und weich dünsten. Zucchini längs halbieren, kurz blanchieren, abschrecken und fächerförmig aufschneiden, leicht zuckern und mit Kräutern nach Belieben würzen.

Die Bratpfanne erhitzen und Entrecôtes in Butter braten.

Die Gemüse fächerförmig auf dem oberen Tellerteil anrichten; leicht mit Olivenöl und Gartenkräutern würzen. Die Entrecôtes auf dem unteren Tellerteil platzieren; Wacholder- oder Kräuterbutter daraufsetzen. Beim Servieren am Tisch Edelweisslikör in die Mulde der Wacholderbutter giessen und anzünden. Den Rest des Likörs von den Gästen selbst über das Fleisch giessen lassen, sodass das ganze Entrecôte flambiert wird.

Ochsenschwanzragout

Sabine Miggitsch / Jeanne Menzel, Ristorante Oxalis, Ponte Capriasca (TI)

4 Personen ☆

2 kg Ochsenschwanz in Stücken
Salz, Pfeffer
Paprika
Mehl
4 EL Olivenöl
16 Frühlingszwiebeln
4 dl Rotwein
2 TL Maizena
1 Bund Petersilie

Ochsenschwanzstücke mit Salz, Pfeffer und Paprika würzen und leicht mit Mehl bestäuben. In einem Bräter Olivenöl erhitzen und die Fleischstücke rundum kurz scharf anbraten. Fleisch herausnehmen und das überschüssige Fett abschütten. Geputzte Frühlingszwiebeln im Bräter anziehen lassen, Fleisch zugeben, mit Rotwein ablöschen und mit Wasser auffüllen. Zugedeckt während 2–3 Std. leise köcheln lassen. Das Fleisch herausnehmen und vom Knochen lösen.

Bratenfond durch ein feines Sieb passieren, mit Salz und Pfeffer abschmecken und mit Maizena binden. Das Fleisch in die Sauce zurückgeben und mit gehackter Petersilie bestreut servieren.

Dazu passen Kastanien-Tagliatelle (Rezept S. 245).

Sauerbraten nach Grossmutterart

Rosa Tschudi, ehemals Restaurant Wiesental, Winkel-Rüti (ZH)
4 Personen ☆☆

1,2 kg Rindshuft, mager, gut gelagert
1 Zwiebel
½ Lauch
1 Karotte
15 Pfefferkörner
1 Flasche Rotwein
3 dl Rotweinessig
15 g Backpulver
1 Lorbeerblatt
2 Nelken
Salz, Pfeffer
Erdnussöl
3 dl brauner Kalbsfond
3 dl Rotwein
2–4 TL Zucker
Maizena
100 g Speckwürfel
Brotwürfelchen

Zwiebel klein schneiden, Lauch und Karotte grob schneiden, Pfefferkörner zerdrücken. Mit Rotwein, Rotweinessig, Backpulver, Lorbeerblatt und Nelken vermischen. Rindshuft in die Marinade legen und während 10 Tagen im Kühlschrank ziehen lassen.
Fleisch aus der Marinade heben, trocken tupfen, leicht mit Salz und Pfeffer würzen. Marinade aufkochen, abschäumen und durch ein Tuch sieben. Fleisch in Erdnussöl beidseitig anbraten. Von der gesiebten Marinade und Kalbsfond zum Fleisch geben. Auf kleinem Feuer 1,5–2 Std. sanft köcheln lassen, bis der Braten schön weich ist. Rotwein und Zucker auf die Hälfte einkochen, zum Fond geben und mit Maizena zur gewünschten Konsistenz binden. Für die Garnitur Speckwürfel leicht anbraten und einige Brotwürfelchen goldbraun rösten. Auf dem Braten verteilen.
Mit Sauce und Kartoffelstock servieren.

Schwein

Atriaux nach Bauernart

Marguerite Nicoulin, Restaurant du Raisin, Rocourt (JU)
4 Personen ☆☆

4 Schweinsnetze
200 g Schweineschmalz
200 g Schweinsleber
400 g Schweinehackfleisch
1 Lauch
1 Zwiebel
20 g Butter
1 Ei
1 EL Mehl
1 EL Paniermehl
2 EL Damassine-Schnaps (oder Pflümli)
Salz, Pfeffer
Petersilie

Schweinsnetze und Schweineschmalz beim Metzger vorbestellen. Die Schweinsnetze 3–4 Std. wässern. Leber hacken, Lauch in Stücke schneiden. Zwiebel hacken und in Butter kurz andünsten, Lauch dazugeben und mitdünsten. Mit der gehackten Schweinsleber und dem Schweinehackfleisch vermischen. Ei, Mehl, Paniermehl und Damassine (oder Pflümli) vermischen, zur Fleischmasse geben und gut verkneten. Mit Salz, Pfeffer und Petersilie würzen.
Aus der Masse 4 Ballen formen und auf die Schweinsnetze legen. Die Netze über die Atriaux ziehen und gut andrücken. Die Atriaux im Schweineschmalz beidseitig braten (10–15 Min.), bis sie schön braun sind.
Dazu serviert man in Schweineschmalz gebratene Rösti.

Das Atriaux (mit Schweinefleisch und Leber) ist nicht zu verwechseln mit dem Adrio, das mit Brät zubereitet wird. Es gehört zu den klassischen Gerichten beim Saint-Martin, dem herbstlichen Festessen im Kanton Jura.

Gratin ajoulot (gratinierter Bauernschinken)

Markus Mettler, Restaurant du Bœuf, Courgenay (JU)
4 Personen ☆

8 Tranchen Bauernschinken à 60 g, ohne Schwarte
1 dl leichte Rindsbouillon
2 dl weisse Sauce (Béchamel)
1,5 dl Rahm
150 g weisse Champignons
150 g Ajoie-Käse oder Greyerzer

In eine feuerfeste Platte Rindsbouillon giessen, Bauernschinkentranchen darauf verteilen, weisse Sauce darüberstreichen. Mit Rahm begiessen. Champignons, in Lamellen geschnitten, und gehobelten Käse darauf verteilen. In den oberen Teil des Backofens schieben und bei 250 ° 15 Min. gratinieren.

Freiberger Schweinsbraten

Alexandre Meusy, Restaurant du Soleil, Le Noirmont (JU)
4 Personen ☆

1,2 kg Schweinshals
Salz, Pfeffer
1 geräucherte Wurst (z. B. Saucisse d'Ajoie)
2 Karotten
¼ Sellerie
2 Zwiebeln
20 g Butter
2 dl Rotwein
1 l Bouillon
1 EL Demi-Glace
2 Lorbeerblätter
1 TL weisse Pfefferkörner
1 Bund Petersilie
1 Zweig Rosmarin

Schweinshals der Länge nach einschneiden, mit Salz und Pfeffer würzen. Zusammen mit geräucherter Wurst in der Bratpfanne auf allen Seiten goldbraun braten und warm stellen. Rüebli, Sellerie, Zwiebeln schneiden, in Butter dünsten und mit Rotwein ablöschen. Braten und Beilagen in einer Pfanne in Bouillon aufkochen, Demi-Glace beifügen. Lorbeerblätter, Pfefferkörner, den Bund Petersilie, Rosmarin dazugeben und zugedeckt 1,5 Std. köcheln lassen; gelegentlich wenden. Den Braten herausnehmen, die Sauce passieren, reduzieren und abschmecken.
Fleisch tranchieren, mit Sauce begiessen und mit Wurstscheiben garnieren.

Schweinsbäggli mit Delsberger Wurst

Ghislain Pissenem, Restaurant du Midi, Delémont (JU)

4 Personen ☆☆

12 Schweinsbäggli
2 dl Schweineblut
2 geräucherte Brühwürste (z. B. Saucisse d'Ajoie)
Bratfett
Salz, Pfeffer
2 Zwiebeln
1 Karotte
¼ Sellerie
3 dl kräftiger Rotwein
Bouquet garni (Petersilie, Lauch, Thymian, Lorbeerblatt)
1 dl Rahm
1 kleiner Kürbis
600 g Spitzkohl
1 Zwiebel
1 Apfel
40 g Butter
1 dl Weisswein
Weinessig
Zucker
1 EL Senf
600 g Federkohl
Kümmelpulver

Schweinsbäggli und Schweineblut beim Metzger vorbestellen. Bäggli in Fett anbraten, salzen und Pfeffern und in einen Schmortopf geben. 1 Zwiebel, Karotte, Sellerie in feine Stücke schneiden, in Bratfett anziehen und zum Fleisch geben. 3 dl Rotwein zugiessen, bis das Fleisch knapp bedeckt ist. Bouquet garni (gebunden) beifügen. Das Ragout köcheln lassen, bis das Fleisch weich ist. Fleischstücke herausnehmen und die Sauce, falls nötig, reduzieren und mit Rahm auf dem Feuer und Schweineblut neben dem Feuer binden.

Würste in heissem Wasser (nicht kochend) gar ziehen lassen und sie dann der Länge nach halbieren. Kürbis rüsten, in 8 Scheiben schneiden, salzen und in einem Sieb über Dampf garen. Spitzkohl hobeln; 1 Zwiebel hacken und Apfel klein schneiden. Alles in 20 g Butter anziehen, mit Weisswein und etwas Weinessig ablöschen und mit Zucker, Salz, Pfeffer würzen. Weich kochen und am Schluss Senf einrühren. Federkohl zerzupfen, in 20 g Butter weich dünsten unter Beigabe von wenig Kümmelpulver.

Die beiden Kohlsorten auf Tellern anrichten, Kürbisscheiben und Schweinsbäggli und die halbe Wurst daneben anrichten und mit der Sauce überziehen.

Lamm, Ziege

Lammracks mit Kräuterkruste

André Villorini, Restaurant Caffè Lüis, Seseglio (TI)
4 Personen ☆

4 Lammracks à 250 g
Salz, Pfeffer
2 EL Senf
½ Zitronenschale
2 Knoblauchzehen
Rosmarin, Salbei, Thymian
Sauce
1 Schalotte
Olivenöl
1,5 dl Portwein
4 dl Wildfond
Maisstärke
40 g Butter

Ofen auf 80 ° vorwärmen und darin die Anrichteplatte und die Teller warm stellen. Rosmarin, Salbei und Thymian fein hacken. Lammracks mit Salz und Pfeffer würzen, in einer heissen Bratpfanne im Olivenöl rundum heiss anbraten und auf die warme Platte in den Ofen legen. Senf, Zitronenschale und Knoblauchzehen, gepresst, mit den gehacken Kräutern (je 1–2 EL) zu einer Marinade mischen. Damit die Oberseite der Racks grosszügig bestreichen. Fleisch in der Mitte des vorgeheizten Backofens ca. 90 Min. garen (Kerntemperatur 55 °).

Sauce: Schalotte fein hacken und in etwas Olivenöl glasig dünsten. Mit Portwein und Wildfond ablöschen und auf 3 dl einkochen. Mit Maisstärke, angerührt in Wasser, binden. Kalte flockige Butter unterrühren, mit Salz und Pfeffer abschmecken. Racks tranchieren, anrichten und mit Kräutern garnieren.
Dazu passt Polenta oder Ratatouille.

Gefüllte Lammbrust

Beat Reinmann, Restaurant Casa da Luzi, Surcasti (GR)
4 Personen ☆

1 Lammbrust, entbeint
300 g Brotwürfel
2 dl Milch
Thymian, Basilikum, Majoran, Rosmarin
100 g Kalbsbrät
2 EL Butter

Brotwürfel in warmer Milch einweichen. Kräuter (Menge nach Belieben) im Mörser zerstampfen. Brot ausdrücken, mit Kräutern und Kalbsbrät gut mischen und abschmecken. Die Masse auf die Lammbrust streichen. Die Brust rollen, in Klarsichtfolie einpacken und so 2 Std. in 80 ° warmem Wasser ziehen lassen. Das Fleisch aus der Folie nehmen und in Butter braun braten.
Dazu passt Rosmarinjus (Sauce aus Fond und Rotwein, mit Rosmarin parfümiert, mit Butter montiert) und Polenta.

Gefüllte Gitzikeule

Hans Bürgi, Ristorante Canvetto Luganese, Lugano (TI)
6 Personen ☆

1 kg Gitzikeule ohne Knochen
Salz, Pfeffer
4 Tranchen Rohschinken
300 g gemischtes Hackfleisch (Rind, Kalb, Schwein)
2 EL Bärlauch
80 g frische Morcheln
Bratbutter
2 dl Weisswein
3 dl brauner Kalbsfond

Die Gitzikeule leicht würzen mit Salz und Pfeffer, mit Rohschinkentranchen belegen. Hackfleisch mit gehacktem Bärlauch und geputzten Morcheln mischen. Mit Salz und Pfeffer würzen und die Masse auf die mit Rohschinken belegte Gitzikeule gleichmässig verteilen. Die Keule einrollen und mit Küchenschnur binden.
Die Keule in Bratbutter rundum gleichmässig anbraten, in einen Bräter geben, mit Weisswein und Kalbsfond auffüllen und bei 200 ° ca. 55 Min. garen.
Dazu passen grüne Spargeln, Zucchini oder panierte Zucchiniblüten.

Lamm- und Kaninchenfilets im Blätterteig auf Speckbohnen

Peter Gschwendtner, Restaurant Castle, Blitzingen (VS)

4 Personen ☆☆

4 Lammfilets
4 Kaninchenfilets
2 Knoblauchzehen
Salz, Pfeffer
Erdnussöl
250 g Blätterteig
200 g Bohnen
30 g Trockenspeck
1 Zwiebel
1 EL Butter
1,5 dl Lammjus

Lammfilets und Kaninchenfilets von Sehnen befreien, mit 1 Knoblauchzehe einschmieren und mit Salz und Pfeffer würzen. Die Filets ganz kurz mit wenig Erdnussöl heiss anbraten und abkühlen lassen. Blätterteig ausrollen, in 4 Rechtecke schneiden, so dass man Kaninchen- und Lammfilet in den Teig einrollen und gut einpacken kann. Bohnen säubern, Enden abschneiden und im Salzwasser weich kochen. Trockenspeck, Zwiebel und 1 Knoblauchzehe fein würfeln, in einer Pfanne anschwitzen, die Bohnen dazugeben und ziehen lassen.

Ofen auf 220 ° vorheizen. Die eingepackten Lamm- und Kaninchenfilets auf dem Blech (Backpapier) in den Ofen schieben und ca. 7 Min. backen bzw. rosa garen (für eine perfekte Garstufe einen Versuch machen).

Die Speckbohnen nochmals erwärmen und auf Tellern anrichten. Die eingewickelten Filets in Tranchen schneiden und anrichten, mit Lammjus umgeben und servieren.

Kaninchen

Kaninchen gefüllt mit Spinat-Frittata

Pia Cafiero-Ullmann, Restaurant Al Cacciatore, Soazza (GR)
4 Personen ☆☆

1 Kaninchen ohne Knochen
150 g Spinat
3 Eier
2 EL geriebener Parmesan
Salz, Pfeffer
200 g Pancetta in Tranchen
2–3 EL Olivenöl
1 Zweig Rosmarin
4 dl Weisswein

Kaninchen ohne Knochen beim Metzger vorbestellen und plan klopfen lassen.
Spinat blanchieren, kalt abschrecken, auspressen und grob hacken. Mit den Eiern und Parmesan vermischen, salzen und pfeffern. Daraus eine Omelette (Frittata) braten. Abkühlen lassen.
Das Kaninchen auf einem Küchentuch ausbreiten und mit der Frittata belegen. Kaninchen mithilfe des Küchentuchs einrollen. Die Rolle mit Pancetta belegen und mit Küchenschnur gut zusammenbinden. Gerolltes Kaninchen in Olivenöl von allen Seiten vorsichtig anbraten, Rosmarinzweig dazugeben und mit Weisswein ablöschen. In eine feuerfeste Form geben und bei 170 ° ca. 90 Min. schmoren. Das Kaninchen häufig mit Weisswein begiessen.
Dazu passt klassische Polenta oder Polenta rossa (Einkaufstipps S. 380).

Gefülltes Kaninchen an Nocino-Sauce

Tiziano Fosanelli, Ristorante Pedemonte, Bellinzona (TI)
4 Personen ☆☆

1 Kaninchen ohne Knochen
100 g Luganiga (Schweinswurst)
5 dünne Speckscheiben
100 g schwarze entsteinte Oliven
2 Zweige Thymian
5 EL Olivenöl
Salz, Pfeffer
Nocino-Sauce
½ Schalotte
10 g Butter
0,5 dl Nocino (Tessiner Nusslikör)
0,5 dl Rindsbouillon
2 dl Rahm

Kaninchen ohne Knochen beim Metzger vorbestellen.
Luganiga 5 Min. in heissem Wasser ziehen lassen. Das Kaninchen leicht flach klopfen, sodass es möglichst quadratisch ist, und auf einem Backpapier ausbreiten. Das Kaninchen mit Speckscheiben belegen; Wurstmasse, Oliven, Thymian an den unteren Rand legen; das Fleisch mithilfe des Papiers rollen und zu einem Braten binden (die Enden wie bei einer Wurst schnüren). Im Bräter in reichlich Olivenöl rundum anbraten, salzen und pfeffern und im Ofen bei 250 ° 20–25 Min. garen. Ruhen lassen.
Nocino-Sauce: Schalotte fein hacken, in Butter andünsten, mit Nocino (Rezept S. 366) ablöschen. Rindsbouillon und Rahm beifügen, mit Salz und Pfeffer abschmecken. Vor dem Servieren im Mixer aufschäumen.

Geschmortes Kaninchen mit Oliven

Angelo Delea, Restaurant Fattoria l'Amorosa, Gudo (TI)
4 Personen ☆

1 Kaninchen, 1–1,3 kg
Salz, Pfeffer
2 EL Olivenöl
1 dl Weisswein
150 g Oliven
1 Zweig Majoran
1 Lorbeerblatt
½ Knoblauchzehe
3 dl Fleischbouillon

Kaninchen in Stücke schneiden, mit Salz und Pfeffer würzen, in Olivenöl anbraten, mit Weisswein ablöschen und den Fond ein wenig einkochen. Oliven, 3 Majoranblätter, Lorbeer und Knoblauch hinzufügen. Fleischbouillon angiessen. Im Ofen bei 180 °–200 ° 1 Std. ungedeckt schmoren. Gelegentlich mit der Sauce begiessen und eventuell etwas Bouillon dazugeben. Vor dem Servieren einige frische Majoranblättchen hinzufügen.
Dazu passen Polenta und Saisongemüse.

Innereien, Schnecken

Kutteln nach Zürcher Art

Rolf Egli, ehemals Restaurant Blumental, Meilen (ZH)
4 Personen ☆

800 g Kalbskutteln
1 Bund Petersilie
1 grosse Zwiebel
Olivenöl
2 grosse Karotten
1 Lauch
100 g Champignons
1 EL Mehl
1dl trockener Weisswein (Räuschling)
2,5 dl Bouillon
Salz, Pfeffer
3 EL Rahm
1 TL Senf
1 TL Zitronensaft
Muskatnuss, Cayennepfeffer
1 TL Kümmel

Kutteln in Streifen schneiden und in leicht gesalzenem Wasser 30–40 Min. weich kochen (auch wenn sie vom Metzger in der Regel bereits vorgekocht sind; so werden sie zarter). Karotten schälen und in Scheiben schneiden, Lauch in Streifen und Champignons blättrig schneiden. Petersilie und Zwiebel fein hacken und in Olivenöl auf kleinem Feuer dünsten. Karotten, Lauch und Pilze zugeben und 5 Min. mitdünsten. Gekochte Kutteln zufügen, kurz mitdünsten, dann mit Mehl bestäuben. Mit Weisswein ablöschen, Bouillon zufügen und mit Salz und Pfeffer würzen. Auf kleiner Hitze 30 Min. köcheln. Rahm mit Senf und Zitronensaft verrühren und die Sauce damit verfeinern. Etwas Muskat, eine Prise Cayennepfeffer, Kümmel zugeben und eventuell nochmals mit Salz und Pfeffer würzen. Kurz aufkochen und sofort servieren.
Dazu passen Salzkartoffeln und Salat.

Kutteln nach Neuenburger Art

Evelyne Bühler, Restaurant Von Bergen, La Sagne-Crêt (NE)
4 Personen ☆

800 g Kalbskutteln
1 Zwiebel
1 Lorbeerblatt
1 Nelke
5 dl Weisswein (Neuenburger Chasselas)
3 dl Fleisch- oder Gemüsebouillon
1 Karotte
1 Lauch
1 Sellerie
1 Zweig Petersilie
10 Pfefferkörner
Salz

Kalbskutteln in leicht gesalzenem Wasser 30 Min. vorkochen und in 4 cm grosse Vierecke schneiden. Zwiebel mit Lorbeerblatt und Nelke bespicken und in Weisswein und Bouillon mit Karotte, Lauch, Knollensellerie und gezupfter Petersilie zum Kochen bringen. Zermörserte Pfefferkörner dazugeben und mit Salz würzen. Die Kutteln dazugeben und ca. 50 Min. auf kleinem Feuer köcheln lassen.
Auf einer warmen Platte oder im Caquelon anrichten. Mit Gschwellti, Mayonnaise, Vinaigrette und fein gehackten Zwiebeln servieren.

Kalbsmilken an Morchelrahmsauce

Max Mennig, Restaurant Zum See, Zermatt (VS)
4 Personen ☆☆

600 g Milken
40 g getrocknete Morcheln
1 Zwiebel
80 g Butter
Salz, Pfeffer
4 TL Cognac
1 dl Weisswein
2 dl Rahm

Morcheln über Nacht einweichen. Am Zubereitungstag vierteln, unter fliessendem Wasser gut waschen. Zwiebel hacken. Von den Milken kleine Stücke (Nüsschen) abzupfen und von den Häutchen befreien.
In einer Teflonpfanne 40 g Butter erhitzen, bis sie braun wird. Milken anbraten, bis sie ebenfalls braun werden. Mit Salz und Pfeffer würzen, aus der Pfanne nehmen und im Ofen warm halten. Gehackte Zwiebel mit 40 g Butter in der Pfanne golden anschwitzen. Morcheln beigeben und anschwitzen. Milken dazugeben, erhitzen, mit Cognac ablöschen und flambieren. Weisswein dazugeben, kurz aufkochen. Rahm beigeben und mit Salz und Pfeffer abschmecken.
Mit Nudeln servieren.

Suurs Chalbsläberli

Benno Emmenegger, ehemals Restaurant Basilisk, Basel
4 Personen ☆

600 g geschnetzelte Kalbsleber
20 g Butter
2 Zwiebeln
1,5 dl Weissweinessig
3 dl Demi-Glace
Salz, Pfeffer
½ Bund Petersilie

Butter in einer Pfanne schmelzen, geschnetzelte Kalbsleber in die lauwarme Pfanne geben und sachte anbraten. Die Kalbsleber erst aus der Pfanne nehmen, wenn sie goldbraun ist. In einem Sieb abtropfen lassen. Zwiebeln hacken, andünsten, mit Weissweinessig ablöschen. Demi-Glace dazugeben, aufkochen, mit Salz und Pfeffer würzen. Die Kalbsleber in die Sauce geben, etwas ziehen lassen (nicht kochen!). Petersilie hacken und beim Anrichten darüberstreuen.

Paniertes Kalbshirn

Mauro Pedrelli, Ristorante La Bolla, Camorino (TI)
4 Personen ☆

600 g frisches Kalbshirn
2 Eier
Salz, Pfeffer
3 EL Mehl
100 g Paniermehl
30 g Butter
2 EL Öl
1 Zweig Rosmarin

Eier schlagen. Frisches Kalbshirn waschen, trocken tupfen und in 2 cm dicke Medaillons schneiden. Salzen, pfeffern. Zuerst in Mehl wenden, dann in den geschlagenen Eiern und zuletzt in Paniermehl. Butter und Öl in einer Pfanne erhitzen und die Medaillons mit viel frischem Rosmarin anbraten, je 5 Min. pro Seite. Zusammen mit Bratkartoffeln und Gemüse servieren.

Grick, Grik, Grig

Max Eichenberger, Restaurant Bären, Birrwil (AG)
5 Personen ☆

1,2 kg Grick (Herz und Lunge vom Kalb)
4 EL Mehl
2 EL Butter
1,3 l Bouillon
2,5 dl Weisswein
2 Lorbeerblätter
3 Gewürznelken
Pfefferschoten
2 EL Bratbutter
1 Zwiebel
Gemüse
200 g Wurzelgemüse (z. B. Karotten, Petersilienwurzel)
200 g Knollengemüse (z. B. Kohlrabi, Sellerie)
1 Zucchetti
1 Peperoni
Salz

Sauce: 2 El Mehl in 2 EL Butter hellbraun rösten, weitere 2 EL Mehl einrühren. Bouillon dazugeben, mit dem Schwingbesen glatt rühren und aufkochen. Die Flüssigkeit sollte die Konsistenz einer Mehlsuppe haben. Weisswein Lorbeerblätter, Gewürznelken und genügend Pfefferschoten beifügen (die Sauce darf pikant werden).
Herz und Lunge in Würfel schneiden (Herz 2 cm, Lunge 4 cm). Die Fleischwürfel einige Minuten in leicht gesalzenem kochendem Wasser blanchieren und gut abtropfen lassen. Danach ähnlich zubereiten wie ein braunes Ragout, das heisst, das Fleisch in wenig Bratbutter anbraten. Wenn es Farbe annimmt, gehackte Zwiebel beifügen und weiterbraten, bis sie ebenfalls bräunt. Das Ganze in einen Schmortopf geben, die heisse Saucenflüssigkeit beifügen und auf kleinem Feuer mindestens 2 Std. schmoren. Die Sauce soll das Fleisch bedecken. Die Lungenwürfel schwimmen obenauf und sinken ab, wenn sie gar sind.
Gemüse: Wurzelgemüse, Knollengemüse, Zucchetti und Peperoni in mundgerechte Stücke schneiden und in leicht gesalzenem Wasser knapp weich kochen (nacheinander wegen unterschiedlicher Garzeiten). Das knackige Gemüse zum Fleisch geben und heiss werden lassen, aber nicht mehr kochen.
Mit Spätzli und gerösteten Zwiebelringen oder mit Kartoffelstock servieren.

Die ärmeren Familien konnten sich früher keine Filets und Bäggli leisten. Deshalb standen, wenn überhaupt, nur Innereien auf dem Menüplan. Dabei waren Kutteln, Nieren und Leber noch vergleichsweise edle Stücke. Weit häufiger wurden Herz und Lunge zu Ragout zubereitet. Grick – je nach Region auch Grik, Grig, in Zürich auch Grie – war ein typisches Wintergericht in ärmeren Familien. Auch andere heute kaum noch verwendete Tierteile wurden gegessen, beim Poulet etwa die Halsröhre und der Kamm.

Jacquerie neuchâteloise

(Schnecken auf Sauerkraut)

Marc Lenggenhager, Restaurant Pinte de Pierre-à-Bot, Neuchâtel

4 Personen ☆

24 Burgunderschnecken
1 Schweinsfuss
1 Schweinsschwänzli
1 EL Wacholderbeeren
1 TL Kümmel
50 g Speckwürfel
20 g Butter
1 Zwiebel
500 g rohes Sauerkraut
3 dl Weisswein (Neuenburger)
50 g Kräuterbutter
0,6 dl Sauerrahm

Wacholderbeeren und Kümmel mit 2 dl Wasser kurz aufkochen. Speckwürfel in Butter anbraten. Zwiebel fein hacken, dazugeben und mitdünsten. Sauerkraut in heissem Wasser waschen.
Sauerkraut mit Wacholder-Kümmel-Aufguss, Weisswein, Schweinsfuss und Schweinsschwänzli kochen. Wenn das Sauerkraut weich gekocht ist (ca. 1 Std.), herausnehmen, abtropfen lassen und 2 cm hoch in 4 kleine feuerfeste Formen füllen. Je 6 Vertiefungen ins Sauerkrautbett machen und in jede eine Burgunderschnecke mit Kräuterbutter (nach Belieben oder nach Rezept S. 159) hineingeben. Auf jede Schnecke noch etwas Sauerrahm geben. 10 Min. im Ofen (220 °) gratinieren und heiss servieren.

Schnecken nach Sanetscher Art

Jean-Maurice Luyet, Restaurant Auberge du Barrage, Sanetsch (VS)

4 Personen ☆

24 Burgunderschnecken, kochfertig
140 g Butter
2 Knoblauchzehen
½ Bund Petersilie
½ Bund Schnittlauch
Kräuter nach Belieben
1 EL Haselnüsse
1 EL Worchestersauce
3 TL Cognac
1 Schalotte
20 g Butter
2 EL Marc

120 g Butter weich rühren und Folgendes, gehackt, geschnitten oder gemahlen, gründlich einarbeiten: Knoblauch, Petersilie, Schnittlauch, Kräuter, weiter Worchestersauce, Cognac, Salz. Kalt stellen.
Schalotten fein schneiden, in 20 g Butter anziehen, Schnecken dazufügen und mit Marc flambieren.
Flambierte Schnecken in Schneckenpfännchene füllen, Kräuterbutter zufügen und 8 Min. im Ofen (220 °) gratinieren.

Eintopf

Gsottus

Rolf Gruber, Gommerstuba, Niederernen (VS)
10 Personen ☆☆

700 g Siedfleisch
500 g getrocknetes Siedfleisch
500 g getrockneter Lammrücken
700 g Schweinsnüssli
400 g grüner Speck
700 g Rippli
2 Saucissons (Brühwürste)
10 Paar Hauswürstli
500 g Reis
2 mittelgrosse Kabis
5 Fleischbirnen
Weisswein
Zucker
40 kleine Kartoffeln
800 g Sauerkraut
Roggenbrot
Käse

Fleisch am besten bei einem Gommer Metzger gemäss Rezept zusammenstellen lassen.
Das Fleisch (ohne Rippli und Würste) in einem grossen Topf im Salzwasser kochen. Je nach Garzeit die einzelnen Stücke herausnehmen und zugedeckt warm stellen.
Von der Fleischbouillon abmessen und den Reis darin kochen. Kabis schmoren und ebenfalls in Bouillon kochen. Fleischbirnen halbieren und ungeschält in etwas Weisswein und Zucker dünsten. Kartoffeln schälen, in Würfel schneiden und in Salzwasser weich kochen. Sauerkraut gut wässern und zusammen mit den Rippli weich kochen. Saucissons und Hauswürstli separat auf den Siedepunkt erwärmen und ca. 40 Min. ziehen lassen.
Zuerst Bouillon servieren, die zuvor dem Eintopf entnommen wurde, mit Roggenbrotwürfeln und Käsewürfeln als Beilage. Danach folgen die übrigen Fleischstücke mit Kabis, Sauerkraut, Kartoffeln, Birnen und Reis.

Evolener Eintopf

Raymonde Pralong, Restaurant Au Vieux-Mazot, Evolène (VS)
4 Personen ☆☆

1 Stück geräucherter Schinken, ca. 250 g
1 ungeräucherte Speckschwarte, ca. 250 g
1 geräucherte Speckschwarte, ca. 250 g
2 Brühwürste (z. B. Saucisson vaudois)
2 Zwiebeln
6 Nelken
2 Lauch
½ Weisskohl
4 Karotten
1 Kohlrabi
1 Bouquet garni (Salbei, Thymian, Majoran)
2 Kochbirnen
4 Aprikosen
500 g Kartoffeln

Schinken und beide Speckschwarten in einen Eisengusstopf geben, mit 1,5 l Wasser auffüllen und zum Kochen bringen. Abschäumen, Hitze reduzieren und salzen. Zwiebeln mit Nelken zufügen und 2 Std. leicht köcheln lassen. Lauch, Weisskohl, Karotten, Kohlrabi rüsten, klein schneiden und mit Kräuterbouquet in Salzwasser knapp gar kochen. Gemüse, Brühwürste, Kochbirnen und halbierte Aprikosen zum Fleisch geben und alles 1 Std. ziehen lassen. Kartoffeln schälen und separat im Salzwasser kochen. Sobald sie gar sind, in den Eintopf geben und nochmals kurz köcheln lassen.
Dijonsenf und Brot als Beilage servieren.

Cazzöla (Gemüseeintopf mit Schweinsrippen)

Nicoletta Snozzi, Osteria del Carlin, Claro (TI)
4 Personen ☆☆

600 g Schweinsrippen, getrennt
2 Luganighe
100 g Pancetta (Tessiner Bauchspeck)
2 EL Butter
2 EL Olivenöl
1 Zwiebel
3 Salbeiblätter
Salz, Pfeffer
1 dl Rotwein
3 Karotten
2 Lauch
3 Stangen Sellerie
3 kleine Weisskohl
1 Bouillonwürfel
1 EL Tomatensauce
Kräuter (Thymian, Majoran, Basilikum)
1 Prise Muskatnuss
1 Prise Zimt

Pancetta in Streifen schneiden, Zwiebel würfeln, Luganighe in Stücke schneiden. Karotten, Lauch, Stangensellerie in Scheiben, Weisskohl in feine Streifen schneiden.

Butter und Olivenöl in einem grossen, breiten Topf erhitzen, Pancetta und Zwiebel mit Salbeiblättern andünsten. Schweinsrippen und Luganighe dazugeben. Salzen und pfeffern und mit einem Schuss Rotwein ablöschen. Karotten, Lauch, Sellerie, Kohl dazugeben. Topf schliessen. Auf kleinem Feuer 2 Std. ziehen lassen. Nur wenn nötig etwas Wasser beifügen (Gemüse und Fleisch sollen im eigenen Saft gar werden, der Eintopf sollte «trocken» sein, das heisst, die Kochflüssigkeit sollte praktisch vollständig eingekocht sein). Den Eintopf gegen Ende der Garzeit mit einem in wenig kochendem Wasser aufgelösten Bouillonwürfel, Tomatensauce, Kräutern, Muskatnuss und Zimt abschmecken.

Spanische Suppe nach Zürcher Art

Rico Nachtweih, Restaurant Sonne, Küsnacht (ZH)
Traditionellerweise wurde das Gericht im Bronzetopf zubereitet. Alternativ kann ein Gusseisentopf verwendet werden. Die Mengen sind individuell zu bestimmen:

Kalbfleisch-Plätzli
Rindfleisch-Plätzli
Schweinefleisch-Plätzli
Kalbs-Cipollate
Schweins-Cipollate
geräucherter Speck in Tranchen
Marroni
Weisskohl
Salz, Pfeffer
2 Zweige Rosmarin
5 Zweige Thymian
Gemüsefond

Weisskohl in Würfel (3 cm) schneiden, Würstchen halbieren. Mit den Specktranchen den Topf auskleiden (über den Topfrand hängend). Übriges Fleisch mit Salz und Pfeffer würzen.
Fleisch schichtweise mit Weisskohlwürfeln, Cippolate und kochfertigen Marroni in den Topf einfüllen. Bei der Hälfte des Topfes gehackten Rosmarin und Thymian darüberstreuen. Am Schluss mit den Specktranchen alles zudecken. Etwas Gemüsefond zugeben. Den Topf mit Deckel in den vorgewärmten Ofen schieben, 45 Min. bei 220 °, dann 75 Min. bei 200 ° garen lassen. Zwischendurch die Flüssigkeit kontrollieren und bei Bedarf nachgiessen. Am Ende der Garzeit sollte etwa 2 cm Flüssigkeit im Topf sein.

Die Spanische Suppe stammt ursprünglich aus Kastilien und wird dort «Olla podrida» genannt (wörtlich «fauler Topf», im übertragenen Sinn ein Gericht, das wenig Arbeit macht). Im Barock stand die Suppe, die ein Eintopf ist, an den französischen Fürstenhöfen hoch im Kurs: Angereichert mit Wild, Geflügel, Kichererbsen und Würsten entwickelte sie sich zu einem Glanzstück der höfischen Esskultur. Im 18. Jahrhundert erkoren auch die Zürcher Zünfter den «faulen Topf» zum winterlichen Festgericht. Jede Zunftfamilie besass damals einen kunstvoll verzierten Bronzetopf.

Bärentatzen

Mitte September nimmt Michel Ançay, Biobauer im Walliser Dörfchen Chiboz, sein Jagdgewehr und steigt hinauf in die Berge. Wie er sind 30 000 Jäger in den Wildhochburgen der Schweiz unterwegs, um Hirsche, Rehe, Gämsen und Steinböcke aufs Korn zu nehmen. Über 80 000 Wildtiere werden jährlich erlegt. Dazu gehören im Flachland auch Wildschweine, denn der intelligente Allesfresser hat sich in den letzten Jahren vor allem in den Mais- und Getreideanbauregionen massiv ausgebreitet. Grund genug, sich in der Küche zunehmend auch auf Schwarzwild einzustellen. Das würzige, fettarme Fleisch eignet sich gut zum Schmoren und Braten. Klassisch ist das Wildschweinragout, zu dem die Tessiner Köchin Anna Biffi ein exzellentes Rezept beigesteuert hat (S. 194). Am häufigsten aber kommen Hirsch, Reh und Gämse in die Küche. Ähnlich wie beim Fisch ist das Marktangebot beim Schweizer Wild viel zu klein, um den Bedarf zu decken. Glücklich also, wer bei seinem Hausmetzger einheimisches Gämsfleisch, Hirschfilet oder gar einen Rehrücken ergattern kann.

Auf den folgenden Seiten finden Sie einige ausgewählte Rezepte zur Wildzubereitung, darunter den Gämspeffer von Ewald Michlig, einem Koch im Obergoms, der selber auf die Jagd geht (S. 193). Die wichtigsten Regeln des Profis für die Wildküche: möglichst kein tiefgefrorenes, sondern frisches, gut abgehangenes Wildfleisch einkaufen, nur so lässt es sich zart garen und entwickelt den charakteristischen Geschmack; beim Fond erstklassigen Rotwein verwenden und den Fond nicht überwürzen, damit der natürliche Wildgeschmack erhalten bleibt.

Natürlich kann man auch bei Wildgerichten kreative Varianten ausprobieren: Hirschfilet in Baumnusskruste oder sogar Bärentatzen. Klassisch zubereitet schmeckt Wild aber noch immer am besten. Zum Beispiel als Hirsch- oder Rehpfeffer «Hubertus» mit den traditionellen Beilagen Spätzli, Rotkraut, Marroni, Apfel und Preiselbeeren.

Dass im kulinarischen Erbe der Schweizer Bauernküche kaum Wildspezialitäten auftauchen, hat einen einfachen Grund: Wildspeisen waren bis weit in die Neuzeit ein Privileg der Feudalherren und Klöster. So lag das Jagdrecht am linken Ufer der Aare bis 1400 beim Grafen von Nidau, auf der rechten Seite bei den Kyburgern. Und die Jagdprivilegien wurden ausgiebig genutzt: Aufwendige Treibjagden, begleitetet von prunkvollen Gelagen mit Musik und Narrenspielen gehörten zur feudalen Jagdkultur. Besonders beliebt war die Falkenjagd, das sogenannte Beizen. All das diente mehr dem Vergnügen als der Nahrungsbeschaffung und folgte auch in der Küche dem barocken Lustprinzip: Vor allem opulent musste es sein, möglichst viel von allem und möglichst exotisch überwürzt.

Als die Feudalstrukturen aufgebrochen wurden, änderte sich an den Machtverhältnissen wenig: Jetzt übernahmen die Städte und grösseren Ortschaften die Jagdrechte. In Zürich, Bern und Solothurn durften ab 1425 nur die Stadtbürger jagen. Für die Landbe-

völkerung blieben Hasen, Dachse und Vögel, das sogenannte Niederwild. Mit einer Ausnahme, wie in einer Weisung aus dem Jahr 1476 nachzulesen ist: «Läuft bei einem Bauer ein Hochwild ins Haus, dann darf er die Türe zumachen und das Wild erlegen.» In den umliegenden Ländern, vor allem in Frankreich und Deutschland, führten diese Jagdprivilegien zu mehreren Bauernaufständen. Auch in der Schweiz wehrten sich die Bauern. 1653 kam es zu blutigen Kriegen, zuerst im luzernischen Entlebuch, dann in den Untertanengebieten von Bern, Solothurn, Basel und den Freien Ämtern. Doch erst 1798, mit der Helvetischen Republik, wurde die Jagd freigegeben. Von da an begannen Wildgerichte in die Schweizer Küche Einzug zu halten. Allerdings nicht für lange. Bereits um 1900 gab es keinen einzigen Steinbock mehr in den Bergen; auch die übrigen Rotwildbestände waren bedrohlich geschrumpft. Luchs, Biber, Fischotter und Rebhuhn waren sogar gänzlich verschwunden. 1920 fand ein Umdenken statt. Steinbock, Bartgeier und andere Wildtiere wurden wieder angesiedelt und die Jagd rigoros geregelt. Heute ist der Wildbestand so hoch wie nie zuvor. Über 15 000 Steinböcke leben wieder in den Schweizer Alpen.

Der Braunbär, der vor ein paar Jahren im Münster- und Albulatal auftauchte und Schlagzeilen machte, hätte noch vor wenigen Jahrhunderten kaum für Aufregung gesorgt. Der Wildbestand war bis ins späte Mittelalter deutlich wilder. Nebst Bären gehörten Wölfe und Luchse zur Schweizer Wildfauna. Noch 1749 wird im «Bernischen Kochbüchlein» ein Bärenfleisch-Rezept aufgeführt, mit dem Hinweis: «Am feinsten sind Bärentatzen, doch muss man sich an den Anblick gewöhnen, weil sie ihrer Haare entledigt einem Menschenfusse auf widerliche Art ähnlich sehen.» Das Rezept war einfach und – wie dies in Kochbüchern damals üblich war – ohne Mengenangaben: «Tatzen sauber waschen, in Salzwasser kochen, erkalten lassen, dann in zerlassener Butter und in Paniermehl wenden. Auf den Rost legen und unter fleissigem Begiessen schön braun braten. Serviert werden die Tatzen mit einer Senfsauce.»

Hirschroulade mit Topinambur-Lasagne

Martin Herrmann, Restaurant Mühle, Fläsch (GR)
4 Personen ☆

4 Hirschschnitzel à 120 g
Salz, Pfeffer
½ Wirz
Olivenöl
Lasagne
600 g Topinambur
20 g Butter
Muskat, Pfeffer, Salz
Kartoffelbrand
12 Lasagneblätter
60 g Bündner Bergkäse

Hirschschnitzel dünn klopfen, mit etwas Salz und Pfeffer würzen. 6 Wirzblätter auf 2 cm grosse Quadrate zuschneiden, knackig blanchieren und auf die Schnitzel legen. Schnitzel vorsichtig eng zusammenrollen und mit einem Zahnstocher befestigen. Rundum kurz in Olivenöl anbraten, für 8 Min. bei 150 ° in den Ofen, danach 5 Min. ruhen lassen.

Lasagne: Topinambur schälen und in gleichmässig dicke Scheiben (5 mm) schneiden. In leicht gesalzenem Wasser kurz kochen, abschütten und ausdampfen lassen. Noch warm durch die Kartoffelpresse drücken, etwas kalte Butter unterrühren, mit Muskat, Pfeffer, Salz und etwas Kartoffelbrand abschmecken und an einen warmen Platz stellen. Lasagneblätter 3 Min. in siedendem Wasser blanchieren, abschrecken und quer halbieren. Gratinförmchen mit einem Pinsel ausbuttern, ein Lasagneblatt einlegen, mit Topinamburmasse belegen und mit einem Lasagneblatt zudecken. Das Ganze zweimal wiederholen. Bündner Bergkäse in Scheiben schneiden, darauflegen und für 10 Min. bei 180 ° in den Ofen.

Hinweis: Fügt man zusätzlich Speck und gehackte Baumnüsse in die Topinamburmasse, ist die Lasagne auch eine wunderbare Vorspeise.

Topinambur ist eine alte Kulturpflanze der Indianer in Südamerika. 1610 gelangte sie durch Auswanderer nach Paris und von dort in die päpstlichen Gärten in Rom. Dort gab man ihr den Namen «Girasole articiocco» (Sonnenblumen-Artischocke). Bis Mitte des 18. Jahrhunderts war die süsslich schmeckende Indianerknolle eine wichtige Speisebeilage in Europa, wurde dann aber von der Kartoffel verdrängt. Ab November ist Topinambur auf den Märkten erhältlich.

Rehrücken «Bad Osterfingen»

Michael Meyer, Restaurant Bad Osterfingen, Osterfingen (SH)
4 Personen ☆

1 Rehrücken, ca. 1 kg
Salz, Pfeffer
Erdnussöl
120 g Speck
80 g Champignons

Rehrücken, sauber pariert, mit Salz und Pfeffer kräftig würzen. In einer Gusseisenpfanne in Erdnussöl rundum anbraten. Im auf 220 ° vorgeheizten Ofen 5 Min. weiterbraten. Herausnehmen, die Rückenfilets mit einem Löffel auslösen und die Karkasse im Backofen warm stellen. Die Schnittflächen der Rückenfilets in Öl kurz bräunen; warm stellen. Speck in feine Streifchen schneiden und ohne Öl kurz anbraten. Champignons, in Scheiben geschnitten, dazugeben. Kurz vor dem Anrichten die Filets in ca. 2 cm dicke Scheiben schneiden und wieder an die Karkasse legen.
Speckstreifchen und Champignonscheiben darauflegen.
Dazu passen Spätzli mit Rotkraut, Apfel und Preiselbeeren.

Rehrücken aus dem Ofen

Peter Brunner, Restaurant Kaiser's Reblaube, Zürich
4 Personen ☆

1 Rehrücken, ca. 1,5 kg
Salz, Pfeffer
Bratbutter
2 dl roter Portwein
1 Zwiebel
2 Nelken
2 Lorbeerblätter
50 g Butter
400 g Spitzkohlblätter

Rehrücken vom Metzger parieren lassen und dem Rückgrat entlang bis auf die Brustknochen einschneiden lassen, damit die Hitze gleichmässig ins Fleisch eindringt.
Kräftig mit Salz und Pfeffer würzen und rundum in einer Pfanne mit Bratbutter anbraten. Den Bratensatz mit Portwein ablöschen, gehackte Zwiebel, Nelken und Lorbeerblätter beifügen und das Ganze in der Pfanne oder auf einem Backblech bei 160 ° 15–30 Min. in den Ofen schieben (die Bratdauer hängt von der Dicke des Fleischstückes ab). Garprobe: Auf der Rückgratseite mit einem kleinen Schnitt die Garstufe prüfen. Im ausgeschalteten Ofen bei offener Tür noch mindestens 10 Min. ruhen lassen.
In der Zwischenzeit: Spitzkohlblätter in viel kochendem Salzwasser knapp weich kochen. Und: Den Bratenjus durch ein feines Sieb in ein Pfännchen giessen, auf die gewünschte Konzentration einkochen und abschmecken (1 dl genügt für 4 Personen). Eiskalte Butterstückchen darunterrühren.
Das Fleisch dem Knochen entlang auslösen und aufschneiden. Alles anrichten und Bratenjus darübergiessen.
Dazu passen Spätzli (Rezept S. 241) und Preiselbeer-Sabayon (Rezept S. 371).

Gämspfeffer

Ewald Michlig, Restaurant Tenne, Reckingen-Gluringen (VS)
4 Personen ☆

800 g Gämspfeffer
Öl
Salz, Pfeffer
Rosmarin
1 Lorbeerblatt
2 Nelken
Wacholderbeeren
Kardamom, Sternanis
2 dl kräftiger Rotwein (z. B. Pinot noir)
Mehl
3 dl Wildfond
2 EL Heidelbeeren
Marc de Dôle

Den vorgebeizten Gämspfeffer von der Beize trennen. Fleisch trocken tupfen, Beize durch ein feines Sieb passieren.
Gämspfeffer in Öl in der heissen Bratpfanne gut anbraten; mit Salz, Pfeffer, Rosmarin, Lorbeerblatt, Nelken, ein paar Wacholderbeeren, Kardamom und Sternanis würzen und mit Rotwein ablöschen. Mit Mehl bestäuben; mit geklärter Beize und Wildfond auffüllen und bei schwacher Hitze 1½ Std. schmoren. Das Fleisch herausheben und warm stellen. Die Schmorflüssigkeit mit Heidelbeeren aufkochen, mixen und durch ein Sieb passieren. Die Sauce bei Bedarf binden. Das Fleisch zufügen und mit einem Schuss Marc de Dôle verfeinern.
Dazu passen Safranknöpfli (Rezept S. 242) und die klassischen Wildbeilagen.

Wildschweinragout

Anna und Andrea Biffi, Restaurant Ul Furmighin, Sagno (TI)
4 Personen ☆

200 g Schweinehackfleisch
300 g Wildschweinhackfleisch
400 g Tomaten
1 Zwiebel
1 Knoblauchzehe
50 g Speckwürfel
Olivenöl
0,5 dl Weisswein
Thymian
Rosmarin
Salz, Pfeffer

Tomaten überbrühen, häuten und entkernen, Zwiebel und Knoblauch hacken.
Zwiebel und Knoblauch mit Speckwürfeln in Olivenöl anbraten. Schweine- und Wildschweinhackfleisch zufügen und kurz, aber sehr heiss anbraten. Mit Weisswein ablöschen und einkochen. Tomatenfleisch, Thymian, gehackten Rosmarin, Salz und Pfeffer zugeben. Auf kleinem Feuer ca. 2 Std. schmoren.
Dazu passen Kastanien-Gnocchi (Rezept S. 240).

Wo der Mais wächst, sind die allesfressenden Wildschweine nicht weit. Die Bestände sind in den letzten Jahrzehnten derart stark gestiegen, dass die Jäger allein in der Region Basel über 20 Tonnen pro Jahr erlegen müssen. Deshalb kommt das würzige, fettarme Schwarzwild, das von Natur aus bio ist, vermehrt auf die Teller. Beliebt sind: Ragout aus Frischlingfleisch; Steak und Schnitzel vom Rücken; zum Schmoren und Braten sind Stücke von der Schulter und Keule geeignet. Beim Kauf darauf achten, dass das Fleisch aus Schweizer Jagd stammt (und damit kontrolliert wurde und keine Trichninen enthält).

2 dl

WURST

- Codiga (TI)
- Cicitt (TI)
- Blutwurst (JU)
- Longeoles (GE)
- Boutefas (GE)

Zwischen zwei Zipfeln

Kaum zu glauben, aber wahr: Über 400 Wurstkreationen gibt es in unserem Land, jede ist ein Original, jede eine einzigartige Erfindung. Das ist, bezogen auf die Einwohnerzahl, Weltrekord und hat sogar zu einem Eintrag im Guinnessbuch der Rekorde geführt. Das heisst: Täglich kann man in der Schweiz ein anderes Wurstgericht auf die Teller zaubern und ist nach einem Jahr immer noch nicht am Ende aller Zipfel. Und was für Würste! Machen wir eine kleine Tour de Suisse:

Sie beginnt bereits im wilden Osten bravourös. Von hier kommen die Engadiner Trockenwürste, der Salsiz und die Churer Beinwurst; weiter westlich taucht die berühmte St. Galler Bratwurst am Horizont auf, dann die Appenzeller Södwurst, gefolgt von der Frauenfelder Salzisse, der Hallauer Schinkenwurst und der schwärzesten aller Würste: dem Bassersdorfer Schüblig (geräuchert im Heissrauch unter Beigabe von Räucherharz). Im Kanton Glarus brillieren die Metzger mit der Glarner Kalberwurst, in der Innerschweiz mit der Zuger und der Urner Hauswurst, in Luzern mit dem Krakauerli. Einzig die Schwyzer und die Nid- und Obwaldner wollten sich offenbar keine Extrawurst einfallen lassen. Anders die Aargauer mit ihrer Sonntagswurst, die Solothurner mit der Ramserwurst (deren Name sich vom Bärlauch ableitet) und die Basler mit der Schützenwurst – wobei die Metzger am Rheinknie auch noch bei der Erfindung des Chlöpfers beziehungsweise Cervelats heisse Kandidaten sind. Nicht zu vergessen die Berner, die in der Deutschschweiz am meisten Extrawürste haben. Angefangen mit der Berner Zungenwurst (in der früher tatsächlich Zunge drin war) über die Zibelemäritwurst, die Emmentaler Bauernwurst und den Meiringer Gumpesel (eine Art Salami) bis zur Treberwurst vom Bielersee, einer der erlesensten von allen: Beim Brennen des Marc wird die Treberwurst auf dem Trester (Treber) gedämpft und bekommt so ihren einmaligen Geschmack. Da sprachlich auch das Oberwallis zur Deutschschweiz zählt, darf hier die Randenwurst nicht fehlen. Sie ist eine der wenigen Schweizer Würste, bei denen – nebst Fleisch – auch Gemüse zwischen die Zipfel kommt. Eine Idee, die auch die Bewohner von Orbe hatten, wenn auch in ganz anderer Form.

Überschreitet man den Alpenkamm Richtung Süden, werden die Würste praller, die Namen poetischer und die Fettanteile höher: Luganiga, Luganighetta, Codiga (auch Cotechino) und Mortadella di fegato heissen die bekanntesten Tessiner Würste, wobei die Tessiner Wurstplatte auch noch Salami, Coppa und Rohschinken umfasst – die edelsten Rohfleischkreationen im Südkanton. Eine Rarität ist der Cicitt, eine Ziegenwurst aus dem Maggia- und dem Verzascatal, die es so nirgends gibt auf der Welt. Stinkwurst nennen sie die einen, andere sind süchtig nach dieser Bratwurst, die jeweils im Herbst aus dem Fleisch bereits etwas altersschwacher Ziegen gefertigt wird. Da der Cicitt einfach auf den Grill gelegt wird, haben wir auf ein Rezept verzichtet und uns auf das raffi-

Neuenburger Saucissons und Saucisses

niertere mit der Mortadella di fegato konzentriert – eine schöne Idee, um etwas Ticino auf die Teller zu zaubern (Rezept S. 207).

Das Schweizer Wurstuniversum par excellence ist die Romandie, in der sich über 160 Wurstkreationen den Platz auf dem Teller streitig machen. Darunter sind einige, die mit dem Siegel AOC / IGP ausgezeichnet wurden, etwa die Saucisse d'Ajoie, die Saucisse aux choux vaudoise (Chabiswurst), der Saucisson vaudois und der Boutefas. Da viele dieser einzigartigen Wurstkreationen in unseren Rezepten sozusagen in vivo verkocht werden und wir im Glossar auch die uralte Frage «Saucisse oder Saucisson?» detailliert beantworten, verzichten wir hier auf eine ausführliche Wurstologie. Dafür sei der Waadtländer Dichter Jacques Chessex zitiert, der in seinem Buch «Leben und Sterben im Waadtland» ein für alle Mal definiert hat, wie ein guter Saucisson zu sein hat: «Drall und prall muss er sein!» – eine Anforderung, die alle Würste der Romandie mit Bravour erfüllen.

Die Wurst in der Küche

Unsere Wustrezepte umfassen fast ausschliesslich Klassiker, angefangen bei der Appenzeller Siedwurst mit Chäshornli über den Papet vaudois (das Waadtländer Nationalgericht) bis zur Mortadella mit weissen Bohnen aus dem Tessin. Auch der berühmte Boudin noir aus dem Wallis ist dabei, die Blutwurst, die mit frischem Schweineblut, Rotkohl, Lauch und Äpfeln zubereitet wird. Wer sie schon einmal gegessen hat, weiss: eine Delikatesse! Bei einigen Würsten wie dem Boutefas ist Vorsicht geboten: Versieht man den Saftbrocken vor dem Sieden nicht mit Zahnstochern, spritzt das Innenleben beim Anschneiden unweigerlich im hohen Bogen heraus. Auch die Garzeiten sind zum Teil beachtlich: Beim Boutefas sind es mindestens 90 Minuten, bei der Longeole sogar 3 Stunden. Nur die herkömmlichen Saucissons geben sich mit 30 Minuten zufrieden.

Herbstliche Schlachtplatte

Wurstlegenden

Wenn es um die Wurst geht, sind in der Schweiz die Mythen und Legenden nicht weit. Sie sind im kulinarische Erbe unseres Landes der narrative Faden, der sich um die Produkte rankt. Eine der amüsantesten ist die Geschichte rund um die Entstehung der Waadtländer Chabiswurst: Der ostfränkische König Karl der Dicke zog 879 durch die Romandie und nächtigte in Orbe. Ein Gefolge von hundert Menschen mussten die Bürger des kleinen Dorfes verköstigen. Keine einfache Sache, wenn zu wenig Fleisch da ist! Also griffen die Bewohner zu einem Trick: Sie streckten das Schweinefleisch mit Weisskohl, denn davon hatten sie genug. Seit diesem Tag ziert die Chabiswurst das kulinarische Erbe der Stadt und ist, begleitet von Kartoffel-Lauch, sogar zum Waadtländer Nationalgericht aufgestiegen. Wenn's nicht wahr ist, dann ist es zumindest gut erfunden.

Appenzeller Siedwurst mit Chäshörnli

Hansueli Schrepfer, Restaurant Brauerei, Stein (AR)
4 Personen ☆

4–8 Appenzeller Siedwürste
240 g Hörnli
4 Zwiebeln
80 g Butter
2 dl Rahm
Salz, Pfeffer, Muskatnuss
40 g milder Appenzeller Käse
20 g Appenzeller Rässkäse
20 g Tilsiter
20 g Vacherin fribourgeois
20 g Emmentaler
Schnittlauch

Alle Käse fein reiben; die Zwiebeln hacken.
Siedwürste in kochendes Wasser geben, Deckel auf die Pfanne und sofort von der Platte wegziehen. Die Würste 8 Min. ziehen lassen (nicht kochen!). Hörnli in Salzwasser kochen und abschütten. Zwiebeln in Butter goldgelb dünsten. Hörnli dazugeben. Rahm und 1dl Wasser dazugeben, mit Salz, Pfeffer und wenig Muskatnuss würzen. Geriebene Käse unter die Hörnli heben und gut umrühren.
Mit Schnittlauch garnieren.

Glarner Chalberwurst

Giorgio Bernard, Gasthaus Bergli, Linthal (GL)
4 Personen ☆

4 rohe Glarner Chalberwürste à 180 g
3 Zwiebeln
140 g Butter
Salz, Pfeffer
2 dl Weisswein
100 g Mehl
8 dl Milch

Zwiebeln in feine Würfel schneiden und mit 40 g Butter ganz langsam dünsten (20 Min.). Mit Salz und Pfeffer würzen, mit Weisswein ablöschen und langsam sirupartig einkochen. In separater Pfanne das Mehl mit 100 g Butter verrühren, ohne dass es Farbe annimmt. Mit Milch auffüllen und 20 Min. unter ständigem Rühren langsam kochen. Diese Sauce zu den Zwiebeln geben, kurz aufkochen und abschmecken. Kalberwürste in die Sauce legen und 35 Min. ziehen lassen (nicht kochen, Würste könnten platzen).
Würste mit hausgemachtem Kartoffelstock und Dörrzwetschgen-Kompott servieren.

Rindsschüblig auf Emmer mit Bärlauch

Mirco Schumacher, Gasthof zum Hirschen, Oberstammheim (ZH)

4 Personen ☆

4 Rindsschüblig
300 g Emmerkörner (Weizenart, siehe Glossar)
1 Lorbeerblatt
1 Zwiebel
20 g Butter
0,5 dl Weisswein
4 dl Gemüsebouillon
Salz, Pfeffer
2 dl Rahm
40 g Bärlauch

Emmerkörner über Nacht in kaltem Wasser einweichen.
Schüblig und Lorbeerblatt in kochendes Wasser geben und bei kleiner Hitze 10–15 Min. gar ziehen lassen. Zwiebel schälen, fein hacken, in Butter andünsten. Eingeweichten Emmer beigeben und mitdünsten, mit Weisswein ablöschen. Gemüsebouillon drittelweise beigeben und zugedeckt weich garen (ca. 20 Min. kochen, 10 Min. quellen lassen). Erst am Schluss mit Salz und Pfeffer würzen. Rahm beigeben und etwas einkochen. Bärlauch fein schneiden oder pürieren und vor dem Servieren beimischen.

Saucisse à rôtir (Waadtländer Schweinsbratwurst)

Michel Kunz, Restaurant Au Bon Vin, Onnens (VD)

4 Personen ☆

600 g Waadtländer Schweinsbratwurst
Bratbutter
200 g Karotten
200 g Sellerie
3 dl Gemüsebouillon
4 EL Brunoise (Karotte, Sellerie, Schalotte, Lauch)
20 g Butter
1 dl Rotwein
½ Bund Schnittlauch

Karotten längs halbieren, Sellerie in Stücke schneiden und in 2 dl Gemüsebouillon weich kochen. Saucisse in wenig Bratbutter langsam gut durchbraten (mindestens 30 Min.), dann überschüssiges Fett wegschütten. In einer separaten Pfanne Brunoise (kleinste Würfel) in Butter anziehen lassen, mit Rotwein und 1 dl Gemüsebouillon ablöschen und einkochen, bis eine sämige Sauce entsteht. Gebratene Wurst dazugeben und kurz aufkochen.
Auf einer heissen Platte anrichten, Karotten- und Selleriestücke dazulegen und mit wenig Schnittlauch garnieren.
Dazu passt eine knusprige Rösti.

Papet vaudois (Chabiswurst auf Kartoffel-Lauch)

Jean-Claude Daglia, Restaurant de l'Union, Bursins (VD)

4 Personen ☆

4 Saucisses aux choux
800 g Lauch
1 Zwiebel
20 g Butter
Salz, Pfeffer
1,5 dl Weisswein (Chasselas)
1 dl Gemüsebouillon
400 g Kartoffeln
1 EL Mehl
0,5 dl Milch
Muskatnuss

Lauch in 2 cm lange Stücke schneiden. Zwiebel hacken und in 10 g Butter andünsten. Den Lauch zugeben und 3–4 Min. mitdünsten. Mit etwas Salz und Pfeffer würzen. Weisswein und Gemüsebouillon dazugeben, zudecken und 10 Min. köcheln lassen. Kartoffeln in kleine Würfel schneiden, dazugeben und 10 Min. köcheln lassen. Kabiswürste dazugeben und 20 Min. mit dem Gemüse ziehen lassen.
In einem Pfännchen 10 g Butter erwärmen, Mehl dazugeben und 3 Min. rühren. 2–3 dl vom Lauchjus und die Milch dazugeben. Mit Salz, Pfeffer und wenig Muskatnuss abschmecken und ca. 10 Min. auf kleinem Feuer köcheln lassen. Wurst-Kartoffel-Lauch absieben (Jus auffangen), zurück in die Pfanne geben, die Milchsauce beimischen und das Ganze 5 Min. ziehen lassen. Nach Bedarf etwas Lauchjus zugeben, damit die Sauce schön flüssig bleibt.
Das Kartoffel-Lauchgemüse auf einer vorgewärmten Platte anrichten, Würste darauflegen und mit einer Gabel einstechen (sonst spritzt der Saft beim Schneiden am Tisch heraus).

Saucisson vaudois au Salvagnin

Ursula Reichenbach, Restaurant La Pinte du Paradis, Aigle (VD)
4 Personen ☆

600 g Saucisson vaudois
2 Schalotten
1 EL Butter
1,5 dl Rotwein (Salvagnin)
0,5–1 dl Rahm

Saucisson im heissen (nicht kochenden) Wasser 40–50 Min. ziehen lassen.
In einer Pfanne gehackte Schalotten in Butter andünsten und mit Salvagnin ablöschen. 5 Min. köcheln lassen, damit die Sauce etwas reduziert wird. Vorsichtig Rahm dazugeben. Die Wurst enthäuten und in Scheiben schneiden. Wurstscheiben zur Sauce geben und gut mit der Sauce übergiessen. Abschmecken.
Dazu passt Reis, Kartoffelgratin oder Kartoffelstock.

Saucisson neuchâtelois au Pinot noir

Tony Muller, Restaurant de l'Aigle, Couvet (NE)
4 Personen ☆

2 Saucissons neuchâtelois à 300 g
1 grosse Zwiebel
4 EL Erdnussöl
2 EL Mehl
3 dl Rotwein (Pinot noir)
3 dl Bouillon
1 Bouquet garni (Petersilie, Thymian, Lorbeerblatt)
Salz, Pfeffer
1 kg Kartoffeln

Zwiebel in Ringe schneiden und in einer Gusspfanne in 2 EL Erdnussöl anbraten. Pfanne leeren und Mehl in 2 EL Erdnussöl braun rösten. Mit Pinot noir ablöschen, Zwiebel wieder in die Pfanne geben und mit Bouillon auffüllen. Bouquet garni zu den Zwiebelringen in die Gusspfanne geben und mit Salz und Pfeffer würzen. Zugedeckt auf kleinem Feuer 30 Min. köcheln lassen. Kartoffeln in Scheiben schneiden und mit den Würsten zur Sauce geben. Zugedeckt auf kleinem Feuer 25 Min. ziehen lassen. Wenn nötig nachwürzen. Die Würste herausnehmen, 5 Min. ruhen lassen und in Scheiben schneiden.
Kartoffeln und Sauce auf die Teller geben und die Wurstscheiben darüber anrichten. Mit Brot servieren, zum Auftunken der Sauce.

Saucisse au foie auf Winterendivie

Tony Muller, Restaurant de l'Aigle, Couvet (NE)
4 Personen ☆

500 g Neuenburger Leberwurst
2 Zwiebeln
1 kleiner Lauch
20 g Butter
1,2 kg Chicorée britchonne (Winterendivie)
1 EL Bouillon
1 dl Rahm
Salz, Pfeffer

Saucisses au foie im Wasser knapp unter dem Siedepunkt ca. 45 Min. ziehen lassen (nicht kochen!). Zwiebeln fein hacken, Lauch in Ringe schneiden, beides in Butter 5 Min. anziehen lassen. Chicorée in feine Streifen schneiden, dazugeben und kurz mitdünsten. Bouillon beifügen und zugedeckt 10 Min. schmoren. Rahm zur Chicorée mischen, mit Salz und Pfeffer würzen. Gemüse auf vorgewärmten Tellern anrichten, Saucisses in Scheiben schneiden und auf das Gemüse legen.
Dazu passen Salzkartoffeln.

Longeoles de la République mit Lauch

Gérard Le Bouhec, Restaurant Les Curiades, Lully-Bernex (GE)
4 Personen ☆

3 grosse Longeoles (Genfer Hauswürste)
3 Lauch
3 Zwiebeln
40 g Butter
5 dl Weisswein (Chasselas)
Salz, Pfeffer
Schnittlauch

Longeoles während 3 Std. in ungesalzenem Wasser auf sehr kleinem Feuer ziehen lassen (es braucht so lange, bis sie gar sind). Lauch putzen und in grosse Stücke schneiden. Zwiebeln hacken.
In einem grossen Topf die Zwiebeln in Butter goldgelb anziehen lassen, mit Weisswein ablöschen und den Lauch dazugeben. Mit Salz und Pfeffer würzen. Zugedeckt 15–25 Min. weich dünsten.
Longeoles in Scheiben schneiden und auf das Gemüsebett legen. Mit Schnittlauch bestreuen.
Hinweis: Da die Longeoles fette Würste sind, braucht es keine Sauce. Allenfalls kann eine Vinaigrette mit Meerrettich dazu serviert werden.

Mortadella mit weissen Bohnen

Oliviero Rusconi, Grotto Al Sprüch, Ludiano (TI)
4 Personen ☆

1 Tessiner Mortadella di fegato zum Kochen
300 g Fagioli (weisse Bohnen)
1 Zwiebel
1 Knoblauchzehe
1 Stange Sellerie
2–3 EL Olivenöl
230 g Pelati
1 Lorbeerblatt
Salz, Pfeffer

Bohnen über Nacht in reichlich kaltes Wasser einlegen.
Bohnen in 1 l frischem Wasser kalt aufsetzen und ohne Zugabe von Salz (sonst werden die Bohnen nicht weich) während 40 Min. kochen. Gegen Ende der Kochzeit mit Salz würzen. Wasser abgiessen.
Die Mortadella einige Male mit einer Gabel einstechen und in einen Topf mit heissem ungesalzenem Wasser geben; die Wurst sollte mit Wasser bedeckt sein. Auf kleinem Feuer ca. 30 Min. ziehen lassen. Zwiebel und Knoblauchzehe hacken, Stangensellerie fein würfeln und alles in Olivenöl andünsten. Nach einigen Minuten Pelati und Lorbeerblatt dazugeben. 15 Min. köcheln lassen. Die gekochten Bohnen in den Sugo geben, mit Salz und Pfeffer würzen.
Die gekochte Mortadella in Scheiben schneiden und auf den Bohnen anrichten.
Dazu passt Polenta.

Boudin noir (schwarze Blutwurst)

Jean-Maurice Joris, Restaurant Les Alpes, Orsières (VS)
4 Personen ☆☆

1,5 m Darm
5 dl Schweineblut
150 g Rotkohl
150 g Lauch
4 Schalotten
2 Äpfel (Golden delicous)
1 EL Schweineschmalz
4 dl Rahm
Salz, Pfeffer, Zimt

Apfelschnitze

2 Äpfel
1 dl Weisswein
20 g Butter

Apfelmus

3 Äpfel
2 dl Weisswein
3 EL Zucker

Blutwürste: Rotkohl gar kochen. Lauch klein schneiden, Schalotten hacken, Äpfel klein würfeln. Lauch und Schalotten in Schweineschmalz anziehen, Apfelstücke, Schweineblut und Rahm dazugeben und auf kleinem Feuer köcheln lassen. Wenn die Masse fest wird, Rotkohl beifügen. Mit Salz, Pfeffer und Zimt würzen. Alles kurz durchmixen und erkalten lassen. Darm in zehn 15 cm lange Stücke schneiden. Eines der Enden zubinden. Mit einem Dressiersack in jedes Darmstück 50–70 g Blutwurstmasse pressen. Das andere Ende zubinden. Die Würste 5 bis 7 Min. im Salzwasser ziehen lassen (nicht kochen).
Apfelschnitze: Äpfel in Schnitze schneiden. In Weisswein mit Butter ca. 10 Min. ziehen lassen.
Apfelmus: Äpfel schälen, entkernen und klein schneiden. In Weisswein und Zucker 10–15 Min. kochen und durchmixen. Boudins mit Apfelschnitzen und Apfelmus servieren.

REIS, MAIS, TEIGWAREN

Renaissance der Urkörner

Urroggen aus dem Wallis

Auf den Alpwiesen im Frühling kann man sie erahnen – die Urahnen unserer Getreidesorten: Aus solchen wilden Gräsern haben unsere Vorfahren vor Jahrtausenden Weizen, Roggen, Gerste, Hafer, Hirse und andere Getreidesorten kultiviert. Auch der aus Asien stammende Reis und der Mais der Maya stammen ursprünglich aus wilden Süssgräsern. Über fünfzig Prozent der Welternährungsenergie stammen heute aus Korn. Im Mittelalter ernährten sich die ärmeren Menschen sogar fast ausschliesslich von Hirse- und Dinkelbrei. Viele dieser Urkörner erleben in der heutigen Küche eine Renaissance. Vor allem die Gourmetköche servieren gerne altes Getreide, zum Beispiel in Form von Emmerotto mit Kastanien. Das Rezept stammt von Nicola Rizzo, einem der besten vegetarischen Köche im Tessin (S. 237).

Sogar Puls taucht als trendige Beilage wieder auf. Zubereitet wird er aus Emmer (auch Zweikorn genannt), der früher als Wundermittel galt. Die Römer glaubten, er verleihe übermenschliche Kräfte und mache unsterblich; bei den Gladiatoren gehörte Puls deshalb zum staatlich verordneten Doping (Rezept S. 265). Wer es noch archaischer liebt, dem sei Fenz empfohlen – ein Fossil aus der Schweizer Urküche: Als es noch keine Rösti gab, war Fenz das Frühstück der Sennen am Alpenkamm (Rezept S. 217). Ähnlich archaisch ist auch die Hexenpolenta (Polenta taragna), eine Spezialität aus dem Puschlav. Zubereitet wird sie mit Weizen- und Buchweizenmehl. Es ist das gleiche dunkle Mehl, das die Rätoromanen Grano saraceno nennen und aus dem sie auch Pizokel zubereiten.

Zum wiedererwachten Interesse an altem Korn haben auch zahlreiche Produzenten beigetragen, allen voran Gran Alpin: Genossenschaftlich wird in Graubünden Berggetreide angebaut, darunter fast vergessene Sorten wie Rollgerste, Dinkel und Winterroggen.

Die Bauernköchinnen zeigten sich bei den Mehlspeisen erfinderisch: Spätzli, Gnocchi, Tatsch (eine süsse Mehlspeise mit Dörrfrüchten) und weitere in den abgeschiedenen Bergtälern entwickelte Spezialitäten dokumentieren die hohe Kreativität. Als wahre Meister erwiesen sich die Bündner, die fein geschnittenes Dauerfleisch (Salsiz, Bündnerfleisch, Rohschinken) zum Teig gaben und das Ganze in Mangold einwickelten. Capuns ist übrigens nicht gleich Capuns: Jede Familie hat ihr eigenes Rezept. Drei habe ich auf meinen Forschungsreisen für die «Urchuchi» ausgewählt, darunter Capuns, die mit gebratenen Rindsfiletspitzen serviert werden – ein Beispiel von vielen, wie aus einer bäuerlichen Speise eine edle Gourmetspeise werden kann (Rezept S. 221). Gross ist die Palette auch bei den Maisgerichten, die von der klassischen Tessiner Polenta bis zu den Türmchen aus Rotmais reicht (Rezept S. 235). Erst seit wenigen Jahren wird der Rote Mais im Tessin wieder angebaut. Da er mit der (roten) Schale vermahlen wird, ist er besonders aromatisch und hat einen hohen Vitamingehalt. Selbst eine einfache Polenta wird mit dem Rosso del Ticino zu einem Geschmackserlebnis.

Eine andere Geschichtsschreibung

Eigentlich müsste man die Geschichtsbücher umschrieben. Denn nicht Heldentaten haben den Alltag der Menschen bestimmt, sondern die ebenso einfache wie vitale Frage: Wie werde ich satt? In einer auf das Essen fokussierten Geschichtsschreibung käme dem Mais eine zentrale Rolle zu. Er hat die Esskultur in den ärmeren Bevölkerungsschichten wie kaum eine andere Pflanze geprägt. Im 17. Jahrhundert brodelte die Polenta überall im Tessin in den Kupferkesseln; im bündnerischen Lugnez in der Surselva kochten die Bäuerinnen ihre Amplius, die es so nur in diesem Bergtal gibt (Rezept S. 234). Im Rheintal entstand aus einer speziellen Maissorte Törggeribel. Die Bezeichnung ist abgeleitet von Türkenkorn, denn erst auf dem Umweg über die Türkei kam der Mais in die Schweiz und wurde in vielen Regionen deshalb mit dem Land am Bosporus verbunden. Ursprünglich jedoch stammt das gelbe Korn von den Maya aus Mexiko. Ende des 15. Jahrhunderts

Emmer
Ribelmais aus dem Rheintal
Roter Mais aus dem Tessin
Loto-Reis aus dem Tessin
Mohnblüte in Getreidefeld

brachte Kolumbus das «Goldkorn» nach Europa, bereits 1525 wurden in Spanien die ersten Maispflanzen angebaut und traten in der Folge ihren Siegeszug bis in den Orient und nach Afrika an.

Brennesselrisotto

Beim Reis hat sich vor allem der Risotto ins kulinarische Erbe eingeschrieben. Früher wurde er als Milchreis gegessen (mit viel Zimt und Zucker), heute ist die Risotto-Palette deutlich breiter:

Pilze, Spargeln, Zucchini, Brennnesseln, Meeresfrüchte, Heidelbeeren – es gibt nichts, so scheint es, was nicht mit einem Risotto kombiniert werden kann. Die Urner wählten als Begleiter den Lauch, daraus wurde Rys und Boor, so etwas wie die Nationalspeise im Kanton Uri (Rezept S. 262). Spannend ist auch bei der Risottozubereitung der Rückgriff auf alte Getreidekörner wie Dinkel oder Rollgerste, aus denen besonders rustikale «Risotti» werden. Die Version mit Blattgold (Rezept S. 229) mag avantgardistisch wirken, ist es historisch gesehen jedoch nicht: Gold galt früher als Heilmittel und wurde bereits in Byzanz und später in der Renaissance in den Küchen der venezianischen Fürsten und Patrizier verwendet. Eine Reminiszenz an die goldenen Zeiten ist der Risotto alla milanese. Wegen eines Bubenstreichs, so erzählt es die Legende, soll er zu seiner goldgelben Farbe gekommen sein: Valerio di Fiandra, ein Glasmalerlehrling, wollte seinen Meister ärgern und liess einen dicken Pinsel voll Safran – im Mittelalter eine häufig genutzte Künstlerfarbe – in den Kochtopf fallen. Der Meister fand das Reisgericht dann so gut, dass er es all seinen Freunden zum Probieren gab – sie waren begeistert.

Nicht so die Tessiner. Für sie war der «vergoldete Lombarde» zu prätenziös, sie bevorzugten Pilze als Zugabe. Heute ist der Risotto ai porcini der Star der «risottata» an der Fasnacht: In grossen Kesseln wird er unter freiem Himmel zubereitet und unter die Dorfbevölkerung verteilt. Seit einigen Jahren wird dabei auch einheimischer Reis verwendet. Er stammt aus den Terreni alla Maggia bei Ascona, der nördlichsten Reiskultur Europas. Die trocken angebaute Sorte Loto ist ideal für Risotto, weil das Korn die Flüssigkeit gut bindet und dennoch lange al dente bleibt. Genau so, wie es der italienische Schriftsteller Carlo Emilio Gadda in «Die Wunder Italiens» vom Risotto fordert: «Er darf nicht verkocht sein, pfui Teufel! Nur ein klein wenig feuchter als körnig soll er auf den Teller kommen. Nur so vermag man die tiefe, vitale Bedeutung des Risotto zu erkennen.» Das «Urchuchi»-Rezept auf S. 218 zeigt, wie man zu diesem kulinarischen «Wunder» gelangt.

Hörnli – eine Schweizer Erfindung

Bereits 1731 gab es im Kloster Disentis ein «torculum pro formandis macaronis» – eine Teigwarenpresse! Die Mönche brauchten sie, um die Pilger auf der Durchreise mit Pasta zu verköstigen. Doch erst 1838 begann erstmals ein kleiner Betrieb in Kriens Teigwaren für den Markt herzustellen. Der ganz grosse Schub kam ab 1872 mit dem Bau des Gotthardtunnels: Zu Hunderten strömten die «Maccaroni», wie damals die italienischen Gastarbeiter genannt wurden, in die Innerschweiz. Im Gepäck: Pasta fatta in Italia! Die Innerschweizer nahmen die kulinarische Bereicherung mit Freuden auf. In typisch schweizerischer Fusionsarbeit – unter Zugabe von Kartoffeln, Rahm, Käse und Zwiebeln – kreierten sie die Schweizer Älplermagronen. Alt ist der Streit, ob man diese «hindersi» (rückwärts: Zwiebeln zuerst rösten) oder «fürsi» (vorwärts: Zwiebeln zuletzt rösten) zubereiten soll. Wir haben uns für die Kernser Art («fürsi») entschieden (Rezept S. 219).

Auch wenn die meisten Pastagerichte als typisch italienisch gelten: Viele haben sich in unserem Land so gut eingebürgert und wurden zum Teil auf völlig neue und innovative Art rezeptiert, dass ein Eintrag in der «Urchuchi» gerechtfertigt erscheint. Das gilt besonders für die Hörnli. Die auf Miniformat geschrumpften Pastaröhren gibt es nur im kulinarischen Erbe der Schweiz. Die Zigerhöreli ohnehin, sie kommen aus dem Glarnerland (Rezept S. 219).

Eine vergleichsweise junge Erfindung ist Pasta mit Kastanienmehl, die sich in den letzten Jahren zu einer Spezialität des Bergells entwickelt hat. Auch andere Kastaniengerichte zeigen, dass die einst als «Brot der Armen» bezeichnete Waldfrucht wieder vermehrt an Interesse gewinnt. Ein originelles und altes Rezept sind die Kastanien nach Bergeller Art: mit Speck und in Rotwein gekochte Kastanien, die mit Schlagrahm serviert werden (Rezept S. 237).

Polenta

Martino Giovanettina, Grotto La Froda, Foroglio (TI)
4 Personen ☆

350 g Tessiner Maisgriess
Butter
Parmesan

1,5 l Salzwasser aufkochen. Kochtopf vom Feuer nehmen, Maisgriess unter Rühren einrieseln lassen. Kochtopf wieder auf die Platte stellen. Einen Kochlöffel auf den Topf legen, Deckel aufsetzen; auf diese Weise spritzt die aufkochende Polenta nicht heraus. Unter gelegentlichem Umrühren die Polenta mindestens 1 Std. kochen. Wenn sich die Polenta am Topfboden festsetzt oder leicht anbrennt, ist das typisch tessinerisch: Das gibt der Polenta den Kamingeschmack! Gegen Schluss kann die Polenta mit Butter und geriebenem Parmesan angereichert werden. Die fertige, sehr kompakte Polenta auf ein Brett stürzen und mithilfe eines gespannten Fadens in Stücke schneiden.
Dazu passt Brasato, Ossobuco, Tessiner Brühwürste (z. B. Codighe) oder auch nur ein Stück Tessiner Alpkäse.

Fenz (Älplergericht)

Charly Gmünder, Restaurant Bären, Gonten (AI)
1 Person ☆

1 Ohrentasse Milch (2,5 dl)
1 Ei
2 EL Mehl
60 g Butter
Salz

Milch, Ei und Mehl zu einem dünnflüssigen Teig verrühren. Butter erhitzen, bis sie haselnussartig riecht. Den Teig im Sturz dazugeben und auf kleinem Feuer gut verrühren, etwa 10 Min. lang. Leicht salzen.

Fenz gehört zu den Fossilien der Schweizer Urchuchi. Begleitet von Milchkaffe und Brot bildete dieser Mehlbrei früher bei den Bauern und Sennen in den Voralpen die Frühstückspeise. Gegessen wurde gemeinsam aus einem grossen Topf oder direkt aus der Pfanne.

Wasser, Salz und Maisgriess: Mehr braucht es nicht für eine gute Polenta, die für die Tessiner schon fast die Nationalspeise darstellt. Früher wurde die Polenta in grossen Kupferkesseln über dem offenen Feuer zubereitet. In vielen Grotti wird dies noch heute so gemacht. Tessiner Polentakönner verwenden verschiedene Maissorten: gelben, fein und grob (Bramata) gemahlenen Maisgriess, Buchweizenmehl; manche geben sogar noch ein wenig Farina bóna dazu (siehe Einkaufstipps S. 380).

Tessiner Risotto

Diego Orelli, Bedretto (TI)
4 Personen ☆

30 g getrocknete Steinpilze
1 Zwiebel
120 g Burro di siero (halbfette Butter)
400 g Carnaroli-Reis
2 dl Weisswein
9–10 dl Fleischbouillon mit Gemüseeinlage
120 g Sbrinz

Steinpilze einweichen. Zwiebel hacken und mit den Pilzen in 60 g fettarmer Butter 4 Min. anziehen lassen. Reis zugeben und glasig dünsten. Mit wirklich gutem Weisswein ablöschen und verdampfen lassen. Nach und nach Bouillon dazugiessen und – wichtig für einen sämigen Risotto – unablässig langsam rühren, bis zum Ende der Garzeit (15 Min.). Vom Feuer nehmen, geriebenen Sbrinz und 60 g fettarme Butter einrühren. Zugedeckt kurz ziehen lassen und servieren.

Glarner Zigerhöreli

Bruno Reich, Berggasthaus Fronalpstock, Mollis (GL)
4 Personen ☆

2 dl Rahm
1 EL Mehl
80–100 g Schabziger
weisser Pfeffer, Muskatnuss
500 g Hörnli
1 Zwiebel
½ Bund Schnittlauch

Rahm mit Mehl glatt rühren und aufkochen. Schabziger, fein gerieben, beigeben und nochmals aufkochen. Mit Pfeffer und wenig Muskat abschmecken. Hörnli in Salzwasser al dente kochen, die heisse Zigermasse untermengen.
Mit goldgelb bis dunkelbraun gerösteten Zwiebelringen oder Zwiebelschwitze und etwas Schnittlauch garnieren.
Dazu wird Apfelmus oder grüner Salat serviert.

Älplermagrone nach Kernser Art

Rolf della Torre, Restaurant Rose, Kerns (OW)
4 Personen ☆

400 g Kartoffeln
400 g Magronen (Maccheroni, Hörnli)
2 grosse Zwiebeln
150 g Butter
150 g Käse (z. B. Greyerzer)

Kartoffeln schälen und in Würfel schneiden. Zusammen mit den Magronen in Salzwasser kochen. Zwiebeln fein hacken und in Butter goldgelb rösten. Magronen und Kartoffeln abschütten und lagenweise mit geriebenem Käse auf eine warme Platte geben. Zuletzt die Zwiebeln darübergeben.
Dazu wird Apfelmus serviert.

Capuns sursilvans

Toni Darms, Restaurant Stiva Veglia, Schnaus (GR)
4 Personen, je 5 Capuns ☆

20 Mangoldblätter
250 g Mehl (Gran Alpin)
2 Eier
Salz, Pfeffer, Muskatnuss
1 Zwiebel
30 g Butter
1 Landjäger
1 Salsiz (80–100 g)
1 gekochte Hauswurst (100 g)
¼ Bund Petersilie
½ Bund Schnittlauch
Krauseminze
1 l Milch
1 Bouillonwürfel
50 g Käse

Mangoldblätter waschen und ganz kurz in kochendem Salzwasser blanchieren. Sofort in kaltem Wasser abschrecken und zum Abtropfen in ein Sieb geben. Mehl in eine Schüssel geben. Eier, 1 dl Wasser, Salz, Pfeffer und etwas Muskat verrühren und zum Mehl geben. Den Teig nur kurz bearbeiten. Zwiebel hacken, mit Butter goldgelb dünsten und auskühlen lassen. Landjäger, Salsiz, Hauswurst fein würfeln. Petersilie, Schnittlauch, wenig Krauseminze fein hacken und mit den gedünsteten Zwiebeln und den fein gewürfelten Würsten zum Teig geben. Alles gut vermengen und die Masse bei Bedarf mit etwas Salz und Pfeffer vorsichtig würzen.

Die Blattstiele des Mangolds wegschneiden, auf jedes Blatt ca. 40 g Füllung geben, Blatt beidseitig leicht einschlagen und zu gleichmässigen Rollen formen.

Die Capuns in eine Gratinform legen. Milch mit Bouillonwürfel aufkochen, heiss über die Capuns giessen. Etwas Käse darüberstreuen und bei 200 ° ca. 30 Min. gratinieren. Vor dem Servieren etwas fein geschnittenen Landjäger über die Capuns geben.

Capuns mit Gäms- und Hirschwurst

Martin Sialm, Restaurant Alpsu, Disentis/Mustér (GR)
4 Personen, je 5 Capuns ☆

20 Mangoldblätter
50 g Gämswurst
50 g Hirschwurst
80 g Rohschinken am Stück
½ Bund Petersilie
1 Bund Schnittlauch
Minze
Salz, Pfeffer
350 g Halbweissmehl
2 dl Milch
2 Eier
1 Eigelb
Bouillon
Sbrinz

Gämswurst, Hirschwurst und Rohschinken fein würfeln. Petersilie, Schnittlauch, etwas Minze fein hacken. Mehl in eine Schüssel geben, mit 1 TL Salz, zwei Prisen Pfeffer vermischen. Milch, 1 dl Wasser, Eier, Eigelb dazugeben und zu einem Teig rühren. 1 Std. ruhen lassen. Wurst, Schinken, Kräuter mit dem Teig vermengen. Die entstielten Mangoldblätter ganz kurz blanchieren (sie sollen nur schlapp werden), abschrecken, abtropfen. Die Füllung löffelweise auf die Mangoldblätter geben und einwickeln. Die Capuns in einer starken Bouillon 15 Min. ziehen lassen. In eine Gratinform legen, 4–5 EL Bouillon (oder Rahm) darübergeben, mit geriebenem Sbrinz bestreuen und 10 Min. bei 220 ° überbacken.

Capuns «Casa Fausta Capaul»

Linus Arpagaus, Restaurant Casa Fausta Capaul, Brigels (GR)
4 Personen, je 5 Capuns ☆

20 Mangoldblätter
300 g Abschnitte von Rohschinken, Bündnerfleisch, Kochschinken, Salsiz
½ Landjäger
2 kleine Eier
200 g Magerquark
5 EL Milch
250 g Mehl
½ Bund Schnittlauch
½ Bund Petersilie
Salz, Pfeffer, Muskatnuss
2 dl Bouillon
2 dl Rahm
30 g Butter

Mangoldblätter vom Stiel befreien, in Salzwasser aufkochen und in Eiswasser abschrecken. Landjäger und die Abschnitte von Rohschinken, Bündnerfleisch, Kochschinken und Salsiz in feine Würfel schneiden. Eier, Magerquark, Milch, Mehl, Schnittlauch und Petersilie (je gehackt), Salz, Pfeffer und Muskat zu einem Teig verarbeiten. Fleischwürfelchen dazugeben. Die Masse mit einem Löffel zu Nocken formen und in die Mangoldblätter einwickeln. Bouillon und Rahm mit Salz und Pfeffer aufkochen. Capuns darin garen, bis sie fest sind (15–20 Min.).
Capuns anrichten, Rahm-Bouillon abschmecken, mit dem Stabmixer aufschäumen und über die Capuns geben.
Dazu können kurz gebratene Rindsfiletspitzen oder knusprig gebratene Rohschinkenstreifen serviert werden.

Pizokel «Casa da Luzi»

Beat Reinmann, Restaurant Casa da Luzi, Surcasti (GR)
4 Personen ☆

200 g Mehl
200 g Quark
3 Eier
Salz, Pfeffer, Muskatnuss
1–2 EL Butter

Mehl, Quark, Eier, Salz, Pfeffer und Muskat in eine Schüssel geben und gut schlagen. Teig auf ein Holzbrett geben und mit dem Spachtel in kochendes, gut gesalzenes Wasser schaben. Wenn die Pizokel aufsteigen, herausnehmen, in kaltem Wasser abkühlen und ins Sieb geben. In Butter kurz braten.

Tatsch mit Dörrobstkompott

Toni Darms, Restaurant Stiva Veglia, Schnaus (GR)
3 Personen ☆

150 g Mehl (Gran Alpin)
Zucker, Salz
3 Eier
2,5 dl Milch
1 EL Butter
Puderzucker

Kompott

100 g gedörrte Äpfel
100 g gedörrte Zwetschgen
1 dl Weisswein (Riesling × Silvaner)

Gedörrte Äpfel und Zwetschgen abspülen und mit Wasser bedeckt über Nacht einweichen.
Mehl, 1 TL Zucker, ½ TL Salz in einer Schüssel mischen. Eier und Milch miteinander verquirlen und mit dem Mehl zu einem Teig verrühren. 1 Std. quellen lassen.
Dörrfrüchte abgiessen und in einer Pfanne mit Weisswein auf kleinem Feuer 30 Min. weich dünsten. Nach Bedarf etwas Zucker zugeben.
Butter in einer beschichteten Bratpfanne erwärmen, den Teig hineingiessen und langsam fest werden lassen (wie bei einem Eierkuchen). Erst dann mit einer Bratschaufel in mundgerechte Stücke zerteilen und rundum etwas anbraten.
Tatsch mit Puderzucker bestreuen und mit Dörrobst-Kompott servieren. Dazu trinkt man Milchkaffee.
Tipp: Tatsch ohne Zucker schmeckt auch als Beilage zu Fleischgerichten oder zu Salat.

Reis

Munder Safranrisotto

Martha Schnydrig, Restaurant Salwald, Mund (VS)
4 Personen ☆

2–3 Prisen Safranfäden
Weisswein (Fendant)
1,2 l Bouillon
½ Stange Sellerie
1 kleine Karotte
1 kleiner Lauch
2 kleine Zwiebeln
2–3 Rindsknochen
400 g Reis (Carnaroli, Arborio)
40 g Butter
1–2 EL Mascarpone

Safranfäden in etwas Fendant quellen lassen. Stangensellerie, Karotte, Lauch, 1 kleine Zwiebel, alles grob geschnitten, und Rindsknochen mindestens 1 Std. in Salzwasser kochen. Abschmecken, absieben und 1 l Bouillon abmessen. Reis mit 1 gehackter Zwiebel glasig dünsten und mit Bouillon ablöschen. Mit Bouillon auffüllen, die Safranfäden samt Wein dazugeben und 15 Min. köcheln lassen. Am Schluss Mascarpone und ein paar Safranfäden dazugeben, um den Geschmack zu verstärken.

Heidelbeer-Risotto mit Pilzen

Alessandro Rech, Albergo Stella Alpina, Ronco-Bedretto (TI)

4 Personen ☆

1 Zwiebel
2 EL Olivenöl
1 EL Butter
350 g Carnaroli-Reis
3 EL Brandy
200 g frische Heidelbeeren
1 l Fleischbouillon
100 g Steinpilze
Parmesan
Salz, Pfeffer

Zwiebel fein würfeln, Olivenöl und Butter erhitzen, Zwiebel darin glasig dünsten. Reis dazugeben und mit dem Brandy ablöschen. Heidelbeeren dazugeben. Heisse Fleischbouillon nach und nach zugeben und dabei immer rühren. 15–20 Min. köcheln lassen. 5 Min. vor Ende der Kochzeit Steinpilze, fein geschnitten, dazugeben. Risotto mit geriebenem Parmesan und etwas Butter verfeinern, mit Salz und Pfeffer abschmecken.

Farrotto mit Spinatpesto (Dinkelrisotto)

Nicola Rizzo, Restaurant Il Guardiano del Farro, Cadenazzo (TI)
3–4 Personen ☆

250 g geschälter Dinkel (Farro)
1 mittlere Karotte
1 Zwiebel
1 Knoblauchzehe
1 Stange Sellerie
1 EL Butter
2 EL Olivenöl
1 dl Weisswein
Salz, Pfeffer

Pesto

200 g frischer Spinat
1 Handvoll Pinienkerne
1 EL Olivenöl
Pecorino oder Parmesan
1 Knoblauchzehe

Dinkel 30 Min. in Wasser einweichen. Mindestens 1 l Wasser zum Kochen bringen. Karotte, Zwiebel, Knoblauchzehe und Stangensellerie fein würfeln.

Butter und Olivenöl in einer Pfanne erwärmen und das Gemüse darin anbraten. Den gut abgetropften Dinkel. 2 Min. mitbraten. Mit Weisswein ablöschen und unter Rühren verdampfen lassen. Nach und nach kochendes Wasser zugeben, nach 15 Min. salzen und pfeffern.

Während der Farrotto 20 Min. lang köchelt, den Pesto zubereiten: Spinat waschen und trocknen und im Mixer zusammen mit einer Handvoll Pinienkernen, Olivenöl, geriebenem Käse und der Knoblauchzehe zu einer nicht allzu feinen Paste mixen und salzen.

Den noch leicht feuchten Farrotto mit dem Pesto vermischen, etwas geriebenen Käse und Pfeffer darüberstreuen und servieren.

Rollgersten-Risotto

Rudolf Wanninger, Restaurant Piz Umbrail, Sta. Maria
Val Müstair (GR)
3–4 Personen ☆

200 g Rollgerste
1 kleiner Lauch
1 Stange Sellerie
1 Karotte
1 Schalotte
1 Knoblauchzehe
30 g Bündnerfleisch
100 g Butter
2,5 dl Weisswein
5 dl Geflügelfond
5 dl Rahm
50 g Parmesan
Salz, Pfeffer

Rollgerste einweichen und ohne Salz weich kochen. Gut mit fliessendem kaltem Wasser wässern, um die ganze Stärke auszuschwemmen. Im Sieb abtropfen. Lauch, Stangensellerie, Karotte, Schalotte, Knoblauch, Bündnerfleisch in kleine Würfel schneiden. In 50 g Butter andünsten und die Gerste hinzugeben. Mit Weisswein ablöschen und mit Geflügelfond und Rahm – knapp bedeckend – aufgiessen. Etwa 15 Min. köcheln lassen, bis eine sämig-dicke Masse entsteht. Sollte der Gersten-Risotto zu dick sein, etwas Bouillon nachgiessen. Mit geriebenem Parmesan und 50 g Butter binden. Mit wenig Salz und Pfeffer abschmecken.

Hinweis: Der Gersten-Risotto kann als eigenständiges Gericht oder als Beilage zu Fisch, Schalen- und Krustentieren serviert werden (im Bild mit Hummerstücken).

Risotto Tête de Moine mit getrockneten Tomaten

Urs Chalupny, Restaurant de la Couronne, La Theurre (JU)
4 Personen ☆

6 getrocknete Tomatenhälften
1 l Bouillon (Rind, Gemüse)
1 Zwiebel
100 g Butter
370 g Risottoreis (z. B. Arborio)
1 dl Weisswein
je 50 g Tête de Moine und Parmesan
Schnittlauch
Pfeffer
12 Tête-de-Moine-Rosetten
1 Handvoll Pinienkerne

Getrocknete Tomaten einweichen und ganz klein schneiden. Bouillon aufkochen. Zwiebel in Würfel schneiden.

50 g Butter in einem Topf zergehen lassen, Zwiebeln beigeben und farblos dünsten. Risottoreis zufügen und so lange anschwitzen, bis er glasig ist. Die getrockneten Tomaten beigeben, mit Weisswein ablöschen und vollständig verdampfen lassen. Mit so viel Bouillon auffüllen, dass der Reis gerade bedeckt ist. Unter stetem Rühren den Reis köcheln lassen. Sobald die Flüssigkeit aufgesogen ist, wieder mit etwas Bouillon auffüllen; diesen Vorgang drei bis fünf Mal wiederholen, bis der Reis nur noch leichten Biss hat. 50 g Butter, geriebenen Tête de Moine (Käsespezialität aus dem Jura) und geriebenen Parmesan unterrühren, zuletzt etwas Schnittlauch beigeben und mit schwarzem Pfeffer abschmecken.

Den Risotto in vorgewärmte tiefe Teller geben, mit je 3 Tête-de-Moine-Rosetten und gerösteten Pinienkernen garnieren.

Gelber Milchreis mit Käse- und Apfelküchlein

Christian Henzen, Restaurant Fafleralp, Fafleralp im Lötschental (VS)

4 Personen ☆

20 g Butter
200 g Rundkornreis (Carnaroli, Arborio, Vialone)
6–7 dl Milch
1 Zimtstange
1 Msp. Safran
Salz, Zucker
1,5 dl Rahm

Käse- und Apfelküchlein

300–400 g Raclettekäse
3–4 Äpfel
200 g Weissmehl
2 dl Milch
2 Eier
Zimt, Zucker

Butter in einem Topf erhitzen, Reis darin anziehen lassen, bis er rundum mit Butter überzogen und glasig ist; mit Milch ablöschen. Zimtstange und Safran zufügen und ca. 20 Min. köcheln. Mit Zucker und einer Prise Salz abschmecken. Rahm steif schlagen und unterziehen.

Käse- und Apfelküchlein: Raclettekäse in 1 cm dicke Scheiben schneiden. Äpfel schälen, Kerngehäuse ausstechen, in 1 cm dicke Scheiben schneiden. Mehl in eine Schüssel sieben, mit Milch und einer Prise Salz verrühren. Eier trennen. Eiweiss zu Eischnee schlagen. Die Eigelb schlagen und unter den Teig ziehen; dann den Eischnee darunterziehen. Die Apfel- und Käsescheiben durch den Ausbackteig ziehen und in der auf 180 ° vorgeheizten Fritteuse goldgelb frittieren. Zimt und Zucker miteinander vermischen; die Apfelküchlein darin wenden und zusammen mit den frittierten Käsescheiben auf dem Reis servieren.

Risotto mit Gold

Stefan Wiesner, Restaurant Rössli, Escholzmatt (LU)
4 Personen ☆

20 g getrocknete Steinpilze
40 g Schalotten
Olivenöl
240 g Risottoreis (Carnaroli)
1,5 dl Rotwein (z. B. Barbera)
1 Lorbeerblatt
1 Msp. Safran
Safranfäden
Salz, Pfeffer
6 dl Geflügel- oder Gemüsefond
1,5 dl Rahm
Blattgold (Orangegold, erhältlich im Fachhandel)

Steinpilze in 1 dl warmem Geflügel- oder Gemüsefond einweichen, dann in feine Streifen schneiden. Schalotten hacken, in Olivenöl andünsten, Risottoreis beigeben und glasig werden lassen. Mit Rotwein ablöschen und leicht einkochen. Steinpilzstreifen, Lorbeerblatt, 1 Messerspitze Safran (nach Belieben auch einige Safranfäden) sowie etwas Salz und Pfeffer beigeben. Nach und nach 5 dl Geflügel- oder Gemüsefond aufgiessen und den Risotto unter häufigem Rühren bissfest kochen. 1 dl Rahm beigeben und alles etwas ziehen lassen. Mit Salz und Pfeffer abschmecken. 2 EL geschlagenen Rahm darunterziehen. Der Reis sollte eine cremige Konsistenz haben, sonst noch etwas Fond beifügen.
In vorgewärmten tiefen Tellern anrichten und mit Blattgold dekorieren.

Mais

Ofenmus aus Türkenmehl

Siegfried Biedermann, Restaurant Löwen, Schellenberg (FL)
4 Personen ☆

150 g Ribelmais
1 EL Weissmehl
100 g Zucker
1 TL Salz
2 Eier
150 g Butter
1,1 l Milch

In einer feuerfesten Schüssel Ribelmais, Mehl, Zucker, Salz, Eier, zerlassene Butter zusammen mit etwas Milch anrühren. Restliche Milch zum Kochen bringen, in die Schüssel geben und mit dem Schneebesen alles mischen. Dann in den auf 250 ° vorgeheizten Ofen schieben und bei 200 ° 30 Min. backen.
Sauerkraut und Apfelmus dazu servieren.

Rheintaler Ribel

Hanspeter Trachsel, Restaurant Schiff, Thal (SG)
4 Personen ☆

500 g Rheintaler Ribelmais
3 dl Milch
1 EL Salz
40 g Bratbutter
5 EL Rahm oder Milch

Ribelmais in eine Schüssel geben. Separat Milch und 3 dl Wasser mit 1 gestrichenen EL Salz aufkochen und den Ribelmais damit anbrühen. Mindestens 3 Std. zugedeckt quellen lassen.
Butter in der Bratpfanne erhitzen und die Maismasse bei mittlerer Hitze langsam «ribeln»: mit der Bratschaufel hin und her schieben, bis sich goldbraun geröstete Krümelchen bilden. Zwischendurch ein paar Minuten zugedeckt stehen lassen, damit der Ribel feucht bleibt. Nach 20 Min. Rahm oder Milch beigeben und nochmals kurz rösten.
Dazu passt Milchkaffee oder Kompott. Oder Gehacktes vom Rind mit Apfelmus.

Polenta taragna mit Weinbeeren

(«schwarze» Polenta)

Xavier Christen, Restaurant Dorta, Zuoz (GR)
3–4 Personen ☆

4 dl Milch
Salz, Pfeffer, Muskatnuss
120 g Buchweizenmehl
120 g Maisgriess
80 g Butter
80 g Hartkäse
50 g Sultaninen

4 dl Wasser und 4 dl Milch salzen und mit zwei Drehungen Pfeffer und etwas Muskat aufkochen. Buchweizenmehl mit Maisgriess mischen und unter Rühren einrieseln lassen. Gut verrühren. Zugedeckt im 150 ° heissen Ofen 1–1,5 Std. ziehen lassen. Butter und geriebenen Käse sowie (nach Belieben) Sultaninen unter die Polenta ziehen. Die Masse muss dick sein. Die benötigte Flüssigkeitsmenge variiert je nach Mehlqualität.
Hinweis: Eignet sich als eigenständiges Gericht mit Gorgonzola oder Dörrbirnen und Apfelmus. Oder als Beilage zu Brasato oder Lammhäxli. – Die Polenta taragno (ital. tarare: tarieren, ins Gleichgewicht bringen) heisst wegen ihrer angedunkelten Farbe auch Hexenpolenta.

Polentaschnitten mit Raclettekäse und Rohschinken

Emilie Ançay Galard, Restaurant Relais des Chasseurs, Chiboz (VS)
4 Personen ☆

8 Tranchen Walliser Raclettekäse (10 × 10 cm)
4 Tranchen Rohschinken
250 g Maisgriess (Bramata)
1 l Rindsbouillon
2 Eier
200 g Paniermehl

Maisgriess in der Rindsbouillon kochen. Auf ein feuchtes Holzbrett (oder eine Marmorfläche) giessen und erkalten lassen. 8 Scheiben von 15 cm Durchmesser ausstechen. In die Mitte jeder Scheibe eine Tranche Raclettekäse legen, darauf eine Tranche Rohschinken und die zweite Tranche Käse; die zweite Polentascheibe aufsetzen. 1 Std. zugedeckt in den Kühlschrank stellen. Eier verrühren, die Polentaschnitten durch die Eimasse ziehen und in Paniermehl wenden. In einer Bratpfanne schwimmend frittieren und im Ofen bei 180 ° 5 Min. fertig garen.
Mit einem Salat aus Walliser Tomaten servieren.

Ribelspitzen

Hanspeter Trachsel, Restaurant Schiff, Thal (SG)
4 Personen ☆

4 dl Milch
230 g Rheintaler Ribelmais
70 g Butter
Kräutersalz, Muskatnuss
20 g Hartkäse (z. B. Sbrinz)
1 Eigelb

1 dl Wasser, 1 dl Milch mit zwei Prisen Salz aufkochen. 150 g Ribelmais einrühren und 15 Min. zugedeckt quellen lassen. 50 g Butter schmelzen und den Ribel leicht knusprig rösten, bis er «ribelt».
In einer separaten Pfanne 3 dl Milch mit 20 g Butter, Kräutersalz und etwas Muskat aufkochen und 80 g Ribelmais gut durchkochen. Vom Feuer nehmen und geriebenen Käse und Eigelb dazumischen.
Beide Massen in warmem Zustand grob vermischen, sodass eine Marmorierung bleibt. Zu Spitzen formen (z. B. in Dreieckformen füllen), erkalten lassen und schneiden. Vor dem Servieren im Ofen bei niedriger Temperatur erwärmen.
Passt zu Saucenfleisch.

Törgge-Bramata

Alfred Herzog, Restaurant Schloss Weinstein, Marbach (SG)
4 Personen ☆

5 dl Bouillon
Muskatnuss
30 g Butter
150 g Rheintaler Ribelmais (Einkaufstipps S. 380)
30 g Sbrinz
1 dl Rahm
Olivenöl

Bouillon mit etwas Muskat und Butter aufkochen. Ribelmais dazugeben und gut verrühren. Während ca. 1 Std. bei kleiner Flamme kochen wie Polenta. Am Schluss geriebenen Sbrinz und Rahm einrühren. Auf ein Blech streichen und erkalten lassen, ausstechen und in Olivenöl goldbraun braten.
Eine schöne Beilage zu Wild.

Weil der ursprünglich aus Mexiko stammende Mais erst auf dem Umweg über den Vorderen Orient in die Schweiz gelangte, nannten ihn die Rheintaler Türkisches Korn, Türkenmehl oder Törgge. Daraus kultivierten sie eine eigene, nur im Rheintal und in Liechtenstein heimische Sorte, die im kulinarischen Erbe der Region eine zentrale Rolle spielt: Die Rheintaler Bauernfamilien bereiteten daraus Bramata, Ofenmus (Rezept S. 231) und vor allem auch Ribel, ihre traditionelle Frühstücksspeise (Rezept «Rheintaler Ribel» S. 231).

Amplius (Maisknödel)

Lorenza Caminada, Vrin (GR)
6 Personen ☆

200 g Maisgriess (Bramata)
2 dl Milchwasser
2 Eier
30 g Butter
400 g Halbweissmehl
1 TL Salz
100 g Korinthen

Maisgriess mit 2 dl heissem Wasser übergiessen und 30 Min. quellen lassen. 2 dl Milchwasser, Eier, flüssige Butter gut miteinander verrühren. Mehl mit dem Salz vermischen und mit dem gequollenen Mais vermengen. Die Eier-Butter-Milch beifügen und alles gut verrühren. Korinthen daruntermischen. Alles zu einem festen Teig verarbeiten; eventuell mit Mehl / Milch ausgleichen. Faustgrosse Knödel formen und diese 1–2 Std. in Salzwasser ziehen lassen.

Tipp: Statt im Salzwasser kann man Amplius auch in einer Gerstensuppe zusammen mit Kochspeck und Siedwürsten garen. Danach Amplius und Fleisch in Scheiben schneiden und mit vorgekochtem Sauerkraut anrichten. Reibkäse über die Amplius streuen, mit etwas heisser Butter oder auch mit Zuckerwasser beträufeln.

Rotmais-Türmchen mit Steinpilzen und Eierschwämmen

Silvio Galizzi, Ristorante Al Portone, Lugano (TI)
4 Personen ☆

20 g Butter
Salz, Pfeffer
250 g Polenta rossa (Einkaufstipps S. 380)
200 g Steinpilze
1 Zwiebel
1 Tomate, möglichst fleischige Sorte
200 g Eierschwämme
Olivenöl
1 Stängel Petersilie

7,5 dl Wasser mit Butter und etwas Salz zum Kochen bringen. Rote Polenta einrieseln und unter ständigem Rühren 1 Std. kochen. Die Polenta auf eine Tortenplatte streichen, mit Folie bedecken und für 2 Std. in den Kühlschrank stellen. Währenddessen Steinpilze säubern und in Scheiben schneiden. Zwiebel hacken. Tomate kurz ins kochende Wasser legen, kalt abschrecken, häuten und das schiere Tomatenfleisch in kleine Würfel schneiden. Eierschwämme fein schneiden.

Etwas Olivenöl in einer Teflonpfanne erhitzen und Zwiebeln leicht dünsten. Beide Pilze mitdünsten. Die Tomatenwürfel zu den Pilzen geben. Mit Salz und Pfeffer würzen. Alles leicht köcheln lassen und nach 5–7 Min. vom Feuer nehmen. 1 Stängel Petersilie grob hacken und darüber streuen. Von der Polenta Balken von 1–2 cm Dicke schneiden und in Olivenöl anbraten.

Die Balken auf dem Teller zu Türmchen aufrichten und mit der Pilz-Tomaten-Mischung auffüllen.

Kastanien

Kastanien nach Bergeller Art

Valeria Tognetti, Restaurant Piz Cam, Vicosoprano (GR)
4 Personen ☆

400 g Dörrkastanien
150 g geräuchter Speck
1,5 dl Rotwein
1 EL Butter

Dörrkastanien und Speck in einer Pfanne mit kaltem Wasser bedecken, salzen und so lange köcheln lassen, bis das Wasser aufgesaugt ist. Mit spitzem Messer die braunen Häutchen der Kastanien entfernen. Die Kastanien wieder mit Wasser bedecken, Rotwein zugeben und etwa 1,5 Std. auf kleinem Feuer köcheln lassen. Nicht zu stark rühren. Mit Butter abschmecken.
Servieren mit Schlagrahm und grünem Salat.

Kastanien-Spezzatino mit Emmer

Nicola Rizzo, Restaurant Il Guardiano del Farro, Cadenazzo (TI)
4 Personen ☆

300 g Emmer (siehe Glossar)
Salz, Pfeffer
1 grosse Zwiebel
1 Karotte
1 Stange Sellerie
1 Knoblauchzehe
1 Rosmarinzweig
1 EL Butter
2 EL Olivenöl
240 g Kastanien, vorgekocht oder aufgetaut
1 dl Weisswein
1 dl Gemüsebouillon
2 dl Rotwein (Merlot)
1 EL Kakaopulver
1 TL Kastanienhonig

Emmer in 4 dl Wasser zugedeckt 20 Min. köcheln und 10 Min. nachquellen lassen. Salzen und Pfeffern und nach Belieben mit Butter verfeinern.
Zwiebel, Karotte, Stangensellerie fein würfeln, Knoblauch und Rosmarinnadeln hacken und alles in Butter und Olivenöl anbraten. Kastanien beigeben, umrühren und 2 Min. mitdünsten. Mit Weisswein ablöschen und verdunsten lassen. Gemüsebouillon, Rotwein, Kakaopulver und Kastanienhonig dazugeben. Köcheln, bis die Kastanien al dente sind und die Sauce etwas eingekocht ist. Mit Salz und Pfeffer abschmecken und zusammen mit Emmer servieren.

Gnocchi, Knöpfli

Brennnessel-Gnocchi

Luca Brughelli, Ristorante Froda, Gerra-Verzasca (TI)

4 Personen ☆

150 g junge Brennnesselspitzen
500 g Bintje-Kartoffeln
150 g Weissmehl
1 Ei
1 EL geriebener Parmesan
1 EL Olivenöl
Salz, Pfeffer, Muskatnuss
50 g Butter

Tomatensauce

4 Tomaten
1 EL Olivenöl
Salz, Pfeffer, Zucker

Brennnesselspitzen gründlich waschen, in kochendem Wasser 2–3 Min. blanchieren, kalt abschrecken und gut ausdrücken. Davon zwei Drittel mit dem Wiegemesser sehr fein wiegen. Kartoffeln mit der Schale kochen. Heiss schälen und mit dem Passevite pürieren. Brennnesselhack, Mehl, Ei, Parmesan und Olivenöl zum Kartoffelpüree geben und mischen. Mit Salz, Pfeffer und Muskatnuss würzen. Aus der Masse fingerdicke Rollen herstellen und diese in 2 cm lange Stücke schneiden.

Tomatensauce: Den Stielansatz aus den Tomaten schneiden, die Tomaten oben über Kreuz einritzen, in kochendes Wasser tauchen, bis sich die Haut löst. Kalt abschrecken, häuten, halbieren und entkernen. In kleine Würfel schneiden. Olivenöl erhitzen und die Tomatenwürfel zusammen mit Salz, Pfeffer und einer Prise Zucker 2 Min. köcheln lassen. Beiseite stellen.

Frittierte Brennnesseln: Die restlichen, gut abgetrockneten Brennnesselspitzen für 10 Sek. ins 200 ° heisse Frittieröl geben, auf Küchenkrepp abtropfen lassen und salzen.

Die Gnocchi in reichlich Salzwassser 3–4 Min. ziehen lassen, bis sie an die Oberfläche steigen. Butter erwärmen. Gnocchi abschütten und in der Butter schwenken. Mit Tomatensauce und frittierten Brennnesselspitzen garniert servieren.

Brennnessel-Gnocchi und Gemüse-Salsiccia-Ragout

Claudio Croci-Torti, Ristorante Montalbano, San Pietro di Stabio (TI)

4 Personen ☆

150 g Brennnesselspitzen
500 g Kartoffeln
150 g Mehl
1 Eigelb

Ragout

je 1 gelbe, rote und grüne Peperoni
1 kleine Aubergine
2 kleine Zucchetti
2 Tomaten
1 kleine Zwiebel
2 Knoblauchzehen
10 Blätter Basilikum
300 g Salsiccia (Luganighetta)
Olivenöl

Brennnesselspitzen 1 Min. in Salzwasser blanchieren, sofort in Eiswasser abschrecken, auspressen und fein hacken. Kartoffeln in der Schale in Salzwasser kochen. Heiss schälen und mit dem Passevite pürieren. Mehl, Eigelb und gehackte Brennnesseln darunterziehen und zu einem homogenen Teig kneten. 2 cm dicke und 30 cm lange Rollen formen, mit reichlich Mehl bestäuben. Aus den Rollen 2 cm lange Gnocchi schneiden. In viel Salzwasser ziehen lassen, bis sie an die Oberfläche steigen. Mit einer Schaumkelle herausnehmen, gut abtropfen lassen und nach Belieben mit geriebenem Parmesan oder Pecorino bestreuen.

Gemüse-Salsiccia-Ragout: Peperoni, Aubergine, Zucchetti, Tomaten in kleine Würfel schneiden. Zwiebel, Knoblauchzehen und Basilikumblätter separat fein hacken. Salsiccia in Stücke von 1 cm schneiden. Olivenöl in einer Pfanne erhitzen, Hitze reduzieren und Zwiebel und Knoblauch leicht anbraten. Salsiccia-Stücke zugeben und 2–3 Min. mitbraten. Das Gemüse beigeben und falls nötig salzen und pfeffern. 15 Min. leise köcheln lassen. Pfanne vom Herd nehmen und geschnittenes Basilikum darübergeben.

Pizzocan «Pontirone»

Bice Rè, Grotto Morign, Pontirone (TI)
4 Personen ☆

1 Ei
Salz, Pfeffer, Muskatnuss
120 g Weissmehl
0,6 dl Milchwasser
700 g Kartoffeln
2 Zwiebeln
60 g Butter
80 g Alpkäse

Ei mit ¼ TL Salz, Pfeffer und etwas Muskat schlagen. Mehl, Milchwasser (⅓ Wasser, ⅔ Milch) und verquirltes Ei zu einem dickflüssigen Teig schlagen. 30 Min. quellen lassen. Kartoffeln in kleine Stücke schneiden und knapp weich kochen. Teelöffelweise den Teig zu den Kartoffeln ins Wasser geben. Gehackte Zwiebel in Butter braun rösten. Wenn die Gnocchi aufgestiegen sind, abschöpfen.
Anrichten und geriebenen Käse, geröstete Zwiebeln und braune Butter darübergeben.

Kastanien-Gnocchi

Anna und Andrea Biffi, Ristorante Ul Furmighin, Sagno (TI)
4 Personen ☆

250 g Kastanienmehl
250 g Vollkornmehl
1 EL Salz
4 Eier

Kastanienmehl, Vollkornmehl, Salz zusammen mit den Eiern und so viel lauwarmem Wasser verarbeiten, bis ein geschmeidiger und homogener Teig entsteht. Rollen von ca. 1 cm Durchmesser formen und in 2,5 cm lange Stücke schneiden. Die Gnocchi in kochendem Salzwasser so lange ziehen lassen, bis sie obenauf schwimmen. Abschöpfen und servieren.
Dazu passt Wildschweinragout (Rezept S. 194).

Spätzli vom Brett

Markus Mettler, Restaurant du Bœuf, Courgenay (JU)
4 Personen ☆

½ Lauch
400 g Spätzlimehl
3 dl Milch
4 Eier
Meersalz, Muskatnuss
40 g Butter

Lauch in Streifen schneiden, in Salzwasser blanchieren und warm stellen für die Garnitur.
Spätzlimehl in eine Teigschüssel geben und eine Vertiefung im Mehl machen. Milch, Eier, etwas Meersalz aus der Mühle und Muskat dazugeben. Alles zu einem geschmeidigen Teig rühren und den Teig klopfen, bis er Blasen wirft. 20 Min. quellen lassen. In einem hohen Kochtopf Salzwasser zum Sieden bringen. Den Spätzliteig mit einem Löffel (nicht zu viel aufs Mal) auf ein Schneidebrett geben und mit Hilfe eines Küchenmessers kleine regelmässige Ribeli in das leicht siedende Wasser geben. Nach jedem Ribeli das Messer kurz ins Kochwasser tauchen (der Teig klebt so weniger am Messer). Wenn die Spätzli obenauf schwimmen, sie auf eine feuerfeste Platte geben und im Ofen warm halten.
Vor dem Servieren geschmolzene Butter mit Lauchstreifen darübergeben.
Hinweis: Die Spätzli können auch im kalten Wasser abgekühlt, danach abgetropft und in Butter goldgelb gebraten werden.

Randenknöpfli

Carlo Rigamonti, Grotto Paudese, Paudo (TI)
4 Personen ☆

100 g gekochte Randen
250 g Mehl
2 Eier
1 dl Milch
Salz, Muskatnuss
30 g Butter

Randen pürieren. Mehl in eine Schüssel sieben. Eier schlagen, mit Milch verquirlen, mit Salz und Muskat würzen, zum Mehl fügen und schnell zu einer Teigmasse schlagen. Randenpüree dazugeben und gut mit einer Holzkelle daruntermischen. 20 Min. quellen lassen. Den Teig durch ein Knöpflisieb ins leicht siedende Salzwasser streichen. Wenn die Knöpfli obenauf schwimmen, abschöpfen und in kaltem Wasser abschrecken. In Butter leicht anbraten.

Knöpfli mit Sauerkäse

Siegfried Biedermann, Restaurant Löwen, Schellenberg (FL)
4 Personen

300 g Mehl
4 Eier
Salz, Pfeffer, Muskatnuss
½ EL Öl
100 g vollfetter Appenzeller Käse
150 g Sauerkäse (Einkaufstipps S. 380)
2 Zwiebeln

Mehl, Eier mit 1 dl frischem Wasser und je einer Prise Salz, Pfeffer, Muskat in eine Schüssel geben und einen Knöpfliteig herstellen. 10–20 Min. ruhen lassen. Salzwasser mit Öl (damit die Knöpfli nicht verkleben) aufkochen und den Teig durch den Knöpflihobel ins kochende Wasser treiben. Die Knöpfli gut aufwallen lassen, in eine Schüssel geben und mit geriebenem Appenzeller und Sauerkäse mischen. (Sollten die Knöpfli zu trocken sein, vor dem Käse etwas Brühwasser zugeben.) Zwiebelringe in Butter rösten und auf die Knöpfli geben.
Dazu Blattsalat, Kartoffelsalat oder Apfelmus servieren.

> Die Käseknöpfli mit Sauer- und Vollfettkäse gehören ins kulinarische Erbe Liechtensteins. Suurchäs wird aber auch in den Regionen Toggenburg und in Werdenberg hergestellt und ist ein Urkäse par excellence: Er wird ohne Lab hergestellt und reift fünf Monate, was ihn leicht säuerlich macht. Der Sauerkäse ist besonders fett-, salz- und kalorienarm und eignet sich auch für Salate.

Munder Safranknöpfli

Ewald Michlig, Restaurant Tenne, Reckingen-Gluringen (VS)
4 Personen ☆

200 g Weissmehl
50 g geriebenes Weissbrot
3 Eier
1 dl Mineralwasser mit Kohlensäure
60 g flüssige Butter
Salz, Pfeffer
1 Prise Safran (wenn möglich aus Mund)
Butter

Mehl und geriebenes Weissbrot in die Schüssel geben. Mit Eiern, Mineralwasser und flüssiger Butter gut vermengen. Salz, Pfeffer und 1 Prise Safran beigeben und die Masse zu einem geschmeidigen Teig schlagen, bis er Blasen wirft. 20 Min. quellen lassen. Durch das Knöpflisieb in leicht kochendes Salzwasser streichen. Wenn die Knöpfli aufgestiegen sind, herausheben. Knöpfli in Butter anbraten und bei Bedarf nachwürzen.
Passt gut zu Wildgerichten.

Teigwaren

Tagliolini mit Thunfischrogen

Rita Fuso, Osteria Malakoff, Ravecchia-Bellinzona (TI)

4 Personen ☆

500 g Tagliolini (oder Linguine)
100–130 g Bottarga
½ Bund Petersilie
2 EL Olivenöl
2 EL Rahm
Pfeffer

Tagliolini in Salzwasser al dente kochen. 70–100 g Bottarga und Petersilie sehr fein hacken und in heissem Olivenöl kurz wenden. Mit flüssigem Rahm verfeinern und mit Pfeffer abschmecken. Mit den Tagliolini mischen.

Mit der übrigen Bottarga, in feine Streifen geschnitten, garnieren.

Bottarga ist Rogen (Fischeier) von Thunfisch oder Meeräsche, der gesalzen, zu Blöcken gepresst und an der Sonne getrocknet wird. Die Spezialität kam aus dem Mittelmeerraum ins Tessin und ist in Fisch- oder Delikatessgeschäften zu kaufen oder zu bestellen.

Kastanien-Tagliatelle

Edo Martinelli, Agriturismo Monte Pioda, Quartino (TI)
4 Personen ☆

500 g Hartweizenmehl
130 g Kastanienmehl
1 Ei
Mehl

Hartweizen- und Kastanienmehl mischen. Ei mit zwei Prisen Salz schlagen und dazugeben. Mit so viel lauwarmem Wasser verarbeiten, dass ein fester geschmeidiger Teig entsteht. 30 Min. zugedeckt ruhen lassen. Den Teig mit dem Wallholz (oder mit der Pastamaschine, beginnend bei Position 1 bis 5) dünn auswallen. Teig mit Mehl bestäuben und in Streifen schneiden. Wieder mit Mehl bestäuben und in Salzwasser 5–10 Min. al dente kochen.
Dazu passt eine Pilz-Rahm-Sauce besonders gut.

Spaghetti «Fiorello»

Rosaria Quattrini, Osteria Bordei, Bordei (TI)
4 Personen ☆

500 g Spaghetti
1 EL Butter
1 Zwiebel
200 g Schinken- oder Kalbszungenwürfel
1 EL Senf
1 dl Weisswein
2 dl Rahm
Cayennepfeffer
Petersilie

Butter erhitzen, gehackte Zwiebel dünsten. Schinken- oder Kalbszungenwürfel kurz mitdünsten. Senf einrühren und mit Weisswein ablöschen. Rahm, Cayennepfeffer und zum Schluss gehackte Petersilie dazugeben. 5–6 Min. bei starker Hitze kochen lassen. Spaghetti in Salzwasser al dente kochen und mit der Sauce vermischen.

Lachsforellen-Ravioli mit Basilikumbutter

Erneste Krall, Restaurant Clairbief, Soubey (JU)
4 Personen ☆☆

Basilikumbutter
1 dl Weisswein
2 dl Rahm
⅔ Bund Basilikum
20–30 g Butter
Salz, Pfeffer
Lachsforellen-Ravioli
200 g Weissmehl
3 grosse Eier
⅓ Bund Basilikum
Olivenöl
200 g Forellenfilet
Salz, Pfeffer

Basilikumbutter: Weisswein mit Rahm auf die Hälfte reduzieren, fein geschnittenes Basilikum beifügen und vom Herd ziehen. Kalte Butterstückchen nach und nach einarbeiten, bis die gewünschte Bindung entsteht. Mit Salz und Pfeffer würzen.
Lachsforellen-Ravioli: Mehl in eine Teigschüssel sieben, 2 Eier beifügen und kneten, bis ein geschmeidiger fester Teig entsteht. 30 Min. ruhen lassen. Basilikum fein hacken und mit einigen Tropfen Olivenöl mischen. Forellenfilet horizontal in 3 mm dicke Scheiben, dann in Quadrate von 3 cm Kantenlänge schneiden. Mit der Basilikum-Öl-Mischung bestreichen und mit Salz und Pfeffer würzen. Den Teig ausrollen und halbieren. Auf dem einen Teil die Fischstücke mit genügend Zwischenraum verteilen. 1 Ei verquirlen und den Teig rund um die Fischstücke mit einem Pinsel bestreichen. Die andere Teigplatte leicht bemehlen und darüberlegen. Zwischen den Fischstücken den Teig anpressen. Die Ravioli ausschneiden und in kochendes Salzwasser geben. Pfanne mit Deckel verschliessen und die Ravioli 5 Min. im heissen, nicht mehr kochenden Wasser ziehen lassen. Mit einer Schaumkelle aus dem Wasser ziehen. Abtropfen lassen und mit der Basilikumbutter servieren.

Blutwurst-Ravioli

Benno Merz, ehemals Restaurant Höfli, Pratteln (BL)
4 Personen ☆☆

500 g Mehl
4 Eier
3 Eigelb
2 EL Olivenöl
Füllung
2 Blutwürste à 180 g
50 g Mascarpone
50 g Apfelmus
Cayennepfeffer
1 Msp. gemahlener Kreuzkümmel
½ TL Lebkuchengewürz
Salz, Pfeffer
evtl. Paniermehl
Beilage
8–10 Blätter Wirz
1 Zwiebel
50 g Speck
1 EL Butter

Mit dem Mehl einen Kranz bilden und 3 Eier, Eigelb, 0,5 dl Wasser und Olivenöl in die Mitte geben. Das Mehl langsam einarbeiten und einen festen Teig kneten. (Kann auch im Rührwerk geknetet werden, am Schluss aber von Hand noch etwas durchkneten.)
Füllung: Blutwürste enthäuten, in einer Pfanne verrühren und erwärmen. Mascarpone, Apfelmus, Cayennepfeffer, Kreuzkümmel und Lebkuchengewürz zugeben und mit Salz und Pfeffer abschmecken. Masse erkalten lassen. Sollte sie danach zu dünn sein, kann sie mit etwas Paniermehl gedickt werden.
Herstellung: Einen Drittel des Teigs mit der Nudelmaschine zu einer Bahn ausrollen. Die Bahn halbieren. Füllung mit dem Spritzsack im Abstand von ca. 5 cm auf den Teig verteilen (nussgrosse Nocken formen). Die zweite Bahn mit Ei bestreichen und auf die erste Bahn legen. Mit den Händen die Luftbläschen wegdrücken. Mit dem Teigrädchen Ravioli schneiden. Mit dem restlichen Teig und der Füllmasse gleich verfahren. Die fertigen Ravioli auf bemehltem Blech kühl stellen.
Beilage: Wirzblätter in Streifen schneiden, kurz blanchieren, abschrecken und auspressen. Zwiebel hacken und mit feinst geschnittenen Speckwürfeln in Butter anziehen lassen. Wirz dazugeben, mitdünsten und leicht würzen.
Die Ravioli 1–2 Min. im siedenden Salzwasser garen und mit dem Wirz-Speck-Gemüse anrichten.

Pennette mit Zucchini-Safran-Sugo

Pia Cafiero-Ullmann, Restaurant Al Cacciatore, Soazza (GR)
4 Personen ☆

350 g Pennette (oder Penne)
2 grosse Zucchini
1 Zwiebel
1–2 EL Olivenöl
Salz, Pfeffer
0,5 dl Weisswein
1,5 dl Rahm
1 Briefchen Safran
Petersilie

Zucchini in Ringe schneiden. Zwiebel hacken und in Olivenöl andünsten. Zucchini dazugeben und einige Minuten mitdünsten. Mit Salz und Pfeffer würzen und mit Weisswein ablöschen, Wein einkochen lassen. Rahm und Safran dazugeben und auf kleinem Feuer köcheln lassen, bis die Zucchini noch leicht Biss haben. Mit Petersilie bestreuen.
Pennette in reichlich Salzwasser al dente kochen und mit dem Sugo mischen.

Cannelloni mit Alpensérac (Ziger)

Thierry Verdonck, Hôtel Bella Tola, Saint-Luc (VS)
4 Personen ☆☆

4 Lasagneblätter
2 Zucchini
400 g Alpen-Sérac (Ziger; alternativ Ricotta, Frischkäse)
Lauchspitzen
2–3 Schalotten
Olivenöl
Salz, Pfeffer, Muskatnuss
essbare Blumen

Lasagneblätter in Salzwasser al dente kochen. Zucchini der Länge nach in Tranchen (2 mm) schneiden. Ein paar grüne Lauchspitzen und die Schalotten ganz fein würfeln.
Alpen-Sérac mit Lauch und Schalotten mischen; einige Tropfen Olivenöl, etwas Salz, Pfeffer und wenig Muskat hinzufügen. Die Zucchinitranchen auf einer Frischhaltefolie dicht nebeneinanderlegen und leicht salzen. Darauf werden die Lasagneblätter gelegt, dann folgt die Sérac-Lauchspitzen-Füllung. Sorgfältig zusammenrollen und die beiden Seiten für den Kochvorgang verschliessen. Die Cannelloni in ein Aluminiumpapier einwickeln. Dann im Dampf oder in siedendem Wasser ca. 10 Min. garen.
Auf heissen Tellern anrichten und nach Belieben mit essbaren Blumen dekorieren.

Gemüse-Lasagne

Rita Fuso, Osteria Malakoff, Ravecchia-Bellinzona (TI)

4 Personen ☆☆

Teig

500 g Weissmehl
10 g Salz
4 Eier
1½ EL Olivenöl

Gemüsefüllung

300 g frischer Blattspinat
1 kleine Schalotte
2 EL Butter
300 g Karotten
2 Salbeiblätter
300 g Zucchini

Tomatensauce

400 g frische Tomaten
50 g Olivenöl
½ TL Salz
10 Blätter Basilikum

Béchamel

25 g Butter
30 g Weissmehl
5 dl Milch
1 Eigelb
Salz
Muskatnuss
80 g Parmesan

Teig: Mehl mit Salz mischen und auf ein Brett sieben. In die Mitte eine Vertiefung drücken. Eier mit dem Schwingbesen leicht aufschlagen und zusammen mit Olivenöl mit dem Mehl mischen (Tipp: Küchenmaschine verwenden). Alles zu einem glatten Teig verarbeiten und wenn nötig einige Tropfen Wasser beifügen. Den Teig mit Klarsichtfolie zugedeckt 1 Std. ruhen lassen. Den fertigen Teig mit einer Nudelmaschine zu Lasagneblättern verarbeiten.

Gemüsefüllung (für eine rechteckige Lasagneform): Karotten schälen und in dünne Scheiben schneiden, Zucchini in dünne Scheiben hobeln.

Blattspinat, Karotten- und Zucchini-Scheiben separat in wenig Salzwasser kurz blanchieren, abtropfen lassen. Leicht ausgepressten Spinat zusammen mit gehackter Schalotte in heisser Butter schwenken. Karottenscheiben in heisser Butter mit fein geschnittenen Salbeiblättern kurz dünsten. Zucchinischeiben kurz in heissem Olivenöl schwenken. Alle Gemüse mit Salz würzen.

Tomatensauce: Tomaten häuten, in Würfel schneiden, in Olivenöl mit etwas Salz kurz aufkochen und mit gehackten Basilikumblättern würzen.

Béchamel: Butter und Mehl zusammen in einer Pfanne mit dem Schwingbesen verrühren. Mit heisser Milch auffüllen und glatt rühren; kurz unter Rühren aufkochen, bis die Sauce bindet. Vom Feuer nehmen und Eigelb darunterrühren. Mit Salz und Muskat würzen.

Lasagne: Die Teigblätter 2 Min. kochen. Blätter in die Form legen, blanchierte Gemüse daraufschichten, mit Béchamel decken, Nudelblätter auflegen – und so fort, bis alles aufgebraucht ist. Die Lasagne mit der Tomatensauce bedecken und mit geriebenem Parmesan bestreut bei 220 ° ca. 20 Min. überbacken.

Kastanien-Lasagne mit Krautstiel und Kartoffeln

Ermanno Crosetti, Ristorante Alla Stazione, Lavorgo (TI)
6 Personen ☆☆

Teig
120 g Kastanienmehl
480 g Weissmehl
20 g Salz
5 Eier
5 EL Olivenöl
Béchamel
50 g Butter
40 g Mehl
6 dl Milch
Salz, Pfeffer, Muskatnuss
2 dl Rahm
Füllung
6 Bintje-Kartoffeln
300 g Krautstielblätter (oder Spinat)
200 g halbfetter Tessiner Formagella
3 EL Parmesan

Teig: Kastanien- mit Weissmehl und Salz mischen. Eier mit Olivenöl verrühren. Alles in einer Küchenmaschine zu einem geschmeidigen Teig verarbeiten. Zugedeckt mit Folie 30–60 Min. ruhen lassen. Den Nudelteig mit einer Nudelmaschine zu Lasagneblättern verarbeiten und diese in Salzwasser während ca. 2 Min. kochen.

Béchamel: Butter erwärmen, Mehl dazugeben und verrühren, mit Milch ablöschen und unter Rühren 15 Min. kochen. Salzen und pfeffern, Rahm dazugeben und mit Muskat abschmecken. Nochmals 5 Min. leise köcheln lassen.

Füllung: Kartoffeln kochen und in Scheiben schneiden. Krautstielblätter blanchieren. Formagella in Würfel schneiden.

Lasagne: Lasagneblätter in einer geölten Gratinform auslegen, mit Kartoffelscheiben, diese mit Krautstiel belegen – und so fort, bis alles aufgebraucht ist. Die Lasagne mit der Rahm-Béchamel, Formagella und geriebenem Parmesan abschliessen und im Ofen bei 200° überbacken, bis der Käse verläuft und eine braune Kruste bildet (ca. 20 Min.).

Buchweizen-Crêpes mit Ziegenfrischkäse, Flusskrebs und Birne

Rita Fuso, Osteria Malakoff, Ravecchia-Bellinzona (TI)

4 Personen ☆☆

Crêpes

150 g Weissmehl
100 g Buchweizenmehl
½ TL Salz
6 Eier
5 dl Milch
50 g flüssige Butter

Füllung

2 Tessiner Formaggini
150 g Flusskrebsfleisch
2 Birnen
1–2 EL Butter
1 EL Schnittlauchröllchen
1 Lauch

Crêpes: Weiss- und Buchweizenmehl und Salz mischen. Eier mit Milch und flüssiger Butter verrühren und mit dem Mehl zu einem glatten Teig rühren. 30 Min. quellen lassen. In einer Crêpepfanne mit wenig Butter dünne Crêpes ausbacken.

Füllung: Formaggini mit der Gabel zerdrücken, mit 150 g Flusskrebsfleisch, blanchiert und gewürfelt, mischen. Birnen schälen und in feine Scheibchen schneiden und in Butter kurz dünsten. Zum Frischkäse geben und alles mit Schnittlauchröllchen abschmecken. Füllung auf die Crêpes verteilen und diese mit einem blanchierten Lauchstreifen zu Beutelchen zusammenbinden. Die Crêpe-Beutel im Ofen bei 180 ° ca. 10 Min. erwärmen.

GEMÜSE UND KARTOFFEL

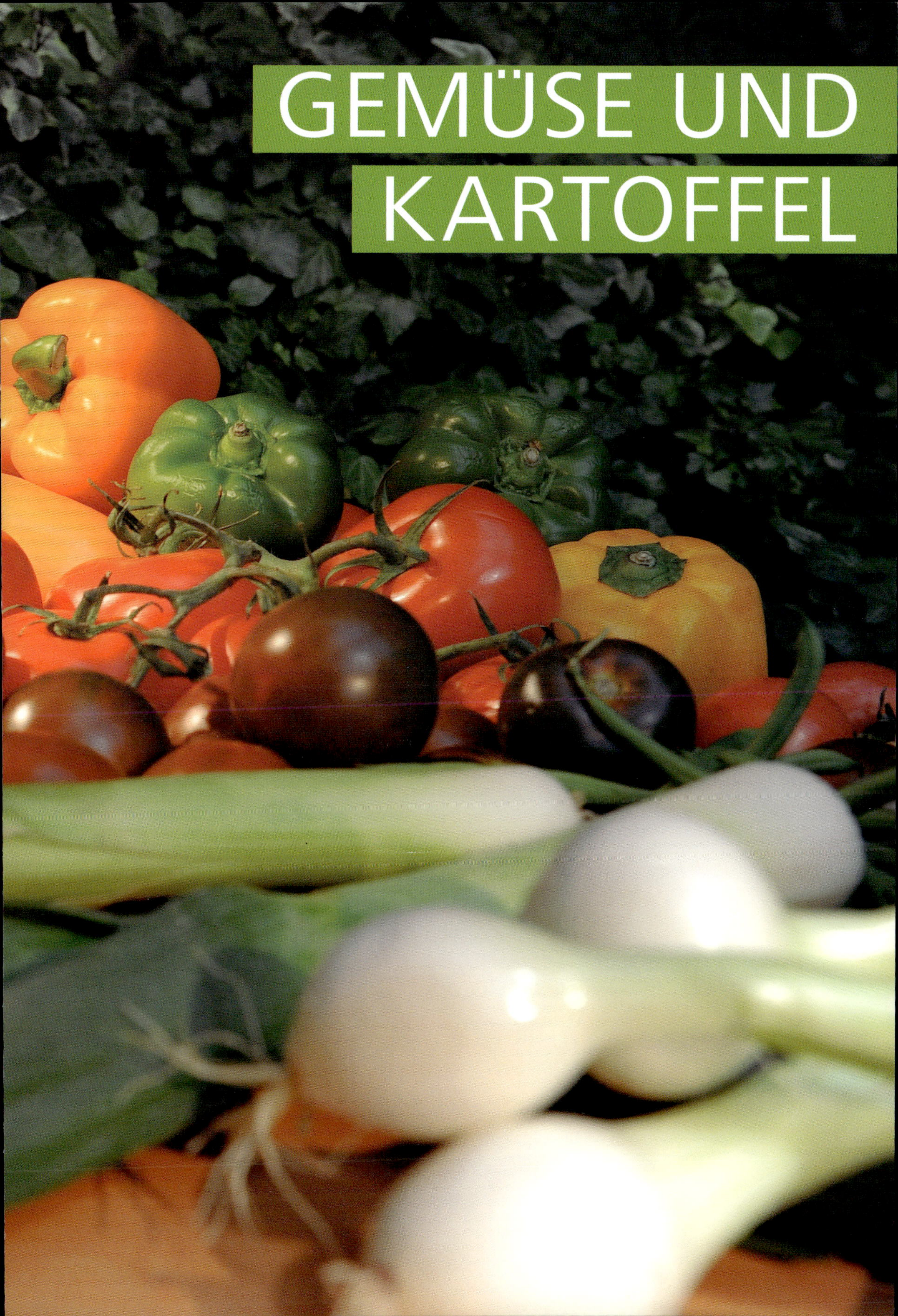

Zurück zu den Wurzeln

Topinambur: Das knorrige, archaisch anmutende Gewächs ist nicht nur gesund, es schmeckt auch vorzüglich. Die «Sonnenblumenknolle» wurde ursprünglich von den Indianern in Südamerika kultiviert und kam im 15. Jahrhundert nach Europa.

Wer Freilandgemüse liebt, wird in unserem Land bestens versorgt. Von Lattich, Spinat und Spargel im Frühling über sommerliche Zucchini und Tomaten, herbstlichen Wirz und Rotkohl bis hin zu Randen oder Rosenkohl im Winter ist die Palette an saisonalen Frischgemüsen gross. Zunehmender Beliebtheit erfreuen sich die fast vergessenen Gemüse; Ghislain Pissenem aus dem Jura hat einen ganzen Topf für die «Urchuchi» rezeptiert – mit Knollenkerbel, Pastinake, Topinambur, Schwarzwurzel und weiteren raren Knollen (Rezept S. 264). Sie bringen nicht nur neue Geschmacksnoten auf den Teller, sondern sind auch reich an wertvollen Inhaltsstoffen.

Ein Fossil aus Urzeiten ist die Pastinake, die wie ein zu dick geratener Rettich aussieht und schon bei den Pfahlbauern auf dem Speiseplan stand. Heute wird die Pastinake – fein geschnitten und in etwas Öl gebraten – wie Rösti zubereitet. Auch für eine süsslich-nussige Gemüsebeilage oder für ein Püree kann sie verwendet werden. Nicht minder beliebt sind die «Topis», wie manche die Topinambur-Knollen liebevoll nennen. Sie eignen sich für Püree und als Gemüsebeilage oder können – gewaschen und geputzt – wie Äpfel aus der Hand gegessen werden.

Ein in der Deutschschweiz noch wenig bekannter Althergebrachter ist der Genfer Cardon: Die gebleichten Stengel (nur sie werden in der Küche verwendet) schmecken wie Artischocken und sind, kurz in Butter angezogen, eine Delikatesse. Ein exklusives Rezept mit dem Distelgewächs hat der Genfer Spitzenkoch Gérard Le Bouhec für die «Urchuchi» rezeptiert: Karden mit Rindermark (S. 261).

Cardonfeld im Genfer Mandement

Wie Le Bouhec haben sich in den letzten Jahren viele Gourmetköche mit den Schweizer Gemüse- und Kartoffelklassikern befasst, angefangen bei der Bündner Ofenrösti (Plain in pigna) bis zur Walliser Cholera. Einige konnten so gar vor dem Aussterben gerettet werden, wie die Scmieza, ein bäuerlicher Restenkuchen, den ich im Misox entdeckte: Nur eine einzige Bauersfrau wusste noch, wie man sie zubereitet (Rezept S. 265). Natürlich fehlen in unserer Rezeptsammlung auch die «Unverbesserlichen» nicht, wie Rösti, Kartoffelstock oder gefüllte Peperoni, die bei manchen Kindheitserinnerungen wachrufen.

Bereits dieser kurze Überblick zeigt, wie vielfältig das kulinarische Erbe bei den Gemüse- und Kartoffelgerichten ist. Nimmt man noch die lokalen Sorten innerhalb einer Gemüsefamilie dazu, eröffnet sich ein Geschmacksuniversum, das speziell auch die Ve-

Alte Tomatensorten

getarier freuen dürfte. Bei den Tomaten gibt es Dutzende von lokalen Sorten, die wirklich noch nach Tomate schmecken, etwa die Berner Rose oder die Baselbieter Röteli. Ebenso bei den Kartoffeln, von den Lötschentaler Weissen und Roten über die Ratte (eine längliche Kartoffelsorte) bis zur Parli, einer typischen Schweizer Bergkartoffel. Es sind solche Alte, die Frische in die Küche bringen

Teufelsfrucht

Die Kartoffel kam Ende des 15. Jahrhunderts mit Kolumbus nach Europa und galt zunächst nur als Zierpflanze, in der Küche sogar als «Teufelsfrucht». Erst als um 1770 in der Schweiz eine grosse Hungersnot ausbrach, begannen die Bauern aus der Not heraus, Kartoffeln anzupflanzen. Gegessen wurden die Kartoffeln als Gschwellti, mit Salz und Kümmel. Was übrig blieb, wurde anderntags in Schweineschmalz gebraten. So entstand die Rösti, die heute – Röstigraben hin oder her – auch in der Romandie zubereitet wird. Ausführlich dargestellt ist die Rösti-Geschichte im Band «Urchuchi. Deutschschweiz und Graubünden».

Biodiversität – im Garten und auf dem Teller

Wie viele Gemüsesorten brauchen wir? So viele wie möglich, ist Pro Specie Rara überzeugt, denn nur so können wir die genetische Vielfalt unserer Nutzpflanzen und eine breite Genusspalette auf unserem Teller sicherstellen. 1985 begann die Stiftung, altes Saatgut zu sammeln. Am Hauptsitz in Aarau sind in Hunderten von Schubladen die Samen von Raritäten gelagert: «Schabzigerklee», «Glatter Genfer», «Haferwurzel» oder «Vriner» steht auf den Etiketten. Viele Sorten wie die Küttiger Karotten oder die Berner Butter (eine Stangenbohne) sind autochthon, das heisst, sie werden nur in einer bestimmten Herkunftsregion kultiviert.

Doch nur sammeln genügt Pro Specie Rara nicht. Einige Hundert Bauern, Profi- und Hobbygärtner bauen Ererbtes und Bewahrtes auch an. Peter Ochsner ist einer von ihnen. In seinem Garten in Heiden kultiviert er über fünfzig alte Sorten, darunter Löffelkraut, Guter Heinrich und Etagenzwiebeln aus dem Onsernonetal. Ungleich grösser ist der Schaugarten auf Schloss Wildegg, in dem fast das ganze Spektrum an alten Schweizer Sorten bewundert werden kann – von den Acht-Wochen-Nüdeli bis zur Zuckerwurzel. Viele sind heute auch in Bioläden und bei Grossverteilern erhältlich und haben so wieder in die Küche zurückgefunden. Für weiterführende Informationen zu den Pro-Specie-Rara-Sorten und Schaugärten: www.prospecierara.ch

Garten Schloss Wildegg (AG)

Cholera (Allerlei-Wähe)

Klaus Leuenberger, Restaurant Sankt Georg, Ernen (VS)
Für ein Kuchenblech Ø 28 cm

500 g Kuchenteig
3 Kartoffeln
200 g Alpkäse
1 Lauch oder 2 Zwiebeln
20 g Butter
1 Apfel (gross) oder Birne
Majoran, getrocknet
Muskatnuss, Kümmel

Kartoffeln in der Schale weich kochen, schälen und in dünne Scheiben schneiden. Lauch oder Zwiebeln fein schneiden, in 30 g Butter weich dünsten, mit Salz und Pfeffer würzen. Apfel oder Birne entkernen, in sehr dünne Scheiben schneiden, mit Majoran, Muskat und Kümmel würzen. Alpkäse reiben.
Aus dem Kuchenteig einen Boden und einen Deckel von 2–3 mm Dicke auswallen. Ein tiefes, bebuttertes Kuchenblech auslegen, den Boden einstechen. Die Hälfte des geriebenen Alpkäses darauf verteilen. Lauch oder Zwiebeln daraufgeben. Übrigen Alpkäse darüberstreuen. Apfel- oder Birnenschnitze als letzte Schicht einfüllen. Mit dem Teigdeckel schliessen und in der Mitte einen kleinen Dampfabzug ausschneiden. Im 180 ° heissen Ofen 1 Std. backen.

Rösti in Schweineschmalz

Heidi Dätwiler, Restaurant Weinstube zum Sternen, Elfingen (AG)
Pro Person ☆

3 grosse Kartoffeln
2 EL Schweineschmalz
Salz

Rohe Kartoffeln raffeln. In der Gusspfanne Schweineschmalz erhitzen, die geraffelten Kartoffeln dazugeben, und salzen. Von Zeit zu Zeit umrühren. Nach 15–20 Min. zu einem Röstikuchen formen und auf beiden Seiten goldgelb braten.

Gnücch in pigna (Kartoffel-Käse-Gratin)

Altes Bauernrezept aus dem Bleniotal (TI)
4 Personen ☆

1 kg Kartoffeln
1 Ei
4–6 EL Milch
60 g Butter
Salz, Pfeffer, Muskat
150 g Schmelzkäse (z. B. Formagella)

Kartoffeln mit der Schale gar kochen, warm schälen und mit einer Kartoffelpresse pürieren. Ei, Milch und 40 g flüssige Butter dem Kartoffelpüree beifügen und mischen. Mit Salz, Pfeffer und wenig Muskat würzen. Schmelzkäse in dünne Scheiben schneiden. In eine gebutterte Gratinform abwechslungsweise Lagen einfüllen, mit Püree beginnen, mit Käse abschliessen. 20 g Butter in Flocken darübergeben und im Ofen bei 180 ° 25–30 Min. goldbraun bis knusprig braun backen.

Karden an Pinot noir mit Mark

Gérard Le Bouhec, Restaurant Les Curiades, Lully-Bernex (GE)

4 Personen ☆

300 g Karden
1 EL Mehl
4 Markknochen
5 dl Rotwein (Pinot noir)
1 Thymianzweig
1 Lorbeerblatt
2 Gewürznelken
1 EL Kalbsfond
Salz, Pfeffer
40 g Butter

Karden waschen (wenn eingemachte Karden verwendet werden, diese gut abtropfen lassen), in grosse Stücke schneiden und in Salzwasser mit Mehl ca. 20 Min. kochen, bis sie weich sind. Markknochen kalt waschen und während 15 Min. in Salzwasser blanchieren. Auf die Seite stellen.

In einem Pfännchen Rotwein mit Thymianzweig, Lorbeerblatt und Gewürznelken kochen und um drei Viertel reduzieren. Kalbsfond beifügen. Mit Salz und Pfeffer abschmecken. Das Mark aus den Knochen herauslösen und in die Pinot-noir-Sauce geben. Butter in einer Bratpfanne erhitzen und die gut abgetropften Karden darin schwenken. Die Sauce mit dem Mark dazugeben. Nach Bedarf nochmals abschmecken.

Die Karde (frz. cardon), auch Spanische Artischocke genannt, ist eine distelartige Pflanze, die von den Hugenotten nach Genf gebracht wurde. Das mit dem Mangold verwandte Gemüse gilt heute als Nationalspeise der Genfer und wird jeweils am Stadtfest, an der Escalade, als Gratin serviert. Sie hat einen ganz eigenen, artischockenähnlichen und sehr feinen Geschmack. In Genf und Umgebung sind Cardons auf den Märkten ab November erhältlich. Man kann sie das ganze Jahr aber auch als Konserve kaufen (siehe Einkaufstipps S. 381).

Rys und Boor (Lauchrisotto)

Gret Sicher, Restaurant Gotthard, Gurtnellen (UR)
4 Personen ☆

400 g junger Lauch
400 g Risottoreis
100 g Butter
1 l Bouillon
2 grosse Zwiebeln
2 Knoblauchzehen
150 g Reibkäse

Lauchstangen in Rädchen von 1 cm schneiden. Reis in 50 g Butter glasig anschwitzen, Lauch dazugeben und mitdünsten. Mit wenig Bouillon ablöschen, dann Bouillon nachgiessen und bei schwacher Hitze und häufigem Rühren gar kochen (ca. 15 Min.). Wenn nötig Bouillon nachgiessen. Für die Zwiebelschwitze Zwiebeln in Streifen schneiden und mit gehackten Knoblauchzehen in 50 g Butter goldgelb werden lassen.
Den Lauchrisotto in tiefen Tellern anrichten, Käse darüberstreuen und die Zwiebelschwitze darüber verteilen.
Dazu passt ein Ragout, zum Beispiel von Ziegenfleisch.

Boor, Boohr oder Pohr? Die Schweizer Schreibweise für Lauch (abgeleitet vom deutschen Porree) variiert. Wir haben uns für die häufigste entschieden, die auch in einem alten Urner Kochbuch verwendet wird.

Gemüse

Gefüllte Peperoni

Antonio Mazzoleni, Grotto dell'Ortiga, Manno (TI)

4 Personen ☆☆

4 rote oder gelbe Peperoni
12 Kapern aus dem Salz
1 mittlere Aubergine
1 reife Tomate
4 grüne Oliven
3 Scheiben Brot
1 EL Butter
4 Stängel Petersilie
3–4 Knoblauchzehen
7 EL Olivenöl
Salz, Pfeffer
1 dl Bouillon

Kapern abspülen und 30 Min. wässern. Von den Peperoni den Deckel abschneiden, Samen entfernen. Peperoni und Deckel in den sehr heissen Ofen geben, bis sie fast schwarz sind. Unter einem Küchentuch etwas auskühlen lassen. Die noch lauwarmen Peperoni häuten. Aubergine schälen und in 7–8 mm grosse Würfel schneiden. Entkernte Tomate ebenfalls würfeln. Oliven fein hacken. Brotscheiben entrinden. Das Weiche von 2 Brotscheiben würfeln und in wenig Butter leicht rösten. Das Weiche von 1 Brotscheibe zusammen mit Petersilie und 1 Knoblauchzehe hacken.

In einer weiten Pfanne 3 EL Olivenöl erhitzen und 1–2 angequetschte Knoblauchzehe anbraten. Knoblauch herausnehmen und Auberginewürfel gut anbraten, salzen, pfeffern und in eine Schüssel geben. Die gehackten Oliven zusammen mit den abgetropften Kapern kurz anbraten und zu den Auberginen geben, ebenfalls Tomatenwürfel und geröstetes Brot. Gut mischen und mind. 1 Std. ruhen lassen, damit sich die Aromen verbinden.

Eine feuerfeste Form mit Knoblauch einreiben und 3–4 EL Olivenöl hineingeben. Die Peperoni mit der vorbereiteten Masse füllen, mit ihrem Deckel schliessen und liegend in die Form legen. Mit der Brot-Petersilie-Knoblauch-Masse bestreuen, Bouillon angiessen und für 15–20 Min. im 220 ° heissen Ofen überbacken.

Die Peperoni eignen sich als Hauptgericht oder als Beilage zu einem Thunfisch-Steak mit Thymian.

Vergessene Gemüse mit Jura-Trüffel

Ghislain Pissenem, Restaurant du Midi, Delémont (JU)
4 Personen ☆☆

1 Jura-Trüffel
2 dl roter Portwein
1 dl Geflügelfond
1 dl dunkler Kalbsjus
70 g Butter
600 g «vergessene» Gemüse (z. B. Knollenziest, Knollenkerbel, Topinambur, Rote Rübe, Pastinake, Schwarzwurzel)
2 EL Olivenöl
1 dl Gemüsefond

Gemüse schälen und in mundgerechte Stücke schneiden. Pastinake blanchieren. Schwarzwurzel dünsten. Die übrigen Gemüse im Pfännchen in heissem Olivenöl und 20 g Butter anziehen; mit Gemüsefond ablöschen und köcheln lassen. Zum Schluss Pastinake und Schwarzwurzel beifügen.
Jura-Trüffel schälen (Schalen für die Sauce aufbewahren) und in feine Scheiben schneiden. Für die Sauce Portwein auf die Hälfte reduzieren; Geflügelfond, Kalbsjus und Trüffelschalen beifügen. Bis zur gewünschten Konsistenz reduzieren. Nach und nach 50 g kalte Butterstückchen mit dem Schwingbesen in die Sauce einrühren und durchmixen.
Das Gemüse mit Jura-Trüffel garnieren. Die Sauce getrennt in der Saucière servieren.

Puls (Getreide-Gemüse-Eintopf)

Dieter Keist, Restaurant Zum Hirzen, Schinznach Dorf (AG)
4 Personen ☆

1 kleine Zwiebel
50 g Butter
250 g geschroteter Emmer
6 dl Gemüsebouillon
1 dl Riesling × Silvaner
250 g Gemüsewürfel (Sellerie, Karotte, Lauch)
1 dl Rahm
100 g Sbrinz

Zwiebel hacken und in Butter kurz andünsten. Emmer mitdünsten. Mit Riesling × Silvaner ablöschen, Bouillon dazugeben und 15 Min. köcheln. Sellerie, Karotte, Lauch, je klein gewürfelt, dazugeben und 10 Min. weitergaren. Mit Rahm und geriebenem Sbrinz verfeinern und bei Bedarf etwas Bouillon zugeben.

Emmer, wegen seinen zweiblütigen Ähren auch als Zweikorn bezeichnet, gehört zu den ältesten Kulturpflanzen der Menschheit. Bei den alten Römern wurde das eiweiss- und mineralstoffreiche Getreide, farro genannt, vor allem für Suppen und Breie verwendet und gelangte so auch in die Schweiz. Der Puls, ein breiähnlicher Eintopf mit Emmer und Gemüse, war eine häufige Speise in der Cucina povera vor allem im Tessin und in den Tälern Graubündens. Wie andere alte Getreide- und Gemüsesorten erlebt der Emmer heute wieder eine Renaissance.

Scmieza (Misoxer Gemüsekuchen)

Lucia Ferrari-Parolini, Soazza (GR)
4 Personen

4 EL Polentamehl
4 EL Weissmehl
4 Eier
2–3 Zucchini
200 g Spinat
50 g Butter
Salz, Pfeffer
250 g Käseresten (oder rezenter Alpkäse)

Polenta- und Weissmehl mischen, Eier und zwei Prisen Salz dazugeben und Teig glatt rühren. Zucchini mit der Röstiraffel reiben. Spinat fein schneiden. Beide Gemüse in Butter kurz dünsten. Mit dem Teig gut mischen. Mit geriebenen Käseresten mischen. Abschmecken. Masse in eine feuerfeste gebutterte Form geben und bei 180 ° ca. 45 Min. backen. Nadelprobe.

Varianten: Angebratene Speckwürfelchen in die Scmieza geben; andere Gemüse verwenden, zum Beispiel Lauch und Wirz.

Tarte saviésanne

(Lauch-Kartoffel-Käse-Kuchen)

Lukas Imseng, Bäckerei Imseng, Saas-Fee (VS)
Für eine Springform Ø 26 cm

600 g Lauch
2 EL Mehl
20 g Butter
1 dl Gemüsebouillon
1,5 dl Weisswein (Fendant)
0,4 dl Rahm
1 Ei
Salz, Pfeffer, Muskat
500 g Blätterteig
300 g Kartoffeln
100 g Magerspecktranchen
250 g Raclettekäse
1 Eigelb

Lauch in 3 cm lange Stücke schneiden, in Salzwasser blanchieren und abtropfen lassen. Mehl in Butter kurz andünsten, mit Bouillon ablöschen, mit Weisswein aufgiessen und 3 Min. köcheln lassen. Rahm dazugeben, mit Pfeffer, Salz und einer Prise Muskat abschmecken. Sauce erkalten lassen.
Springform kalt abspülen, ausbuttern und mit zwei Drittel des Blätterteigs belegen. Einen Rand von 3 cm hochziehen. Boden mit einer Gabel einstechen. Kartoffeln schälen und in sehr dünne Scheiben hobeln. Den Kuchenboden damit belegen und die Sauce darübergiessen. Lauch darauf verteilen. Magerspeck in Streifen schneiden, kurz anbraten und auf dem Kuchen verteilen. Raclettekäse in dünne Scheiben schneiden und darüberlegen. Den Teigrand über die Füllung ziehen. Restlichen Teig auswallen und als Deckel in der Grösse des Blechs über die Form legen und in der Mitte einen kleinen Dampfabzug ausschneiden. Eigelb verquirlen und den Kuchen damit bestreichen.
Kuchen im Ofen bei 180 ° ca. 1 Std. goldgelb backen; eventuell nach 40 Min. Folie auflegen, damit er nicht zu dunkel wird.

Roggen-Soufflé mit Ratatouille

Markus Ries, Restaurant Hohnegg, Saas-Fee (VS)
4 Personen ☆☆

150 g Thermo-Roggengrütze (oder 500 g gekochtes Roggenschrot)
50 g Butter
2 Eier
30 g Baumnüsse
1 dl Rahm
1,5 dl Sauerrahm
50 g Weizen- oder Dinkelvollkornmehl
Thymian, Curry
Sojasauce

Ratatouille

1 kleine Zucchini
1 rote oder gelbe Peperoni
1 kleine Zwiebel
2–3 Tomaten
1 Knoblauchzehe
Olivenöl
4 dl Tomatensauce (oder pürierte Pelati)
Kräuter

Roggengrütze mit 4 dl Wasser 5 Min. kochen, dann 20 Min. nachquellen lassen (oder gekochtes Roggenschrot verwenden). Weiche Butter schaumig rühren und 2 Eigelb zugeben. Das lauwarme Roggenthermo mit gehackten Baumnüssen, Rahm, Sauerrahm, Weizen- oder Dinkelvollkornmehl vermischen. Mit Thymian, Curry und etwas Sojasauce würzen. Zum Schluss Eiweiss mit etwas Meersalz steif schlagen und darunterziehen. Die Masse in gebutterte und gemehlte Förmchen abfüllen, diese in eine mit etwas Wasser gefüllte (ca. 1 cm) Form stellen und im Ofen bei 220 ° 20–25 Min. backen. Wenn das Soufflé fertig ist (es fühlt sich fest an, ist jedoch noch etwas saftig), aus dem Ofen nehmen und etwas ruhen lassen, so lässt es sich besser aus der Form stürzen.

Ratatouille: Zucchini, Peperoni, Zwiebel, Tomaten separat in Würfel oder Scheiben schneiden. Zwiebel zusammen mit gehobeltem Knoblauch in Olivenöl anbraten, Peperoni und Zucchini zugeben und anbraten, dann Tomaten und Tomatensauce (oder pürierte Pelati) zugeben und ca. 20 Min. köcheln lassen. Zum Schluss mit Meersalz und frischen Kräutern würzen.

Zum Anrichten das Ratatouille in die Mitte des Tellers geben und Roggen-Soufflé daraufsetzen; als Garnitur etwas gehackte Kräuter darüberstreuen.

Ratatouille mit Akazienhonig

Verena Mettler, Restaurant Sass da Grüm, San Nazzaro (TI)
4 Personen ☆

200 g Zwiebeln
500 g grüne Peperoni
300 g Zucchini
400 g Auberginen
½ Zitrone
400 g Tomaten
10 Rosmarinnadeln
6 EL Olivenöl
Tomatenmark von frischen Tomaten
Harissa (scharfe Peperonipaste)
1 EL Akazienhonig
Salz, Pfeffer

Zwiebeln schälen und in Ringe schneiden. Paprikaschoten halbieren, die Kerne und weissen Ränder entfernen, in Streifen schneiden. Zucchini in Scheiben schneiden. Auberginen in Stücke schneiden und mit dem Saft der halben Zitrone beträufeln. Tomaten schneiden. Rosmarinnadeln klein hacken.
4 EL Olivenöl erhitzen, Zwiebeln zufügen und glasig dünsten. Nochmals 2 EL Olivenöl und alle Gemüsezutaten beifügen und gut umrühren. So viel Wasser hinzufügen, dass der Pfannenboden bedeckt ist. Aufkochen und dann auf kleinem Feuer köcheln lassen. Etwas Tomatenmark von frischen Tomaten und Harissa dazugeben. Mit Akazienhonig süssen und mit Salz und Pfeffer abschmecken.
Geeignet zu Polenta oder Reis.

Gratinierter Kürbis

Jean-Yves Raemy, Restaurant Café Berra, Choëx (VS)
Für 1 Kürbis ☆

1 kleiner Patisson
40 g Butter
1 dl Rahm
2 Eigelb
50 g Parmesan

Vom Kürbis auf der Stielseite einen Deckel wegschneiden. Mit einem Löffel das Fruchtfleisch vorsichtig herauslösen. Den leeren Kürbis mit dem Deckel 25 Min. im Dampf garen. Kürbisfleisch mit 20 g Butter in einer kleinen Pfanne mit Deckel langsam schmelzen lassen. Sobald es weich ist, 0,5 dl Rahm und nochmals 20 g Butter dazugeben, würzen und gut mischen. Das leere Kürbistöpfchen mit dem Kürbisfleisch füllen. 0,5 dl Rahm, Eigelb und geriebenen Parmesan vermengen und über den Kürbis geben. Den Kürbis im Ofen bei 220 ° 15–20 Min gratinieren. Das Deckelchen aufsetzen und servieren.

Kartoffeln

Blaue St. Galler

Kartoffelpuffer

Ambros Notz, Restaurant Des Bains, Murten (FR)
4–5 Personen ☆

1 kg Kartoffeln
70 g Zwiebel
1 grosses Ei (oder 2 kleine)
50 g Weissmehl
Schweineschmalz

Kartoffeln waschen, rüsten und in feine Streifen hobeln. Zwiebeln fein hacken und mit Ei, Mehl und Salz mit den Kartoffeln gut mischen. Aus der Kartoffelmasse Küchlein formen und in Schweineschmalz braten.

Flouttes

Markus Mettler, Restaurant du Bœuf, Courgenay (JU)
4 Personen ☆

1 kg Kartoffeln
100 g Butter
2 Knoblauchzehen
1 EL Petersilie
1 EL Schnittlauch
1 TL Liebstöckel
Muskat, Meersalz
2 dl Rahm
Weissbrotbrösel

Kartoffeln schälen, in kleine Würfel schneiden und mit etwas Salz kochen. Gut abtropfen lassen. In einem Kochtopf 100 g Butter schmelzen, gehackte Knoblauchzehen, gehackte Petersilie, geschnittenen Schnittlauch und Liebstöckel dazugeben und andünsten. Kartoffelwürfelchen dazugeben. Alles gut zerstampfen und vermischen. Mit Muskat und etwas Meersalz aus der Mühle abschmecken. Mit zwei Esslöffeln oder einem Eisportionierer gleichmässige Quenelles (Knödel) formen und in eine gebutterte, feuerfeste Platte legen. Das Ganze mit Rahm (Menge nach Belieben) übergiessen. Weissbrotbrösel (von frischem Brot) darüberstreuen. Die Flouttes 20–30 Min. im 200 ° heissen Ofen golden gratinieren.

Rote Kartoffeln

Lorella Piotti, Restaurant La Montanara, Monte (TI)
4 Personen ☆

1 kg Kartoffeln
1 EL Olivenöl
1 EL Butter
0,5 dl Weisswein
1 dl Rindsbouillon
1 dl Tomatensauce

Kartoffeln schälen, grob schneiden, in Salzwasser knapp garen und ausdämpfen lassen. In Olivenöl und Butter anbraten, mit Weisswein ablöschen, Rindsbouillon und Tomatensauce dazugeben und kurz köcheln lassen.
Rote Kartoffeln werden im Muggiotal mit gebrühten Cotechini (scharfen Schweinswürsten) serviert.

Kartoffel-Spinat-Roulade

Lino Wasescha, Restaurant Frohsinn, Hedingen (ZH)
4 Personen ☆☆

400 g mehlige Kartoffeln
2 Eigelb
1 EL Quark
90 g Mehl
30 g Butter
Salz, Pfeffer, Muskatnuss
Füllung
1 Zwiebel
1 EL Butter
200 g Blattspinat
1 Ei
50 g Kräuter (Basilikum, Petersilie, Thymian, Rosmarin)
Butter

Kartoffeln kochen, schälen, passieren und mit Eigelb, Quark, Mehl und weicher Butter zu einer glatten Masse verarbeiten. Mit Salz, Pfeffer und Muskat würzen.

Füllung: Fein gehackte Zwiebel in Butter andünsten, dann gehackten Blattspinat mitdünsten. Etwas abkühlen lassen. Ei und fein gehackte Kräuter dazugeben und zu einer streichfähigen Masse verarbeiten.

Roulade: Den Kartoffelteig auf einer bemehlten Arbeitsfläche 5 mm dick auswallen und mit der Spinatfüllung 2–3 mm dick bestreichen. Die Kartoffelmasse aufrollen und darauf achten, dass sich keine Luftblasen bilden. Die Roulade fest in Alufolie einpacken und in leicht kochendem Salzwasser 30 Min. ziehen lassen. Auskühlen lassen, in Scheiben schneiden und in Butter leicht anbraten.

Tipp: Auf die Arbeitsfläche Klarsichtfolie auslegen, mehlen und die Kartoffelmasse darauf verarbeiten, danach mit der Folie aufrollen.

Taroz (Bohnen-Kartoffelstock)

Valeria Tognetti, Restaurant Piz Cam, Vicosoprano (GR)
4 Personen ☆

800 g Kartoffeln
250 g grüne Bohnen
1–2 dl Milch
300 g Bergkäse
1 Zwiebel
150 g Butter

Kartoffeln schälen, schneiden und in Salzwasser kochen. Bohnen rüsten, in Salzwasser blanchieren und grob schneiden. Bergkäse in Würfel schneiden.
Kartoffeln in einem Topf mit erhitzter Milch verrühren, bis ein Püree entsteht. Bergkäse unter die Bohnen mischen. Zwiebel fein hacken, in Butter hellgelb anschwitzen und mit dem Püree vermischen, bis alle Butter aufgesogen ist. Bohnen und Käse zum heissen Püree geben.

Plain in pigna mit Äpfeln (Ofenrösti)

Rudolf Wanninger, Restaurant Piz Umbrail, Sta. Maria Val Müstair (GR)
4 Personen ☆

750 g Kartoffeln
250 g Äpfel (Boskoop oder andere Kochäpfel)
2 EL Maisgriess (Bramata)
Salz, Pfeffer, Muskat
Milch
60 g Butter

Kartoffeln roh schälen, mit der Röstiraffel reiben. Äpfel dazuraffeln. Das Verhältnis Kartoffeln / Äpfel sollte ungefähr 3 zu 1 sein. Maisgriess mit den Kartoffeln und Äpfeln mischen und mit Salz, Pfeffer, Muskat würzen. Auf ein gebuttertes Backblech 3 cm hoch streichen und mit Milch angiessen. Die Milch sollte nicht mehr als zwei Drittel der Höhe ausmachen. Flüssige Butter darüberträufeln und im Ofen bei 200 ° ca. 40 Min. knusprig backen.

Plain in Pigna ist ein typisches Engadiner Bauerngericht, das früher im Holzofen auf der Glut zubereitet wurde – in jeder Familie ein wenig anders. Wer die Ofenrösti lieber mit Fleisch mag, kann anstelle der Äpfel klein gewürfelten Rohschinken, Salsiz, Landjäger oder geräucherten Speck (oder von allem etwas) zu den Kartoffeln mischen.

KÄSE- UND EIERGERICHTE

Alles Käse

Einen angeschnittenen Käselaib ans Feuer stellen, den geschmolzenen Käse auf einen Teller streifen: So einfach ist die Zubereitung eines Raclettes, das mit einigen Silberzwiebeln, Essiggurken und Gschwellti eine hervorragende und erst noch individuell portionierbare Mahlzeit abgibt. Wen wundert's, führt dieser Sennen-Klassiker zusammen mit dem Fondue die Schweizer Hitparade bei den Käsegerichten an: Das sind Meisterwerke des Fast Food aus den Urzeiten. Längst ist der Käse allerdings auch in vielen weiteren Rezepturen präsent, etwa in Form von Käseschnitten, Käsesoufflés oder als knusprige Käsekugeln und Kissen, die im heissen Öl ausgebacken werden. Dazu gehören allen voran die goldgelben Käse-«Bomben» namens Malakoff, die auf dem besten Weg sind, die Deutschschweizer Küchen zu erobern (Rezept S. 281). Genau das geschah auch beim Fondue: Gegessen wurde die «Käsesuppe» nämlich zunächst nur in der Romandie. Erst als die Käseunion in den Fünfzigerjahren beschloss, das Fondue in die Armeekochbücher aufzunehmen, kamen auch die Deutschschweizer auf den Geschmack. Stolz trugen die Soldaten das Rezept nach Hause. Noch heute ist die Fonduezubereitung in den meisten Familien Armee- beziehungsweise Männersache.

Eine der genialsten Erfindungen aller Zeiten

Milch. So weit, so gut. Doch wie kann man sie haltbar machen? Wie die Konsistenz verändern, damit man sie gut lagern, transportieren und ganzjährig geniessen kann? Das war die nicht eben einfache Aufgabe, die unsere Vorfahren vor einigen Tausend Jahren zu lösen hatten. Entstanden ist eine der genialsten kulinarischen Erfindungen aller Zeiten. Die wundersame Verwandlung von flüssiger Milch in Käse wurde im Laufe der Jahrhunderte verfeinert, doch im Prinzip läuft sie noch heute wie in den Urzeiten ab. Sehen kann man das in den Sommermonaten auf den Alpen, zum Beispiel auf der Alp Les Combarins im Pays-d'Enhaut. In einem grossen Kupferkessel erhitzt der Senn die Milch, lässt sie durch Zugabe von Lab gerinnen und füllt die Masse, sobald sie die richtige Konsistenz erreicht hat, in Formen ab. Dann kommt der Käselaib – es ist ein Etivaz – ins Lager, und ein weiteres Stück Alchemie beginnt: der Reifeprozess, der dem Käse zu seinem Geschmack und zur Rinde verhilft.

Natürlich ist die Käseherstellung komplizierter, als ich es hier beschrieben habe. Und vor allem ist sie bei jedem Käse anders, verbunden mit besonderen Gewürz- und Kräutersulzen wie beim Appenzeller. Das manifestiert sich im Käseland Schweiz in einer unglaublichen Vielfalt. Die Käsepalette umfasst Hunderte von Spezialitäten und reicht vom cremigen, fast flüssigen Vacherin Mont-d'Or bis zum «steinharten» Sbrinz, vom Tête de Moine, dem «Mönchskopf» aus dem Jura, der im Kloster Bellelay erfunden wurde und zu Rosetten geschabt auf den Tisch kommt, bis zum löchrigen Emmentaler – alles Originale mit einem eigenen, unverwechselbaren Charakter, die in der Küche heimisch geworden sind. Das gilt auch für den Zincarlin aus dem Valle di Muggio, der in den Felsenkellern am Fusse des Monte Generoso reift und im Kapitel «Vorspeisen» zeigt, welch raffinierte Gourmetfreuden daraus zubereitet werden können. Denn Käse ist nicht nur Hauptspeise, Käse ist auch bestens für Vorspeisen geeignet, ist fester Bestandteil des Sonntagsbrunchs und auch als Streukäse nicht mehr wegzudenken.

Wer hat das Fondue erfunden?

Nichts scheint die Schweizer im kulinarischen Bereich so sehr zu beschäftigen wie die Frage, wer das Fondue erfunden hat. Das ist nicht erstaunlich. Denn bei der Fondue-Debatte geht es um die Schweizer Nationalspeise! In der heissen, wie manche auch sagen: «stinkenden Käsesuppe» ist das, was die Schweiz ausmacht, offenbar am überzeugendsten enthalten: Käse und Wein verschmelzen zu einem grossen Ganzen, gemeinsam wird es aus einem Topf gegessen, bis man – nach einem Gläschen Kirsch – der Sache auf den Grund kommt und beim Croûton landet, bei der knusprigen Quintessenz. Begleitet von einem spritzigen Weisswein ist das nicht zuletzt auch ein feuchtfröhliches Essvergnügen, das sich lang hinziehen kann und Zeit zum Plaudern bietet. Es ist in der Tat schwierig, ein vergleichbares Gericht zu finden, das so viele Qualitäten und auch eine derartige Symbolkraft hat.

Nicht von ungefähr hat sich auch die katholische Kirche des Fondues angenommen. 1825, so ein Walliser Chronist, debattierten Kirchenvertreter im Val d'Anniviers darüber, ob das Fondue neben dem Raclette eine Berechtigung habe. Entscheidend waren zwei Fragen: In welche Richtung darf man mit dem Brotbrocken im Fondue rühren? Und entspricht es dem göttlichen Willen, verschiedene Käsesorten zu mischen, wie das die Freiburger beim Fondue moitié-moitié machen? Bei der ersten Frage entschied man sich für rechts, weil auch Gottes Uhrwerk – die Planetenbahnen – rechtsherum laufe. Akzeptiert wurde von den Kirchenvätern auch eine Acht, weil sie liegend das Zeichen für das Unendliche und Ewige ist. Bei der Frage «moitié-moitié» entschied man sich strikt gegen die Vermischung: Denn ein Käse, so die Kirchenvertreter, sei in sich perfekt und damit philosophisch betrachtet unteilbar, er müsse deshalb nicht noch mit einem anderen aufgepeppt werden.

Der theologische Fonduestreit, der auch den handfesten Hintergrund hatte, den Walliser Raclette-Absatz zu sichern, zeigte freilich keine Auswirkung. Das Fondue moitié-moitié wurde zur erfolgreichsten Käsespeise der Schweiz. Ob es allerdings die Schweizer waren, die das Fondue erfunden haben, ist nicht gesichert. Schliesslich bereiteten schon die alten Griechen so etwas wie Fondue zu, das Homer in der «Ilias» beschreibt: Mit einer Raffel rieben die griechischen Heroen Schafskäse und schmolzen ihn über dem offenen Feuer. Auch die bäuerliche Restenverwertungstheorie macht Sinn: Um alten Käse zu raffinieren, brachten ihn die Bauern zum Schmelzen, tunkten altes Brot in die Suppe – und fertig war das Fondue. Das ist so simpel, dass es überall und wahrscheinlich zeitgleich an verschiedenen Orten geschah. Auch in Savoyen, wie die Franzosen behaupten. Und in den Alpen des Piemont, wie die Italiener glauben. Sicher ist, dass das Fondue heute zur Schweiz gehört. Und sicher ist auch, dass eines der ersten Fonduerezepte aus der Schweiz stammt – verfasst von einer Zürcherin:

Käss mit Wein kochen

Von Anna Margaretha Gessnerin, Zürich 1699

Thu ein halb glässlin voll wein in ein blaten und die glutpfann und thu gschabnen oder zerribnen feissen alten käss darein. Lass ihn im wein kochen, biss er gantz zergangen und man den wein im kusten nit mehr gespürt. Aber du musst allzeit ein wenig glüht darunter lassen, sonst wird es bald wider hert.

Eierspeisen

Dass in diesem Kapitel auch Eierspeisen dabei sind, liegt an der inneren Verwandtschaft von Käse und Ei. Beide sind eiweiss- und fettreich. Und auch das Ei ermöglicht überaus vielfältige Zubereitungsarten – vom Spiegelei bis zur Eierrösti, von der Omelette bis zu den Knöpfli mit Sauerkäse. Bei vielen Gerichten spielen Eier als Bindemittel eine wichtige Rolle – bei Saucen und ganz ausgeprägt bei den Süssspeisen und Gebäcken.

Eierrösti mit Zopf

Christian Künzi, Restaurant Bären, Reichenbach (BE)
4 Personen ☆

500–600 g Butterzopf vom Vortag
50 g Butter
4 Eier
1 dl Milch
1 dl Rahm
Salz, Pfeffer

Butterzopf vom Vortag in 5 mm dicke und 5 cm grosse Stücke schneiden. In einer Bratpfanne auf kleinem Feuer in Butter beidseitig rösten, bis die Zopfstücke schön dunkelbraun sind. Mit einer Gabel Eier, Milch und Rahm verquirlen, mit Salz und Pfeffer würzen. Zum Zopf in die Pfanne geben und mischen, bis das Ganze leicht gebunden ist (ähnlich wie ein Rührei, noch leicht flüssig).
Zur Eierrösti passt Bauernschinken oder Salat.

Omelette jurassienne

Roger Kueny, Restaurant Victoria, Delémont (JU)
Pro Person ☆

30 g Butter
30 g Speck
½ kleine Zwiebel
3 Eier
Salz, Pfeffer
⅓ Bund Petersilie
1 Kartoffel
40 g Tête de Moine (Käsespezialität aus dem Jura)
½ Bund Schnittlauch
1 Cherrytomate

Kartoffel in der Schale kochen, schälen und in kleine Würfel schneiden. Speck in kleine Würfel schneiden. Vom Tête de Moine mit einer Girolle Rosetten hobeln. Eier schlagen, mit Salz und Pfeffer würzen. Petersilie hacken und mit den Eiern mischen.
In einer beschichteten Bratpfanne 15 g Butter bei mittlerer Hitze schmelzen und die Speckwürfel darin anbraten; Zwiebel zufügen und weich dünsten. Kartoffelwürfel zugeben. Die geschlagenen Eier zufügen und bei starker Hitze unter ständigem Rühren mit einem Holzspachtel die Eier zu einer weichen Masse gerinnen lassen. Nun das Omelett braten, bis es eine leichte Kruste erhält. Die Pfanne schräg halten und dem Omelett mit einem leichten Schlag an die Pfanne die charakteristische ovale Form geben.
Auf einen heissen Teller gleiten lassen und mit 15 g geschmolzener Butter beträufeln. Mit den Rosetten vom Tête de Moine, Schnittlauch und Cherrytomate garnieren.

Malakoffs (Waadtländer Käsekugeln)

Jean-Claude Daglia, Restaurant de l'Union, Bursins (VD)
Für 8 Malakoffs

30 g Mehl
2 Eier
1 Knoblauchzehe
2 dl Weisswein
2 TL Kirsch
1 Msp. Natron
600 g reifer Gruyère
Pfeffer, Muskat
Weiss- oder Toastbrot
Frittieröl

Mehl, Eier und durchgepresste Knoblauchzehe mit Weisswein, Kirsch und Natron vermischen. Geriebenen Gruyère dazugeben und zu einer dickflüssigen Masse vermischen. Mit Pfeffer und wenig Muskat würzen. Weiss- oder Toastbrot in 8 runde Scheiben von 8–10 cm Durchmesser schneiden. Die Käsemasse kuppelförmig auf die Brotscheiben häufen (in der Mitte etwa 2 cm dick). In 190 ° heissem Frittieröl kopfüber schwimmend frittieren, bis die Käsekugeln schön goldbraun sind. Umdrehen und die Unterseite ebenfalls knusprig frittieren. Auf Küchenpapier abtropfen lassen und auf vorgewärmten Tellern anrichten.
Dazu serviert man Essiggurken, Silberzwiebeln und Salat.

Diese Käse-«Bomben» gehören zu den berühmten Spezialitäten des La-Côte-Gebiets im Kanton Waadt. Wie sie entstanden sind, und warum sie Malakoff heissen, darum ranken sich zahlreiche, teils kriegerische, teils amouröse Legenden (siehe «Urchuchi. Romandie und Wallis»).

Chäs-Schoope

Charly Gmünder, Restaurant Bären, Gonten (AI)
4 Personen ☆

400 g altbackenes dunkles Bauernbrot
80–100 g Butter
200 g vollfetter Appenzeller Käse
200 g Rässkäse
Pfeffer, Muskatnuss
1 dl Rahm
1–2 Bund Schnittlauch

Altbackenes Bauernbrot in Würfel schneiden (wie fürs Fondue) und in viel Butter goldgelb anrösten. Appenzeller und Rässkäse reiben und mit Pfeffer und einer Prise Muskat würzen. Mit Rahm zu einem festen Brei rühren. Die Käsemasse in die Pfanne über die heissen Brotwürfel geben und so lange schwenken, bis die Brotwürfel schön vom Käse überzogen sind. Den Chäs-Schoope anrichten und mit viel fein geschnittenem Schnittlauch bestreuen. Heiss servieren.

Fondue moitié-moitié

Marielle Colliard, Restaurant Le Tsalé, Les Paccots (FR)
4 Personen ☆

400 g Gruyère
400 g Freiburger Vacherin
1 Knoblauchzehe
3,5 dl Weisswein
3 EL Kirsch
4–5 TL Maizena
1 TL Zitronensaft
Cayennepfeffer
Pfeffer, Paprika, Muskatnuss

Die beiden Käse separat reiben oder schnetzeln. Die Knoblauchzehe schälen und halbieren.
Das Caquelon mit dem Knoblauch ausreiben. Knoblauch in feine Scheibchen schneiden und mit dem Gruyère ins Caquelon geben. Weisswein zufügen und den Käse bei mittlerer Hitze unter langsamem Rühren zum Schmelzen bringen. Freiburger Vacherin zufügen und ebenfalls zum Schmelzen bringen. Kirsch, Maizena und Zitronensaft anrühren und mit einer Prise Cayennepfeffer würzen. Zum Fondue geben und unter starkem Rühren kurz aufkochen. Mit Pfeffer, Paprika und Muskat abschmecken.
Das Fondue mit Brotstücken (ca. 700 g) aus dem Caquelon tunken.

Fondue Vacherin fribourgeois

Marielle Colliard, Restaurant Le Tsalé, Les Paccots (FR)
4 Personen ☆

750 g Vacherin fribourgeois (3 Sorten zu gleichen Teilen: 2-jähriger, 1-jähriger, junger)
1 Knoblauchzehe
3,5 dl Wasser
1 EL Maizena
Pfeffer

Käse reiben. Knoblauchzehe schälen, halbieren und das Caquelon damit ausreiben. Knoblauch in feine Scheibchen schneiden und mit Wasser und Maizena ins Caquelon geben. Erhitzen. Vacherin fribourgeois hineingeben und bei mittlerer Hitze unter langsamem Rühren schmelzen lassen. Nicht zum Kochen bringen! Bei Bedarf lauwarmes Wasser zufügen. Mit Pfeffer abschmecken.
Mit Brotstücken und Gschwellti servieren.

DESSERT

Die Schweizer sind süss

Mit über vierzig Rezepten ist das Dessertkapitel eines der umfangreichsten. Die Schweizer Küche hat in Sachen Süssigkeiten viel zu bieten. Wie viel, das hat sogar die Kulinarikforscher überrascht. «Fast jede Region hat eine eigene Dessertkreation», sagt Stéphane Boisseaux, Leiter des vom Bund geförderten Projekts «Kulinarisches Erbe der Schweiz», in dem aktuell über 400 typische Schweizer Produkte erfasst sind. Er weist exemplarisch auf die grosse Lebkuchentradition hin: «Vom Appenzeller Biber über den Einsiedler Schafsbock bis zum Zürcher Tirggel gibt es Dutzende von lebkuchenartigen Süssigkeiten, die einzigartig sind.»

Spannend an den süssen Schweizern: Viele lösen den berühmten Madeleine-Effekt aus, den der französische Schriftsteller Marcel Proust in «Auf der Suche nach der verlorenen Zeit» beschreibt: Als er von dem süssen Gebäck in den Tee tunkte und ass, war die Erinnerung an seine Kindheit als «köstliche Substanz» plötzlich wieder präsent. Ähnlich wird es manchen Schweizern mit den Fotzelschnitten ergehen. Oder mit dem Einback mit Rhabarber. Bei den Lugnezern dürften die Teufelsschwänzchen den Madeleine-Effekt auslösen. Bei den Schwyzern der Chriesibrägel. Wer das alles zu nostalgisch, gar kitschig findet, soll einmal hineinhorchen in einen mächtigen Turm von frischen Meringues mit Doppelrahm …

Für 20 Meringues ☆
4 frische Eiweiss
1 Prise Salz
200 g Zucker
4 dl Greyerzer Doppelrahm

Eiweiss mit dem Salz steif schlagen. Die Hälfte des Zuckers beigeben und weiterschlagen, bis die Masse ganz steif ist. Restlichen Zucker beigeben und schlagen, bis die Masse glänzt. Mit einem Dressiersack auf ein Backblech (Backpapier) spritzen. Im 120° heissen Ofen mindestens 90 Minuten backen (Ofen einen Spalt offen lassen). Meringues auf Gitter erkalten lassen. Mit steif geschlagenem Doppelrahm aus dem Greyerzerland servieren.

Der Freiburger Jean-Bernard Fasel, der während Jahren die Pinte des Mossettes führte, hat mir mit leuchtenden Augen erzählt, was er in diesem knusprigen Holzofengebäck entdeckte: «Für uns Kinder war das ein Wunderland, in dem wir die ganze Milchstrasse ticken zu hören glaubten; die Meringues knackten ja auch so schön, wenn man sie mit der Gabel zerdrückte.» Erfunden haben die Meringues übrigens die Meiringer, wobei es genau genommen ein italienischer Zuckerbäcker namens Gasparini war, der im 17. Jahrhundert im Berner Oberland in einer Konditorei arbeitete. Wer heute die besten Meringues macht, ist eine Streitfrage, zumal es nicht ganz einfach ist, sie schön luftig, nicht zu süss und nicht gummig hinzukriegen. Das Rezept der Bäckerei Rime aus dem freiburgischen Botterens gilt als eines der besten und ist einen Versuch wert! Wichtig ist, so Monsieur Rime, dass ganz frische Eier verwendet werden und das Eiweiss sauber getrennt wird.

Schokolade, Beeren und altes Brot

Wenn Süssigkeiten glücklich machen, dann müssen die Schweizer besonders glücklich sein: 12,3 Kilogramm Schokolade isst jeder von uns pro Jahr. Kein Volk auf dieser Welt lässt sich mehr Schoggi auf der Zunge zergehen. Im Schoggiland Schweiz finden sich deshalb auch viele Rezepte mit Schokolade, angefangen von Cremes und Mousses bis hin zu den Küchlein und Törtchen mit heisser Schokolade (Rezept S. 321).

Viel wird auch mit Beeren gemacht, für kalorienärmere Desserts. Und nicht wenige süsse Rezepte wurden kreiert, um altbackenes Brot aufzubrauchen. Dazu gehört die Dessertspeise Sii aus Savièse, bei der altes Roggenbrot in Rotwein und Holundersirup aufgeweicht wird (Rezept S. 294). Oder die Roggenbrot-Mousse, rezeptiert von Friedrich Zemanek, der in der Schweizer Kochnationalmannschaft mit dabei ist (Rezept S. 311). Im Folgekapitel taucht dann die Tessiner Torta di pane auf, die ursprünglich ebenfalls der Restenverwertung diente. Hier zeigt sich ein Charakterzug der alten Bauernküche, die immer bestrebt war, auf möglichst kreative Art ökonomisch zu sein.

Zucker – einst ein Luxusartikel

Wir verwenden heute ganz selbstverständlich Zucker, früher war das keineswegs so. Erst im 12. Jahrhundert kam der Zucker – gewonnen aus Zuckerrohr – nach Europa. Bis ins 18. Jahrhundert blieb er ein teures und begehrtes Importprodukt, das als «weisses Gold» bezeichnet wurde. In den ärmeren Familien wurden die Desserts deshalb vornehmlich mit Honig gesüsst. Eine besondere Methode liessen sich die Freiburger einfallen: Sie verkochten ihre Büschelibirnen in grossen Kesseln und gewannen so einen wunderbar süssen, dicken Saft – den Vin cuit. Ähnliches machten die Deutschschweizer mit ihren Birnen, heute ist der eingedickte Saft als Birnel bekannt.

Erst 1747, als der Zuckergehalt der Zuckerrübe entdeckt wurde und ab 1801 herausgelöst werden konnte, wurde Zucker zum Volksgut. In der Schweiz entstand 1899 die erste Zuckerfabrik; heute sind es zwei Unternehmen, eines in Aarberg, das andere in Frauenfeld, die von 7500 Zuckerrüben-Bauern den Rohstoff beziehen und damit fast den gesamten Schweizer Bedarf an weissem Zucker abdecken.

Die Conche, erfunden 1879 von Rodolphe Lindt, machte es erstmals möglich, die Schokolademasse fein zu reiben und zartschmelzend zu machen. Daraus entstand die Schweizer Milchschokolade, die in der Schweiz ein wichtiges Stück Wirtschaftsgeschichte bewirkte: Sie setzte um die Wende zum 20. Jahrhundert ein, als es beim Adel und bei den obersten Gesellschaftsschichten als besonders chic galt, Ferien in den Schweizer Bergen zu verbringen. Hier lernten die Betuchten – allen voran die Engländer – die Schweizer Schokolade kennen und wollten sie später auch zu Hause nicht mehr missen: Drei Viertel der Schweizer Schokolade wurden von da an exportiert – die Schweiz wurde damit zum Schokolade-Weltmeister.

Gebrannte Creme

Beat Reinmann, Restaurant Casa da Luzi, Surcasti (GR)
4–5 Personen ☆

70 g Vanillecremepulver
1 l Milch
140 g Zucker
3 dl Rahm
Garnitur
50 g Baumnüsse
2 EL Puderzucker
1 Päckli Vanillezucker
75 g Zucker

Vanillecremepulver mit 2 dl Milch anrühren. Zucker in einer Chromstahlpfanne karamellisieren, bis er schön braun ist. Mit der restlichen Milch vorsichtig ablöschen (Spritzgefahr) und unter Rühren leicht köcheln, bis sich der Karamelzucker aufgelöst hat. Vanille-Milch dazugeben, rühren, bis alles gebunden ist. In eine grosse Dessertschale füllen und abkühlen lassen. Vor dem Servieren die Creme mit dem Stabmixer glatt rühren, Rahm steif schlagen und unter die kalte Creme heben. Als Dekoration eignet sich Baumnusskrokant.

Garnitur: Baumnüsse grob hacken und in einer weiten Pfanne rösten, Puder- und Vanillezucker dazugeben, Hitze reduzieren. Zucker dazugeben und so lange rühren, bis die Nüsse hellbraun überzogen sind. Auskühlen lassen und zerbröckeln.

Tipp: Die Gebrannte Creme, ein Dessertklassiker aus Grossmutters Küche, kann auf einfache Art angereichert werden, indem man zerdrückte Meringueschalen und / oder etwas Kirsch oder Amaretto kurz vor dem Servieren einrührt.

Caramelköpfli

Heidi Dätwiler, Restaurant Weinstube zum Sternen, Elfingen (AG)
5 Personen ☆

5 dl Milch
2 Vanilleschoten
3 Eier
3 Eigelb
210 g Zucker
1 TL Vanillezucker

Caramel: 135 g Zucker, 6 EL Wasser in einer Chromstahlpfanne aufkochen und unter gelegentlichem Schwenken köcheln, bis ein hellbrauner Caramel entsteht. In die Förmchen verteilen. Ofen auf 120 ° vorheizen.
Milch mit aufgeschnittenen Vanilleschoten in derselben Pfanne aufkochen. Eier, Eigelb, 75 g Zucker und Vanillezucker verrühren und die aufgekochte Milch dazuschwingen. Alles in die mit Caramel ausgegossenen Förmchen verteilen. Förmchen im heissen, nicht kochenden Wasserbad 50 Min. in den Backofen stellen. Mindestens 3 Std. kühl stellen, damit die Köpfli fest werden.

Einback mit Rhabarber und Erdbeeren

Max Eichenberger, Restaurant Bären, Birrwil (AG)
4 Personen ☆

2 Stangen Rhabarber
Zucker
250 g Erdbeeren
8 Scheiben Einback, 1,5 cm
Butter
Schlagrahm

Rhabarber würfeln und in kochendes, stark gesüsstes Wasser geben. Von der Herdplatte nehmen und vollständig auskühlen lassen. Kurz vor Gebrauch Erdbeeren schneiden und wenn nötig zuckern. Einbackscheiben im Butter hellbraun rösten. Rahm schlagen.
Je zwei heisse Einbackscheiben auf vorgewärmte Teller legen. Eine Scheibe mit Rhabarberkompott, die andere mit Erdbeeren bedecken und mit Schlagrahm garnieren.

Fotzelschnitte

Raphael Tuor, Restaurant Adler, Nebikon (LU)
4 Personen ☆

2 Eier
1 EL Zucker
8 kleine Scheiben Brioche
1 EL Butter
2 EL Zimtzucker

Eier mit Zucker gut verquirlen. Die Brioche-Scheiben kurz darin wenden. Butter in der Pfanne erhitzen, Brioche-Scheiben beidseitig braten, bis sie goldgelb sind. Herausnehmen und in Zimtzucker wenden.
Mit Früchtekompott und / oder Glace servieren.

Sii (Roggenbrot-Rotwein-Mus)

Klaus Leuenberger, Restaurant Sankt Georg, Ernen (VS)
5 Personen ☆

500 g altbackenes Roggenbrot
2 dl Rotwein (Dôle, Pinot noir)
1 Teebeutel Glühweingewürz
1,5 dl Holundersirup
50 g Baumnüsse
40 g Butter
50 g Rosinen
Rahm

Roggenbrot in eine Rührschüssel bröckeln. In einer Pfanne Rotwein mit Glühweingewürz aufkochen, Holundersirup dazugeben und über das Brot giessen. Über Nacht aufweichen lassen. Baumnüsse hacken, in Butter braun rösten und zusammen mit den Rosinen gut in die Brot-Wein-Masse kneten. Kleine Türmchen formen. Nach Belieben mit geschlagenem Rahm garnieren.
Dazu passt Früchtekompott, Vanilleglace oder Vanillesauce.

Die Dessertspeise Sii hat ihren Namen wahrscheinlich vom Dialektbegriff für jungen Wein: Sii. Denkbar ist auch eine Verkürzung des französischen seigle (Roggen). Gesichert ist, dass das Urrezept aus Savièse stammt und entstanden ist, um altes Roggenbrot auf elegante Art zu versüssen. Das Grundrezept wird heute oft variiert. So kann die Masse verfeinert werden, indem man sie püriert, dann in heisser Butter erwärmt und so lange rührt, bis sie sich zu festen Kugeln oder Schnitten formen lässt.

Holderezonne

Hansueli Schrepfer, Restaurant Brauerei, Stein (AR)
4 Personen ☆

700 g Holunderbeeren
30 g Butter
30 g Mehl
1,5 dl Rahm
1,5 dl Milch
100 g Zucker
Zimt

Holunderbeeren mit Butter in einer Pfanne schmelzen, Mehl dazugeben und hell rösten. Pfanne vom Herd nehmen, Rahm und Milch dazugiessen und glatt rühren. Pfanne wieder auf den Herd stellen. Zucker und etwas Zimt dazugeben und unter leichtem Rühren aufkochen. Etwa 10 Min. leicht köcheln lassen. Holundermus heiss servieren.
Zum Zonne (appenzellisch für: Mus, Brei) passen geröstete Brotwürfelchen oder Vanilleglace.

Striflates (Strübli aus dem Jura)

Markus Mettler, Restaurant du Bœuf, Courgenay (JU)

10 Stück ☆

200 g Weissmehl
½ TL Salz
2 Eier
2 EL Kirsch
2 dl Milch
Erdnussöl
Zimtzucker

Mehl in eine Teigschüssel sieben, einen Kranz formen und Salz, Eier und Kirsch dazugeben. Mit so viel Milch verrühren, dass ein geschmeidiger Teig entsteht. Zugedeckt mindestens 2 Std. ruhen lassen.

In einer grossen Bratpfanne ca. 2 cm hoch Erdnussöl giessen und erhitzen. In einen Dressiersack mit kleiner Lochtülle wenig Teig geben. Den Teig in das heisse Öl fliessen lassen, dabei spiralförmige, enge Kreise ziehend (zu Schnecken). Mit zwei Holzlöffeln die Striflates wenden. Wenn sie eine goldene Farbe angenommen haben, herausnehmen und auf Küchenpapier abtropfen lassen. In Zimtzucker wenden, in den vorgeheizten Ofen geben und die nächste Portion frittieren.

Dazu serviert man warme Vanillesauce, Vanilleglace oder Früchtekompott.

Fruchtiges

Beerensuppe

Claudio Caccia, Grotto Dötra, Olivone (TI)
4–5 Personen ☆

1 l Rotwein (Merlot)
100 g Zucker
1 Vanilleschote
½ Zimtstange
5 Gewürznelken
700 g Beeren, gemischt

Rotwein, Zucker, aufgeschnittene Vanilleschote, Zimtstange, Gewürznelken aufkochen und auf einen Drittel reduzieren. Beeren (Heidelbeeren, Brombeeren, Erdbeeren, Himbeeren, Johannisbeeren) dazugeben und 3–4 Tage marinieren. Kalt oder lauwarm servieren.
Dazu passt Vanille-, Honig- oder Zimtglace.

Muotataler Chriesibrägel

Daniel Jann, Restaurant Adler, Ried im Muotatal (SZ)
4 Personen ☆

500 g Kirschen
1 EL Mehl
1,5 dl Rotwein
60 g Zucker
1 Vanilleschote
Zimt
Rahm

Kirschen waschen und entsteinen. Mehl in einer Pfanne leicht anbräunen, dann Rotwein, Zucker, aufgeschnittene Vanilleschote und eine Prise Zimt beigeben. Alles bei kleiner Hitze 10 Min. köcheln. Kirschen dazugeben und kurz aufkochen.
In Teller anrichten, mit Schlagrahm garnieren, lauwarm servieren.

Feigen in Rotwein

Monica Bürgin, Ristorante San Michele, Arosio (TI)
4 Personen ☆

10 getrocknete Feigen
150 g Zucker
5 dl Rotwein (Merlot)
3–4 EL Orangenlikör
2 EL Honig (z. B. Tessiner Akazienhonig)
1 Zweig Thymian
3 Nelken
1 Zimtstange

Getrocknete Feigen 4 Std. in kaltem Wasser einlegen. In einer flachen Pfanne Zucker karamellisieren und mit Rotwein ablöschen. Orangenlikör, Honig, Thymian, Nelken und Zimtstange dazugeben und kurz aufkochen. Feigen abschütten, halbieren, in die Sauce geben und 10 Min. auf kleinem Feuer köcheln. In der Sauce abkühlen lassen.
Feigen mit passierter Sauce und Zimtglace servieren.
Hinweis: Wenn man frische Feigen verwendet, beträgt die Kochzeit 2 Min.; die Sauce etwas reduzieren.

Zwetschgen in Rotwein

Christian Bize, Restaurant Chez Babel, Bardonnex (GE)
4 Personen ☆

200 g getrocknete Zwetschgen
2 dl Rotwein (Pinot noir)
50 g Zucker
½ Zimtstange
2 EL Orangensaft
1 TL Vieille Prune
1 TL Cognac

Getrocknete Zwetschgen in Rotwein einlegen. Zucker, Zimtstange, Orangensaft, Vieille Prune und Cognac zufügen und 45 Min. köcheln. Erkalten lassen.
Mit Zimteis servieren.

Williamsbirne an Safranhonig

Christian Zufferey, Restaurant Château de Villa, Sierre (VS)
4 Personen ☆

4 Williamsbirnen
100 g Honig
2 g Safran
1 Zitrone

Die nicht zu reifen Birnen schälen und den Stiel belassen. Das Kerngehäuse mithilfe eines Löffels entfernen.
Honig mit 4 dl Wasser, Safran und dem Saft der Zitrone in einer Pfanne aufkochen. Die Birnen dazugeben und auf kleinem Feuer pochieren. Wenn sie weich sind, Birnen herausnehmen, abtropfen lassen und beiseite stellen. Honigsirup auf 1 dl reduzieren und erkalten lassen.
Birnen in einer Dessertschale anrichten, mit dem Honigsirup überziehen. Mit Birnensorbet servieren. Falls vorhanden, mit Safranfäden aus Mund dekorieren.

Parfait, Glace, Sorbet

Quittensorbet

Von Andreas Putzi, Restaurant Farnsburg, Ormalingen (BL)
4 Personen ☆☆

250 g Quitten
85 g Zucker
1½ EL Farnsburger Quittenschnaps

Quitten mit einem Lappen putzen (haarigen Belag vollständig wegrubbeln), vierteln und das Kerngehäuse entfernen. Durch die Röstiraffel reiben und mit 0,5 dl Wasser (keinen Zucker beigeben!) aufkochen. Knapp am Siedepunkt zugedeckt ca. 1 Std. köcheln lassen und wiederholt umrühren. Über Nacht stehen lassen und am anderen Tag nochmals aufkochen. Gut mit dem Mixstab pürieren. So bekommt man ca. 125 g Fruchtmark.
Zucker in 0,5 dl Wasser gut verrühren und einmal aufkochen. Diesen Sirup, weiter 1,2 dl Wasser und den Quittenschnaps zum Quittenmark zugeben. Alles gut verrühren und in die Glace- / Sorbetmaschine einfüllen. Wenn Sie keine Sorbetmaschine haben, geben Sie die Masse in einer tiefen Schüssel ins Gefrierfach und rühren Sie sie jede Viertelstunde mit dem Schwingbesen kräftig durch, bis das Sorbet durchgefroren ist.

Holunderblüten-Sorbet

Von Carlo Rigamonti, Grotto Paudese, Paudo (TI)
4 Personen ☆

12 Holunderblütendolden
2 Salbeiblätter
1 dl Zitronensaft
400 g Zucker

Holunderblüten gut waschen (am besten kurz wässern), mit Salbeiblättern und Zitronensaft in 9 dl Wasser einlegen. Zucker dazugeben und alles eine Nacht lang ziehen lassen.
Alles zusammen für einige Minuten aufkochen und filtrieren. Den Saft auskühlen lassen und in der Eismaschine gefrieren lassen, oder von Hand wie nach Rezept «Quittensorbet».

Weitere Fruchtsorbets

Nicoletta Snozzi, Osteria Carlin, Claro (TI)
4 Personen ☆

150 g Zucker
50 g Fruchfleisch (Erdbeeren, Pfirsich, Honigmelonen, Kiwi usw.)

Zucker in 1 dl Wasser unter gelegentlichem Rühren während 4 Std. zu einem dicken Sirup einkochen. Fruchtfleisch pürieren und mit dem Zuckersirup mischen. Die Masse in der Eismaschine gefrieren lassen, oder von Hand wie nach Rezept «Quittensorbet».
Hinweis: Für die Zubereitung eines Zitronensorbets wird 2,5 dl frisch gepresster Zitronensaft statt Fruchtfleisch verwendet.

Gommer Heublumen-Glace

Louis «Baschi» Müller, Restaurant Baschi, Geschinen (VS)
4–6 Personen

300 g Bergheublumen
3 Eigelb
100 g Zucker
40 g Glukosesirup
2 dl Rahm
1 Zitrone

Bergheublumen mit 5 dl Wasser aufkochen, 30 Min. ziehen lassen und durch ein Spitzsieb passieren. Eigelb, Zucker und Glukosesirup zu einer dickflüssigen Creme schlagen. Den heissen Heublumenfond und Rahm unter die Ei-Zucker-Mischung rühren und zusammen auf 75 ° erhitzen, Saft der Zitrone beigeben und abkühlen lassen. Die gekühlte Creme in der Eismaschine ca. 25–30 Min. gefrieren lassen.
Tipp: Es geht auch ohne Eismaschine: Die Creme 30 Min. in den Tiefkühler stellen, dann durchrühren; diesen Vorgang vier bis fünf Mal wiederholen.

Unter Heublumen verstehen die Bauern die getrockneten Wiesenblumen, Samen, Blätter und Gräser, die man im Heu findet. Das hocharomatische Kräutergemisch enthält besonders viele gesunde Wirkstoffe und wird auch für Tee verwendet.

Holunderblüten-Glace

Daniel Jann, Restaurant Adler, Ried im Muotatal (SZ)
4–6 Personen ☆

6 Eigelb
120 g Zucker
4,5 dl Milch
1 dl Rahm
130 g Holunderblütensirup

Eigelb mit 60 g Zucker gut verrühren. Milch mit 60 g Zucker aufkochen. Die heisse Milch zum Zucker-Eigelb giessen. Zurück in die Pfanne geben und bei schwacher Hitze unter ständigem Rühren vorsichtig zur Rose (80 °) erhitzen und dann absieben. Rahm und Holunderblütensirup dazugeben. Sofort im Eiswasser abkühlen und anschliessend in einer Eismaschine gefrieren (siehe Tipp zum Rezept «Gommer Heublumen-Glace»).

Löwenzahnhonig-Parfait «Giulia»

Giulia Maurizio, Bio-Bistro Gaia, Sils-Maria (GR)
4–6 Personen ☆

3 Eigelb
125 g Löwenzahnhonig
25 g Bienenhonig
2,5 dl Rahm
3 Eiweiss
2 EL Zucker

Eigelb in einer grosse Schüssel verrühren. Löwenzahnhonig mit Bienenhonig aufkochen, dann unter kräftigem Rühren langsam zum Eigelb geben. So lange rühren, bis die Masse erkaltet und dickflüssig ist. Rahm flaumig schlagen. Eiweiss nicht ganz steif schlagen, Zucker zufügen und weiter schlagen, bis die Masse glänzt. Zuerst den Schlagrahm unter die Honigmasse ziehen, dann den Eischnee. Die Masse in eine gekühlte Terrineform füllen und im Tiefkühler einige Stunden fest werden lassen. Die Form kurz in heisses Wasser tauchen, das Parfait stürzen und portionieren.
Mit Rhabarberkompott oder Erdbeeren servieren.

Biberfladen-Parfait mit warmen Zwetschgen

Hansueli Diesterbeck, ehemals Restaurant Sonne, Urnäsch (AR)
5 Personen ☆

3 Eier
1 Eigelb
125 g Zucker
120 g altbackener Biberfladen
5 dl Rahm
Zwetschgen
500 g Zwetschgen
50 g Butter
Puderzucker
Zimt
3 EL Vieille Prune

Eier, Eigelb und Zucker im Wasserbad (ca. 40 °) cremig aufschlagen. Die Masse im Rührwerk 15 Min. kalt schlagen. Altbackenen Biberfladen reiben, Rahm schlagen und beides abwechselnd unter die Eicreme ziehen. Die Masse in eine passende Form geben und einfrieren.

Zwetschgen: Zwetschgen entsteinen und in kleine Schnitze schneiden. Butter in einer Pfanne erhitzen, Zwetschgen darin andünsten und mit Puderzucker und einer Prise Zimt abschmecken. Vieille Prune dazugeben und flambieren.

Heidelbeerparfait mit Aprikosenschaum

Ewald Michlig, Restaurant Tenne, Reckingen-Gluringen (VS)
4 Personen ☆

2 Eier
100 g Zucker
4 dl Rahm
100 g Heidelbeeren
2 EL Heidelbeerschnaps oder -likör
Aprikosenschaum
350 g Aprikosen
2 Blatt Gelatine
1 dl frischer Orangensaft
60 g Zucker

Eier und Zucker im Wasserbad (nicht über 45 °) schaumig schlagen, bis die Masse dickflüssig wird. Rahm schlagen und unter die kalt geschlagene Eicreme ziehen. Heidelbeeren und Heidelbeerschnaps oder -likör dazugeben und in die Terrineform (ca. 6 dl Füllvolumen) abfüllen. Für mindestens 6 Std. im Tiefkühler gefrieren lassen.

Aprikosenschaum: Aprikosen in kleine Würfel schneiden. Gelatineblätter in kaltem Wasser einweichen. Aprikosenwürfel und Orangensaft mit Zucker aufkochen, pürieren und durch ein Sieb passieren (nach Belieben mit Aprikosenschnaps parfümieren). Die Gelatineblätter im 60 ° warmen Aprikosenpüree auflösen. Aprikosenmousse kalt rühren und in den Rahmbläser füllen, ihn mit zwei Gaspatronen versehen. Mindestens 2 Std. in den Kühlschrank stellen; vor dem Servieren kräftig schütteln.

Kastanien-Semifreddo

Edo Martinelli, Agriturismo Monte Pioda, Contone (TI)
Für eine Kastenform 24 cm ☆

600 g Kastanien
100 g Puderzucker
100 g dunkle Schokolade
200 g Mascarpone
5 EL Rum
1 EL Sultaninen
100 g Orangeat
5 kandierte Kirschen
1 dl Milch
3 EL Rum
10 Löffelbiskuits

Kastanien in eine Pfanne geben, mit Wasser bedecken, eine Prise Salz zugeben und zugedeckt während 1 Std. kochen. Wasser abschütten, Kastanien schälen (auch die feine Haut abziehen), pürieren und Puderzucker unter die Masse ziehen. Kühl stellen. Die Kastenform mit Folie auslegen.
Schokolade im Wasserbad schmelzen, zusammen mit Mascarpone und 2 EL Rum unter die Kastanienmasse ziehen. Sultaninen, Orangeat und kandierte gehackte Kirschen zugeben. Milch und Rum vermischen und die Löffelbiskuits eintunken. Die Hälfte der Kastanienmasse in die Form geben, dann eine Schicht von 5 Löffelbiskuits, darauf den Rest der Masse, dann die übrigen Löffelbiskuits. Mit Folie zudecken und 4 Std. in den Kühlschrank stellen.
Auf eine Platte stürzen und nach Belieben mit Schlagrahm, Marrons glacés und kandierten Veilchen garnieren.

Parfait glacé à l'Absinthe

Cyrille Tribut, Restaurant La Ferme des Brandt, La Chaux-de-Fonds (NE)

4 Personen ☆☆

100 g Zucker
4 Eigelb
2 EL Absinth
2,5 dl Rahm

Zucker mit 1 dl Wasser in einer kleinen Pfanne auf schwachem Feuer schmelzen. Eigelb in einer fürs Wasserbad geeigneten Metallschüssel schlagen, den heissen Zuckersirup unter ständigem Rühren zugeben. Schüssel ins Wasserbad stellen. Masse mit dem Scheebesen zu einem Sabayon schlagen, bis sich das Volumen verdoppelt hat. Durch das ständige Schlagen wird das Gerinnen der Eimasse vermieden. Wenn der Sabayon die richtige Konsistenz und das gewünschte Volumen erreicht hat, die Schüssel in ein Becken mit kaltem Wasser stellen, um den Sabayon etwas abzukühlen. Wenn er noch lauwarm ist, Absinth zufügen. Rahm steif schlagen und unter die Masse ziehen. In kleine Töpfchen verteilen und für 48 Std. in den Tiefkühler stellen.

Soufflé glacé interdit (mit Absinth)

Jean-Daniel Oppliger, Restaurant Au Loup Blanc, La Brévine (NE)

4 Personen ☆

1 Ei
1 Eigelb
60 g Zucker
1,2 dl Rahm
4 TL Absinth

Ei, Eigelb und Zucker ausdauernd schaumig schlagen. Rahm steif schlagen. Absinth in die Eiermasse rühren. Den Schlagrahm vorsichtig unterheben. In Förmchen abfüllen und über Nacht im Tiefkühler gefrieren lassen.
Wird mit einem Schuss Absinth serviert.

Soufflé glacé mit Damassine

Roger Kueny, Restaurant Victoria, Delémont (JU)
6 Personen ☆

2 dl Rahm
3 Eiweiss
150 g Zucker
3 Eigelb
1 Zitrone
2 TL Damassine
Kakaopulver
Damassine

6 kleine Töpfchen mit einem Ring aus Backtrennpapier versehen, sodass ein Papierkragen von 3 cm über den Rand hinausragt, und mit Butter ausstreichen. In den Tiefkühler stellen.
Rahm steif schlagen. Eiweiss mit 100 g Zucker zu Eischnee schlagen. Eigelb mit 50 g Zucker und der abgeriebenen Schale einer halben Zitrone zu einer schaumigen weissen Masse rühren. Den geschlagenen Rahm unter die Ei-Zucker-Masse heben und mit 2 TL Damassine-Brand vermischen. Einen Drittel des Eischnees vorsichtig unterheben. Dann den Rest des Eischnees ebenfalls sorgfältig unterziehen. Die Masse in die Töpfchen verteilen und einfrieren. Vor dem Servieren mit Kakaopulver bestreuen und das Backtrennpapier wegziehen. Mit einem Apfelausstecher in der Mitte des Soufflees eine Vertiefung ausstechen und mit Damassine füllen.

Mousse, Creme, Flan

Himbeermousse mit Rosengelee

Verena Lüthi, Auberge de Mont-Cornu, Mont-Cornu (NE)
4 Personen ☆☆

Rosengelee
100 g Zucker
Rosenblätter von 1 Rose
3 Blatt Gelatine
Himbeermousse
1½ Blatt Gelatine
200 g Himbeeren
75 g Zucker
2 dl Rahm

Rosengelee: 2 dl Wasser und Zucker zu einem Sirup kochen. Nach dem Erkalten die Rosenblätter zugeben und 48 Std. marinieren. Gelatine in kaltem Wasser einweichen. Den Sirup durch ein Sieb giessen und die Hälfte davon mit der Gelatine erwärmen, damit sie sich auflöst. Die andere Hälfte des Sirups dazugeben und mischen. Die Flüssigkeit in 4 Kelchschalen füllen und für 24 Std. kalt stellen.
Himbeermousse: Gelatine einweichen und in 1 dl heissem Wasser auflösen. Himbeeren zusammen mit dem Zucker mixen und mit der aufgelösten Gelatine mischen. Rahm steif schlagen und mit dem Himbeerpüree mischen. Die Gläser mit Rosengelee mit der Himbeermousse auffüllen und für 4 Std. in den Kühlschrank stellen.
Mit Pistazien und frischen Himbeeren garnieren.

Weisse Schokolademousse

Jean-Yves Raemy, Restaurant Café Berra, Choëx (VS)
4 Portionen ☆

250 g weisse Schokolade
5 EL Rahm
3 dl Rahm

Schokolade schmelzen und 5 EL warmen Rahm einrühren. 3 dl Rahm steif schlagen und darunterziehen. Mousse in den Kühlschrank stellen. Mit Saisonfrüchten garnieren.

Mousse von Americano-Trauben

Daniele Blum, Ristorante Pentolino, Verdasio (TI)
4 Personen ☆

4 dl Rahm
3 EL Americano-Trauben-Konfitüre

Rahm mit Tessinertrauben-Konfitüre vermischen. Die Mischung in einen Rahmbläser für 5 dl Inhalt füllen. Mit einer Kapsel aufschäumen und sofort servieren.

Roggenbrot-Mousse mit Weindrusencreme

Friedrich Zemanek, Restaurant Walliserkanne, Fiesch (VS)
6 Personen ☆

100 g Roggenbrot
1,25 dl Milch
½ Vanilleschote
3 Eigelb
1 EL Kirsch
75 g Zucker
2 EL Weisswein
3 Blatt Gelatine
2,5 dl Rahm
Weindrusencreme
12 Eigelb
75 g Zucker
2,5 dl Milch
3 Blatt Gelatine
2 EL Lie du Valais (Weinhefebrand)
6 rote Traubenbeeren
1,5 dl Rahm

Roggenbrot in Würfel schneiden. Milch und Vanilleschote aufkochen und zum Brot geben. Das Ganze gut mixen. Eigelb, Kirsch und Zucker schaumig rühren. Weisswein leicht anwärmen und die in kaltem Wasser eingeweichte Gelatine darin auflösen. Alles zusammen verrühren und am Schluss geschlagenen Rahm darunterheben.

Weindrusencreme: Eigelb und Zucker verrühren. Milch aufkochen und zum Eigelb mischen. Eingeweichte Gelatine in die noch warme Masse einrühren. Lie du Valais beigeben und mit roten Traubenbeeren, in kleine Würfel geschnitten, daruntermischen. Rahm einrühren.

Roggenbrot-Mousse in eine Form füllen, die Weindrusencreme daraufgeben. Mindestens 2 Std. kühl stellen.

Gratinierte Erdbeeren

Mauro Pedrelli, Restaurant La Bolla, Camorino-Comelino (TI)
5 Personen ☆

4 Eier
3 EL Zucker
1 EL Mehl
1 Beutel Vanillezucker
5 dl Milch
1,5 dl Rahm
2 TL Maraschino
400 g reife Erdbeeren

Eier mit Zucker, Mehl und Vanillezucker aufrühren. Zusammen mit Milch erwärmen (nicht kochen) und unter ständigem Rühren zu einer Creme verarbeiten. Erkalten lassen. Rahm schlagen und mit Maraschino abschmecken. Unter die erkaltete Creme ziehen. Erdbeeren waschen, putzen, in Scheiben schneiden und auf 4 ofenfeste Suppenteller oder in eine Gratinform verteilen. Creme darüber geben und im Ofen (unter dem Grill) ein paar Minuten gratinieren.
Mit einer Kugel Vanilleeis servieren.

Cavolat (Creme aus der Leventina)

Giacomina Jurietti, ehemals Osteria degli Amici, Quinto (TI)
4 Personen ☆

1 Vanilleschote
5 dl Milch
5 Eigelb
175 g Zucker
2 EL Maraschino oder Orangenlikör
Löffelbisquits

Aufgeschnittene Vanilleschote und Milch aufkochen. Eigelb mit Zucker im Wasserbad cremig schlagen und in die heisse Milch geben. Unter ständigem Rühren vors Kochen bringen. Maraschino oder Orangenlikör dazugeben. Wenn die Cavolat am Schwingbesen haften bleibt, ist sie fertig gekocht. Sofort vom Feuer nehmen, absieben und unter ständigem Rühren erkalten lassen. Am besten eine Nacht im Kühlschrank kühl stellen.
Zum Servieren einige Löffelbiskuits auf die Teller legen, mit etwas Maraschino oder Orangenlikör beträufeln und die kalte Creme darübergeben.

Gebrannte Creme mit Amaretti

Nicoletta Snozzi, Restaurant Osteria Carlin, Claro (TI)
5 Personen ☆

5 Eier
8 EL Zucker
5 dl Milch
100 g Amaretti

Eier mit 5 EL Zucker zu einer schaumigen Crememasse aufschlagen (am besten in einer Küchenmaschine). 3 EL Zucker mit 2 EL Wasser karamellisieren. Mit dem Caramel den Boden von 5 Förmchen bedecken. Milch aufkochen und noch heiss, aber nicht kochend, mit der Eier-Zucker-Creme mischen. Amaretti mit einem Wallholz zerdrücken und dazugeben, alles gut mischen. In die Förmchen füllen und im Wasserbad bei 150–170 ° im Ofen ca. 40 Min. stocken lassen. Auskühlen lassen.

Schokoladecreme

Loris Zurini, Ristorante Centovalli, Ponte Brolla (TI)
6 Personen ☆

3 Eigelb
50 g Zucker
2,5 dl Milch
80 g dunkle Schokolade (mind. 40 % Kakaoanteil)
Rahm
Pistazien

Eigelb mit Zucker zu einer hellen Creme rühren (am besten mit einem Handmixer, lang genug rühren). Milch aufkochen. Die heisse Milch unter Rühren zur Eicreme geben. Unter Rühren die Masse auf 65 ° erwärmen. Nach und nach die zerbröckelte Schokolade dazugeben und gründlich rühren, sodass die Masse schön luftig wird. Die Masse in Portionenförmchen füllen und für mindestens 8 Std. im Kühlschrank fest werden lassen.
Mit geschlagenem Rahm und gehackten Pistazien garniert servieren.

Karamellisierte Apfelschnitze mit Vanillesauce

Charles-Albert Fellay, Restaurant La Tsâna, Le Châble (VS)

4 Personen ☆☆

2 Äpfel
40 g Zucker
3 EL Butter
Vanillesauce
4 dl Milch
1 Vanilleschote
4 Eigelb
100 g Zucker
Dekoration
2 Meringues
Vanilleglace
Blätterteigbisquits
Zimtpulver

Äpfel schälen, Kerngehäuse entfernen, in dünne Scheiben schneiden. Zucker in Butter schmelzen, die Apfelscheiben darin karamellisieren.

Vanillesauce (Englische Creme): Milch aufkochen und mit aufgeschnittener Vanilleschote ziehen lassen. Eigelb mit Zucker schaumig rühren, bis die Masse schaumig, dick und fast weiss ist. Die heisse Vanillemilch unter ständigem Schlagen hinzufügen, bis alles gut gemischt ist. Die Sauce in die Pfanne geben, in welcher die Milch aufgekocht wurde, und auf kleiner Flamme erhitzen, und zwar unter ständigem Rühren mit einem Holzspachtel, um das Gerinnen des Eigelbs zu vermeiden. Wenn die Sauce den Spachtel gut bedeckt, diese kurz vor dem Aufkochen vom Feuer nehmen und in die Schüssel zurückgiessen. Bis zum völligen Abkühlen weiterrühren.

4–5 Apfelscheiben in einem tiefen Teller ausbreiten. Die kurz erhitzte Englische Creme darübergiessen. Meringues zerdrücken und darüberstreuen. eine Kugel Vanilleglace daraufsetzen. Mit Blätterteigbisquits dekorieren, Zimtpulver darüberstreuen.

Linas Visitenbrei (Halbgefrorenes mit Williams)

René F. Maeder, Restaurant Ruedihus, Kandersteg (BE)
4 Personen ☆

3 Eiweiss
5 dl Rahm
150 g Zucker
3 Eigelb
3 EL Williams
50 g Baumnüsse
Schokoladepulver

Eiweiss steif schlagen. Rahm steif schlagen. Zucker und Eigelb schaumig rühren und Williams beifügen.
In den Williamsschaum das geschlagene Eiweiss und den geschlagenen Rahm sorgfältig unterziehen. In eine vorgekühlte Glasschüssel geben und im Tiefkühler über Nacht gefrieren lassen.
Vor dem Servieren mit gehackten Baumnüssen und Schokoladepulver bestreuen. Aus der Schüssel abstechen und nach Belieben noch etwas Williams darübergiessen.

Panna cotta mit Tessiner Honig

Daniele Blum, Ristorante Pentolino, Verdasio (TI)
4 Personen ☆

2 Blatt Gelatine
6 dl Rahm
1,5 dl Milch
200 g Tessiner Honig
4 EL Früchtewürfelchen

Gelatine in reichlich kaltem Wasser quellen lassen (mindestens 10 Min., dann gut ausdrücken). Rahm und Milch mit Honig aufkochen. Vom Feuer nehmen und die gut ausgedrückte Gelatine dazugeben und auflösen. In Gläser oder Portionenförmchen füllen und für mindestens 3 Std. im Kühlschrank fest werden lassen.
Mit Würfelchen von Früchten nach Saison servieren.

Panna cotta mit Kaffee

Davide Alberti, Restaurant Vecchia Osteria, Seseglio (TI)
4 Personen ☆

6 g Gelatineblätter
100 g Zucker
4 dl Rahm
5 EL Milch
1 Tasse Espresso (3–4 EL)
Kaffeepulver
Kaffeebohnen

Gelatine in reichlich kaltem Wasser während 5 Min. einweichen. Zucker mit Rahm, Milch und Espresso glatt rühren und kurz erwärmen (nicht kochen). Vom Feuer nehmen, die gut ausgedrückte Gelatine dazugeben und durch Rühren vollständig auflösen. Die Masse durch ein Sieb giessen und in 5 mit Wasser ausgespülte Portionenförmchen füllen. Im Kühlschrank fest werden lassen.
Panna cotta aus den Förmchen lösen und mit etwas Kaffeepulver und ganzen Kaffeebohnen dekoriert servieren.

Törggeribel-Köpfli mit Kirschensuppe

Alfred Herzog, Restaurant Schloss Weinstein, Marbach (SG)
4–5 Personen ☆☆

2,5 dl Milch
1 Vanilleschote
1 Zitrone
30 g Törggeribel-Mehl (Rheintaler Ribelmaismehl)
8 g Gelatine
4 Eigelb
60 g Zucker
2,5 dl Rahm

Kirschensuppe

3 dl Rotwein (Rheintaler Blauburgunder)
120 g Zucker
1 Zimtstange
30 g Erdbeergelee
300 g entsteinte Kirschen
Maizena
Pfefferminze

Milch mit aufgeschnittener Vanilleschote und etwas abgeriebener Zitronenschale aufkochen, dann Vanilleschote entfernen. Törggeribel-Mehl einrühren und bei schwacher Hitze 10 Min. ziehen lassen. Gelatine in kaltem Wasser einweichen. Pfanne vom Feuer nehmen und eingeweichte Gelatine unterrühren. Eigelb und Zucker schaumig rühren und ebenfalls unter die noch heisse Masse ziehen. In Eiswasser oder im Kühlschrank unter gelegentlichem Rühren abkühlen lassen.
Rahm schlagen. Wenn die Ribel-Masse leicht zu stocken beginnt, Rahm unterziehen und in 4–5 Timbalförmchen abfüllen. Während 2 Std. im Kühlschrank fest werden lassen.
Kirschensuppe: Blauburgunder, Zucker, Zimtstange, Erdbeergelee aufkochen und ca. 10 Min. ziehen lassen. Kirschen beigeben und im Sud pochieren. Mit ganz wenig Maizena binden.
Mit den noch lauwarmen Kirschen auf dem Teller einen Spiegel herstellen. Förmchen kurz in heisses Wasser tauchen und die Köpfli vorsichtig auf den Teller stürzen. Mit Pfefferminze ausgarnieren.

Sommerbeeren im Prosecco-Gelee

Georg Ruis, ehemals Restaurant Münsterhof, Zürich
4 Personen ☆

100 g Zucker
4 Blätter Gelatine
500 g Sommerbeeren
550 ml Prosecco

Zucker und Gelatine in etwas Prosecco auflösen. Sommerbeeren (Brombeeren, Himbeeren, Johannisbeeren, Blaubeeren) waschen und gut trocknen. Die Beeren auf Förmchen verteilen. Prosecco mit der Zucker-Gelatine-Prosecco-Flüssigkeit vorsichtig vermischen und damit die Förmchen auffüllen.
Mehrere Stunden kühl stellen.

Pudding della nonna

Tine Giacobbo, Restaurant Alpenrose, Zürich
4 Personen ☆

2,5 dl Sauerrahm
4 dl Rahm
75 g Zucker
1 EL Kastanienhonig
Zitronensaft
4 Blatt Gelatine

Sauerrahm, 1 dl Rahm, Zucker, Kastanienhonig und etwas Zitronensaft mischen. Gelatine in kaltem Wasser einweichen. 1 dl Rahm erwärmen, Gelatine darin auflösen und in den Honig-Rahm einrühren. 2 dl Rahm steif schlagen und unter die leicht gefestigte Masse ziehen. In Puddingförmchen abfüllen und kalt stellen. Puddingförmchen kurz in warmes Wasser halten und Pudding auf den Teller stürzen.
Beerensauce darübergiessen und mit Beeren garnieren.
Dazu passt auch Aprikosen- oder Zwetschgenkompott.

Küchlein, Törtchen

Schokoladetörtchen

Loretta Bertoldi, Grotto del Cavicc, Gentilino-Montagnola (TI)
4–5 Törtchen ☆

100 g Schokolade (mind. 70 % Kakaoanteil)
80 g Butter
2 Eier
80 g Zucker
20 g Mehl

Schokolade und Butter im Wasserbad schmelzen. Separat Eier mit Zucker und einer Prise Salz schaumig schlagen. Die Schokolade dazurühren. Mehl durch das Sieb dazugeben und verrühren. Die Masse in Törtchenformen füllen und im Backofen bei 180 ° 10–20 Min. backen. Wichtig ist, dass die Törtchen aussen knusprig werden, die Schokolade innen aber flüssig bleibt. Heiss servieren.
Dazu passt Vanille- oder Nussglace.

Zürcher Öpfelchüechli mit Süssmost

Tine Giacobbo, Restaurant Alpenrose, Zürich

4 Personen ☆

4 Äpfel
Zucker
Süssmost
150 g Mehl
Salz
1 EL Öl
2 Eigelb
2 Eiweiss
Frittieröl
Zimtzucker

Äpfel waschen, schälen, entkernen und 1 cm dicke Ringe schneiden. Apfelringe in 3 EL Zucker und etwas Süssmost einlegen. Mehl, eine Prise Salz, 1,5 dl Süssmost, Öl und Eigelb gut vermischen zu einem glatten Teig rühren. Eiweiss schlagen und kurz vor dem Frittieren darunterziehen. Apfelringe in den Teig geben und in heissem Öl (180 °) frittieren. Auf Küchenpapier abtropfen und mit Zimtzucker bestreuen.

Dazu passen frische Beeren (mit Vanillezucker und Zitronensaft angemacht) und eine Süssmost-Vanille-Sauce.

Giavelets cun cua

(Teufelsschwänzchen aus Dörrbirnen)

Lorenza Caminada, Vrin (GR)

4–6 Personen ☆

18–20 Dörrbirnen
250 g Weissmehl
3 dl Milch
3 Eier
1 l Frittieröl
5–6 dl Rotwein
150 g Zucker
1 Zimtstange
Rahm

Dörrbirnen mit Stiel 10–15 Min. in Wasser weich kochen und gut abtropfen lassen.

Mehl, Milch, Eier, eine Prise Salz zu einem Ausbackteig verarbeiten und 30 Min. ruhen lassen. Frittieröl in der Fritteuse auf 180 ° erhitzen. Die Dörrbirnen in den Ausbackteig tauchen und goldgelb frittieren. Diesen Vorgang mit jeder Birne 3–4 Mal wiederholen. Der Stiel der «Teufelsschwänzchen» muss immer gut sichtbar bleiben. Rotwein, Zucker, Zimtstange zusammen aufkochen und etwas einkochen.

Die frittierten Dörrbirnen halbieren, anrichten und mit der Weinsauce übergiessen. Mit geschlagenem Rahm garnieren.

Zürcher Nideltörtli

Rico Nachtweih, Restaurant Sonne, Küsnacht (ZH)
Für 6–8 Stück ☆☆

270 g Kuchenteig
30 g Butter
40 g Mehl
3 dl Milch
Salz
3 dl Sauerrahm
3 Eier
Muskatnuss
60 g Zucker

Den Teig ausrollen und in die ausgebutterten Tartelette-Förmchen auslegen.
Butter schmelzen, Mehl zugeben, kurz anschwitzen, mit Milch ablöschen und aufkochen, bis es bindet, eine Prise Salz dazugeben. Auskühlen lassen und Sauerrahm zusammen mit Ei, einer Prise Muskat und Zucker unter die Masse rühren. In die ausgelegten Förmchen füllen und 10 Min. im 180° heissen Ofen backen. Die Törtchen aus dem Ofen nehmen und 3 Min. stehen lassen. Danach die Törtchen für weitere 10 Min. im Ofen bei 180° fertig ausbacken.
Zum Zürcher Nideltörtli passt Vanilleglace.

Spinat-Ricotta-Törtchen mit Rüsümada

Davide Alberti, Ristorante Vecchia Osteria, Seseglio (TI)
4 Personen ☆

600 g Blattspinat
150 g Ricotta
1 Ei
1 Eigelb
50 g Rosinen
40 g Zucker
Rüsümada
4 Eier
Zucker
Merlot

Blattspinat waschen, Stiele entfernen, 3 Min. blanchieren und abtropfen lassen. Den Spinat grob hacken und mit Ricotta, Ei, Eigelb, Rosinen und Zucker vermengen. Die Masse in gebutterte Portionenförmchen füllen. 10–15 Min. bei 180° backen. Nadelprobe machen.
Lauwarm mit Rüsümada (Rotweinschaumcreme) servieren.
Rüsümada: Eier trennen und die Eigelb mit 4 halben Eierschalen voll Zucker aufschlagen. Eiweiss zu Schnee schlagen, mit der Eicreme mischen und alles mit 4 halben Eierschalen voll Merlot schön schaumig aufschlagen.
Tipp: Wein durch Marsala ersetzen und die Eicreme im Wasserbad schaumig schlagen: So entsteht ein Zabaione.

Emmer-Pfannkuchen gefüllt

Dieter Keist, Restaurant Zum Hirzen, Schinznach Dorf (AG)
8 Pfannkuchen ☆☆

150 g Emmermehl
30 g Zucker
5 dl Milch
1 EL Baumnussöl
3 Eier
Sonnenblumenöl
Füllung
1 dl Riesling × Silvaner
150 g Baumnüsse
8 EL Birnel
150 g Weinbeeren

Emmermehl, eine Prise Salz, Zucker, Milch, Baumnussöl, Eier verrühren. Sonnenblumenöl in einer Teflonpfanne erhitzen und die Emmermasse portionenweise auf beiden Seiten goldgelb backen.

Füllung: 1 dl Wasser, Riesling × Silvaner und Birnel (eingedickter Birnensaft) aufkochen. Baumnüsse und Weinbeeren dazugeben und zur gewünschten Konsistenz einkochen. Die Hälfte der Füllung auf die Pfannkuchen verteilen. Pfannkuchen rollen und auf eine Platte geben. Die übrige Füllmasse darübergiessen oder -streichen. Pfannkuchen vor dem Servieren bei 90 ° 5 Min. in den Ofen stellen.
Mit Vanilleglace servieren.

KUCHEN
UND GEBÄCK

Chüechlete

Wer Kuchen liebt, darf sich freuen. Wie bei den Desserts zeigt sich auch beim Feingebäck eine unglaubliche Kreativität in der Schweizer Küche. Es gibt Dutzende von Rahmwähen, Obst- und Beerenkuchen, Lebkuchen, Guetzli und weiteren kleinen und grossen Backkunstwerken. Das hat zunächst einmal ganz praktische Gründe: In der alten Bauernküche galt es stets, die Dinge möglichst vor «Ablaufdatum» zu verwerten – den überschüssigen Rahm, das alte Brot, Beeren und Obst. Dazu kommen viele von den lokalen Bräuchen vorgegebene Backtermine, wie etwa beim Toétché im Jura, der traditionellerweise im Herbst auf das Fest des Saint-Martin hin gebacken wird (Rezept S. 337). Ähnlich ist es mit den Anisguetzli, Chräbeli, Beignets und Bricelets, die im Kanton Freiburg das unverzichtbare Finale der herbstlichen Bénichon bilden. Die ganz grosse Chüechlete – ein Mundartausdruck für Süssbacken – bricht erst im Herbst und vor allem in der Adventszeit aus. Ein alter Volksbrauch, der oft gemeinsam mit den Kindern betrieben wird: Nichts Schöneres, als gemeinsam Chräbeli, Zimtsterne, Mailänderli oder Brunsli zu backen – und ab und zu auch neue Formen auszuprobieren, wie ich das als Kind gerne machte. Meine Kunstwerke gingen im Ofen zwar nicht immer auf, aber wie heisst es so schön: Der Weg ist das Ziel.

Wo der Kuchen aufhört und die Torte beginnt, ist eine Frage, die mein Lektor Günther Fässler so entschied: «In der ‹Urchuchi› ist immer und zuallererst das Urverständnis heranzuziehen: Noch bei Luther (‹und sie buchen ungesewrte kuchen›; Ex 12,39) ist Kuchen Brot, während die Torte, wenn wir dem lateinischen ‹tortus panis› folgen, spitzfindiges Brot ist. Also: Die Torte beginnt dort, wo der Kuchen nicht aufhört.»

Im Mittelalter war der Kuchen tatsächlich meist ein brotähnliches und grobes Gebäck. Feines Gebäck aus Blätterteig, wie es im osmanischen Reich üblich war, kam erst relativ spät in die europäischen Backstuben. 1581 verfasste Marx Rumpolt, Koch am Hof des Mainzer Kurfürsten, eine Anleitung für einen mehrlagigen Butterteig, bei dem die einzelnen Lagen hauchdünn wie ein Schleier sein sollten. Auch im Kloster Cluny sollen zu dieser Zeit die verwöhnten Mönche bereits Blätterteiggebäck genossen haben. In diese Zeit fällt auch die Einführung des Biskuitteigs, die Verwendung von Vanille, Zucker und anderen exotischen Zutaten. Doch erst als François de Cuvilliés 1735 den ersten vollummauerten Kochherd mit Backofen schuf, ging es mit dem Kuchenbacken so richtig los. Mitte des 19. Jahrhunderts brachten die ersten Herde aus Metall nochmals Schub in die Schweizer Koch- und Backkunst. Viele Gerichte – wie etwa das Zürcher Geschnetzelte – konnten erst mit den modernen Kochherden und Pfannen zubereitet werden und sind, so alt sie wirken, oft jüngeren Datums.

Apfeltörtchen «Silvia»
(Rezept S. 342)

Ein Hauch Exotik

Untrennbar mit dem Feingebäck verbunden sind die Gewürze, die zu einem grossen Teil exotischer Herkunft sind. Allen voran die Königin der Gewürze, die ursprünglich aus Süd- und Mittelamerika stammt und heute vorwiegend auf Madagaskar und anderen Inseln im Indischen Ozean angebaut wird. Der Vanille wird eine aphrodisische Wirkung zugeschrieben, was am Hauptaromastoff Vanillin liegen mag, der chemisch verwandt ist mit dem menschlichen Botenstoff Pheromon. Gewirkt hat das Vanillin offenbar schon bei der englischen Königin Elisabeth I., wie in Ernesto Paulis Kochlexikon nachzulesen ist: «Hugh Morgan, ihr Apotheker, musste sämtliche Puddings ihrer Majestät mit Vanille würzen. Danach weigerte sich Elisabeth I., irgendetwas zu trinken oder zu essen, das nicht nach Vanille schmeckte.»

Gebäck spiegelt Lebensbedingungen

In vielen süssen Kreationen manifestiert sich ein Stück Zeitgeschichte: Bei der heute weltberühmten Nusstorte aus dem Engadin – von den Einheimischen Fuatscha grassa genannt – reicht sie bis ins 18. Jahrhundert: Viele Engadiner Zuckerbäcker fanden im Tal keine Arbeit mehr und wanderten nach Italien, Frankreich und Amerika aus. Wahrscheinlich aus Frankreich nahmen sie das Grundrezept für den süssen Mürbeteigkuchen mit nach Hause und brachten es im Bündner Hochtal zur Vollendung. Beeindruckend ist das Innenleben der Kreation: Es besteht aus Nüssen, Honig, Caramel und Rahm (Rezept S. 333).

Ein vergleichbares Gebäck findet sich in der Leventina: die Spampezi, oft auch Panspezie und in einigen Dörfern Grèfli genannt, was wörtlich übersetzt Brotstücke heisst. Mit Brot hat dieses traditionelle Weihnachtsgebäck allerdings wenig zu tun. Bei den Säumern war dieser Vorläufer des Riegels eine beliebte Wegzehrung, und noch heute sind die Spampezi eine der beliebtesten Schätze im kulinarischen Erbe «ennet dem Gotthard» (S. 351).

Apfeltorte «La Parada» (Rezept S. 343)

Ein besonderer Fund ist die Apfeltorte von Virginia Croci-Torti. Das Rezept stammt aus den 1930er-Jahren und gehört zu den fast vergessenen Spezialitäten im kulinarischen Erbe des Mendrisiotto. La Parada mit ihrem feinen Apfelaroma schmeckt so gut, dass sie es verdient, wieder öfter zubereitet zu werden (Rezept S. 343).

Auf den folgenden Seiten werden Sie noch viele solche Fundstücke entdecken. Geniessen Sie die Vorfreude und lassen Sie sich verführen, den Backofen wieder einmal vorzuheizen!

Engadiner Nusstorte

Elisabeth Christen, Restaurant Dorta, Zuoz (GR)
Für eine Springform Ø 18 cm ☆

100 g Zucker
2 EL Zitronensaft
1 dl Rahm
1 EL Bienenhonig
120 g Baumnüsse
400 g süsser Mürbeteig

Zucker ohne Wasserzugabe hellbraun rösten (karamellisieren), vorsichtig Zitronensaft zugeben. Rahm und Bienenhonig zusammen erhitzen und zum Zucker geben, alles aufkochen und kurz etwas reduzieren. Über die Baumnüsse geben und auskühlen lassen.
Zwei Drittel des Mürbeteigs 4–5 mm dick auswallen, gebutterte Springform auslegen, Teigrand 5 cm hochziehen. Nussmasse einfüllen, Teigrand über die Füllung biegen, mit Wasser befeuchten und Teigdeckel gut schliessend aufsetzen. Nach Belieben mit Nüssen dekorieren. Bei 180 ° ca. 40 Min. backen.

Thurgauer Apfeltorte

Werner Hinden, Restaurant Obholz, Frauenfeld (TG)
Für eine Springform Ø 22–24 cm ☆

140 g Butter
125 g Zucker
2 Eigelb
Zitronensaft
200 g Mehl
1 EL Backpulver
2 Eiweiss
3 EL Zucker
4 Äpfel

Kuchenform ausbuttern. 125 g weiche Butter mit Zucker cremig rühren, Eigelb und etwas Zitronensaft beimischen. Mehl und Backpulver vermischen und beifügen. Eiweiss mit 2 EL Zucker steif schlagen, den Eischnee auf das Mehl geben, vorsichtig unter die Masse ziehen und in die vorbereitete Form füllen. Äpfel halbieren, entkernen, lamellenartig einschneiden und in die Masse drücken. 1 EL Zucker darüberstreuen. Im 200° heissen Backofen 35–40 Min. backen.

Tessiner Apfel-Zimt-Torte

Anna und Andrea Biffi, Restaurant Ul Furmighin, Sagno (TI)
Für ein Kuchenblech Ø 26 cm ☆

1 Brisé-Teig (mürber Pastetenteig)
1 Handvoll Sultaninen
5 Äpfel
2 EL Zimt
50 g Butter
50 g Zucker
100 g Mandelblättchen

Backblech ausbuttern und mit Brisé-Teig (oder Kuchenteig) auskleiden. Sultaninen auf dem Teigboden verteilen. Äpfel waschen, schälen und in feine Scheiben schneiden, mit Zimt vermischen und auf den Teigboden geben. Weiche Butter, Zucker und Mandelblättchen vermengen und die Äpfel damit bedecken. Im 180° heissen Ofen ca. 40 Min. backen.

Walliser Aprikosenkuchen

Lukas Imseng, Bäckerei und Restaurant Imseng, Saas-Fee (VS)
Für ein Kuchenblech Ø 26 cm ☆

1 EL Butter
250 g Kuchenteig
60 g Mandeln
600–800 g Aprikosen
3 Eier
50 g Zucker
3 dl Rahm
1 Briefchen Vanillezucker
60 g Aprikosenglasur
50 g Mandelblättchen

Das Blech ausbuttern, den Teig ausrollen und mit der Gabel einstechen. Teigboden mit geriebenen Mandeln bestreuen. Im Kühlschrank 30 Min. ruhen lassen. Den Backofen auf 190 ° vorheizen. Aprikosen entsteinen, halbieren und den Teigboden damit belegen. Kuchen auf der untersten Schiene 20 Min. backen. Eier, Zucker, Rahm und Vanillezucker verquirlen. Diesen Guss zwischen die Aprikosen giessen. Nochmals 20 Min. backen. Aprikosenglasur erwärmen, Kuchen damit glasieren und mit gerösteten Mandelblättchen bestreuen.
Der Kuchen schmeckt lauwarm am besten.

Genfer Birnentorte «Escalade»

Lukas Imseng, Bäckerei und Restaurant Imseng, Saas-Fee (VS)
Für ein Kuchenblech Ø 26 cm ☆

150 g Mehl
Salz
50 g Butter
30 g Zucker
Zimt
20 g Mehl
8 Birnen,
100 g Zitronat oder Orangeat
100 g Weinbeeren
1½ EL Baumnussöl
1 dl Weisswein
1 dl Rahm
40 g Rohzucker

Mehl mit ½ TL Salz und kalten Butterstücken gleichmässig verreiben, nach und nach 5 EL kaltes Wasser beigeben. Teig zusammenfügen (nicht kneten!). Mit Folie abdecken und 30 Min. kühl stellen. Rund auswallen auf etwa 30 cm, Form belegen, Rand hochziehen, mit Gabel einstechen.
Zucker, wenig Zimt und Mehl trocken mischen, auf den Teigboden streuen. Birnen schälen, entkernen, in Scheibchen schneiden, mit Zitronat oder Orangeat, Weinbeeren und Baumnussöl mischen. Auf dem Teig verteilen und mit Weisswein beträufeln. Rahm mit Rohzucker mischen und über die Torte giessen. Bei 220 ° ca. 35 Min. backen. Erkalten lassen, erst dann den Rand lösen und die Torte aus der Springform nehmen.

Tarte au Vin cuit

Philippe Milleret, Auberge de la Couronne, Lessoc (FR)
Für ein Kuchenblech Ø 30 cm ☆

200 g Mehl
Salz
70 g Butter
2 dl Vin cuit (eingedickter Birnensaft)
2 dl Rahm
2 Eier
1 TL Mehl

Mehl sieben, mit ½ TL Salz und kalter Butter gleichmässig verreiben, nach und nach 1 dl kaltes Wasser beigeben. Teig zusammenfügen (nicht kneten!). Mit Folie zudecken und 30 Min. kühl stellen. Auswallen, Form belegen, mit Gabel einstechen und mit Alufolie belegen. Mit Kirschensteinen oder getrockneten Hülsenfrüchten beschweren und 20 Min. bei 250 ° blind backen.
Vin cuit, Rahm, Eier und Mehl gut vermischen. Die Masse auf den Teig giessen und den Kuchen bei 120 ° etwa 45 Min. ausbacken.
Variante: Den Kuchen ohne Blindbacken bei 220 ° ca. 50 Min. backen.

Gâteau du Vully mit Rhabarber

Werner Rätz, Restaurant Auberge des Clefs, Lugnorre (FR)
Für ein Kuchenblech Ø 28 cm ☆☆

10 g Hefe
1 dl Milch
250 g Mehl
30 g Zucker
1 Ei
70 g Butter
80 g Rhabarber
80 g Hagelzucker
2 dl Doppelrahm

10 g Hefe mit 1 EL lauwarmer Milch auflösen. Mehl, Zucker, lauwarme Milch, Ei und weiche 50 g Butter mit der Hefe zu einem Teig kneten. Den Teig auswallen und sofort auf das mit 20 g Butter ausgebutterte Blech geben und gehen lassen (1 Std.). Rhabarber, gewaschen und geschält, in Stücke von 1 cm schneiden, auf den Teig geben und ein wenig eindrücken. Hagelzucker auf den Kuchen streuen und mit Doppelrahm übergiessen. 20 Min. bei 200 ° im Ofen backen.
Die Tarte schmeckt ofenfrisch am besten.
Variante: Anstelle von Rhabarber Zwetschgen verwenden (siehe Bild).

Toétché (jurassischer Rahmkuchen)

Serge Guntz, Restaurant Au Cheval Blanc, Asuel (JU)
Für ein Backblech von 24 cm ☆

250 g Weissmehl
1 TL Salz
20 g Butter
10 g Hefe
2 dl Milch
1 EL Kirsch
1 Ei
1 Eigelb
2,5 dl Doppelrahm
1 Msp. Safran

Mehl und Salz mischen und eine Mulde formen. Weiche Butter in kleinen Stücken in die Mulde geben. Zerbröckelte Hefe in 1,5 dl Milch auflösen, in die Mulde giessen und alles zu einem Teig verarbeiten. 30 Min. gehen lassen. Kirsch in 0,5 dl Milch geben, zum Teig hinzufügen, Teig kneten bis er weich und elastisch ist. Auswallen und auf das gebutterte, mit Mehl bestäubte Blech legen. 45 Min. bei Zimmertemperatur gehen lassen.
Ei, Eigelb, Doppelrahm und Safran vermischen und auf den Teig giessen. Backofen auf 220 ° vorheizen. Kuchen auf der untersten Rille 30 Min. backen. Aus der Form nehmen und auskühlen lassen.
Tipp: Mit Zucker bestreut kann der Toétché auch als süsses Gebäck serviert werden.

Torta di pane (Tessiner Brotkuchen)

Fiorella Macullo, Grotto Pergola, Giornico (TI)
Für eine Springform Ø 26 cm ☆

400 g Brotresten vom Vortag
1 l Milch
250 g Zucker
300 g Sultaninen
3–4 EL Grappa
30 g Pinienkerne
50 g Kakaopulver
1 Zitrone
1 Ei
Mehl
Butter

Am Vortag Brotreste in Würfel schneiden, in eine grosse Schüssel geben. Milch mit Zucker und Kakaopulver glatt rühren und zusammen erhitzen. Heisse Kakaomilch über die Brotwürfel giessen und über Nacht stehen lassen. Sultaninen in Grappa einweichen.

Pinienkerne, etwas abgeriebene Zitronenschale und Ei vermischen. Zusammen mit dem Grappa und den Sultaninen zum eingeweichten Brot geben und gut verrühren. Masse in ausgebutterte, bemehlte Form geben und flach streichen. Im 190° heissen Ofen während 60 Min. backen. Mit Butterflocken belegen und nochmals in den Ofen geben, bis sich eine feine Kruste bildet. Mit einem Holzstäbchen die Torte kontrollieren, sie soll noch weich sein.

Torta di pane schmeckt am besten am folgenden Tag.

Torta di pane di lusso

Lucia Ferrari-Parolini, Soazza (GR)
Für eine Springform Ø 28 cm ☆

500 g dunkles altbackenes Brot
1,5 l Milch
3 Eier
200 g Zucker
Salz
1 grosses Amaretti
100 g Mandeln oder Baumnüsse
100 g Rosinen
1 EL Grappa
1 EL Rum
1 EL Marsala
½ Zitrone, Saft
½ Orange, Saft
25 g Butter
1 Handvoll Pinienkerne

Das Brot mit heisser Milch übergiessen über Nacht einweichen. Das Brot muss weich sein; überschüssige Milch abgiessen. Eier, Zucker und zwei Prisen Salz schlagen und mit dem Brot vermengen. Amaretti zerdrücken und mit geriebenen Mandeln oder Baumnüssen und Rosinen dazugeben, dann Grappa, Rum, Marsala, Zitronen- und Orangensaft. Gut vermengen. Die Masse in die gut ausgebutterte und bemehlte Form füllen und mit Butterflocken und Pinienkernen bestreut bei 180 ° ca. 90 Min. backen. Nadelprobe.

Torta di pane ist ein klassisches Urchuchi-Rezept aus der Tessiner Cucina povera. Erfunden wurde sie in den Tälern des Sopraceneri, um Brotresten zu verwerten. Das Kakaopulver ist erst in jüngerer Zeit dazugekommen, und es ist eine Streifrage, ob es überhaupt hineindarf oder nicht. So oder so ist die Torta di pane eine der grossen Erfindungen im kulinarischen Erbe des Tessins.

Kuchen, Torte

Grosis Sonntags-Rhabarberkuchen

Nadja Hoffer, ehemals Restaurant Zum Hirschen, Oberstammheim (ZH)
Für eine Springform Ø 26 cm ☆

150 g Schraps (altbackene Guetzli, Cake etc. in Krümeln)
80 g Mandeln
200 g Butter
700 g Rhabarber
150 g Erdbeer-Rhabarber-Konfitüre
150 g Mehl
75 g Maizena
1 TL Backpulver
230 g Zucker
2 TL Vanillezucker
3 Eier
5 Eiweiss
Salz
1 EL Erdbeerlikör

Springform mit Butter leicht einfetten und mehlen. Schraps, grob gehackte Mandeln und 50 g geschmolzene Butter mischen. Die Mischung auf den Boden der Springform festdrücken. Bei 190 ° im vorgeheizten Ofen 5 Min. backen.

Rhabarber waschen, schälen und in Stücke von 1 cm schneiden. 200 g davon mit Erdbeer-Rhabarber-Konfitüre mischen und auf dem vorgebackenen Boden verteilen. Mehl, Maizena und Backpulver fein sieben und zusammenmischen.

150 g weiche Butter, 150 g Zucker und Vanillezucker mit dem Mixer schaumig rühren, bis die Masse hell ist. Eier unterrühren und das vorbereitete Mehl-Gemisch unterheben. Den Teig in die Form füllen, die restlichen 500 g Rhabarber gleichmässig darauf verteilen. Kuchen bei 180 ° 20 Min. backen. 5 Eiweiss mit einer Prise Salz mit dem Mixer steif schlagen. 180 g Zucker dazugeben, weiterschlagen, bis die Masse glänzt. Erdbeerlikör beigeben. Den Eischnee mit dem Teigschaber auf dem Kuchen verteilen und 15 Min. bei 180 ° fertig backen.

Eine Stunde auskühlen lassen. Nicht kalt stellen. Mit einem grossen Brotmesser vorsichtig und ohne Druck schneiden.

Apfeltörtchen «Silvia»

Silvia Manser, Restaurant Traube, Gais (AR)
Für 4 Förmli Ø 10 cm, Höhe ca. 1,5cm ☆

4–6 säuerliche Äpfel
60 g Butter
80 g Zucker
Zimt
1 dl Weisswein
1 kleine Packung Blätterteig

Den Boden der Förmli mit Backpapier auslegen und den Rand gut mit Butter bestreichen. Die Äpfel schälen, vierteln, entkernen und in dünne Scheiben schneiden. In einer Teflonpfanne die Butter zergehen lassen, die Apfelscheiben dazugeben, Zucker und Zimt dazugeben, kurz dünsten und mit Weisswein ablöschen. Unter zeitweisem Schwenken so lange weiterdünsten, bis die Flüssigkeit einreduziert ist. Die Apfelscheiben schön regelmässig in die Förmchen einschichten und etwas andrücken. Ausgewallten Blätterteig aufsetzen und leicht andrücken. Im vorgeheizten Ofen während ca. 10 Min. bei 200 ° backen, bis der Blätterteig schön knusprig ist.
Auf Teller stürzen und mit Vanilleglace servieren.

Weinkuchen «La Côte»

Jean-Claude Daglia, Restaurant de l'Union, Bursins (VD)
Für ein Backblech Ø 30 cm ☆

250 g Mehl
100 g Zucker
Salz
175 g Butter
2 Eigelb
3 EL Zucker
1 TL Zimt
4 dl Rotwein (z. B. Salvagnin)
1 EL Maisstärke

Mehl, Zucker und eine Prise Salz mischen. Mit 125 g kalten Butterstücken zu einer krümeligen Masse verreiben und eine Mulde formen. Eigelb und 2–3 EL Wasser hineingeben und vorsichtig zu einem Teig zusammenfügen. Nicht kneten. Mit einer Folie abdecken und 30 Min. kühl stellen. Teig auf wenig Mehl 2–3 mm dick auswallen. Kuchenblech ausbuttern und den Teig darauf auslegen. Mit einer Gabel einstechen.
3 EL Zucker und 1 TL Zimt mischen und auf den Teigboden streuen. 50 g kalte Butterstückchen darauf verteilen. Rotwein und Maisstärke verrühren und auf den Teig giessen. Im 220 ° heissen Ofen im unteren Teil ca. 30 Min. backen. Wenn während des Backens Blasen entstehen, mit einem spitzen Messer den Boden einstechen. Nach dem Backen auf ein Gitter legen und vollständig auskühlen lassen. Der Kuchen darf beim Aufschneiden noch ein wenig auslaufen.
Variante: Anstelle von Rotwein kann auch Weisswein (z. B. Chasselas) verwendet werden.

La Parada (Pfannenkuchen aus dem Mendrisiotto)

Claudio Croci-Torti, Ristorante Montalbano, San Pietro di Stabio (TI)

3 Personen ☆

1 Ei
2 EL Zucker
2 EL Milch
1 Apfel
1 Zitrone
Salz
1 TL Backpulver
4 EL Mehl
1 EL Sonnenblumenöl

Ei zusammen mit Zucker in einer Schüssel schaumig rühren. Milch, 2 EL Wasser, geraffelten Apfel und geriebene Schale der Zitrone dazugeben und weiterrühren. Eine Prise Salz und Backpulver unterrühren und langsam Mehl unter die Masse ziehen, bis ein homogener Teig entsteht. Auf dem Herd eine Teflonpfanne mit Sonnenblumenöl auf Mittelhitze erwärmen, den Teig hineinstürzen und beidseitig golden braten. Herausnehmen und mit Zucker bestreuen. Nach 10–15 Min. noch lauwarm servieren.

Das Rezept stammt aus den 1930er-Jahren, aufgeschrieben von Claudios Grossmutter Virginia. Es gehört zu den fast vergessenen Spezialitäten im kulinarischen Erbe des Mendrisiotto.

Castagnaccio (Kastanienkuchen)

Edo Martinelli, Agriturismo Monte Pioda, Quartino (TI)
Für eine Springform Ø 24 cm ☆

2 EL Sultaninen
400 g Kastanienmehl
6 EL Olivenöl
3 EL Zucker
Salz
Butter
Paniermehl
2 Zweige Rosmarin
2 EL Pinienkerne

Sultaninen in lauwarmem Wasser einweichen. Kastanienmehl in eine Schüssel geben, 4 EL Olivenöl, Zucker und eine Prise Salz dazugeben; gut kneten und unter ständigem Rühren mit einer Holzkelle nach und nach 9 dl kaltes Wasser daruntermischen. Backform ausbuttern, mit Paniermehl bestreuen. Masse in die Backform leeren. Rosmarin, grob gehackt, abgetropfte Sultaninen, Pinienkerne und 2 EL Olivenöl über die Masse geben. Im 200 ° heissen Ofen 50 Min. backen. Der Castagnaccio sollte drei Finger hoch, innen sehr weich und aussen leicht knusprig werden. Lauwarm oder kalt servieren.

Fogascia (Dreikönigskuchen aus Soazza)

Lucia Ferrari-Parolini, Soazza (GR)
Für einen Laib ☆

500 g Weissmehl
250 g Zucker
½ Beutel Vanillezucker
½ Beutel Backpulver
4 TL Zimt
Muskatnuss
½ Zitronenschale
1–2 EL Marsala
4 dl Milch
1 EL Zitronensaft
80 g Baumnüsse
80 g Rosinen

Mehl mit Zucker, Vanillezucker, Backpulver, Zimt, wenig Muskat und Abrieb einer halben Zitrone mischen. Mit Marsala und so viel Milch wie nötig (ca. 4 dl) zu einem festen Teig kneten. Zitronensaft, gehackte Baumnüsse und Rosinen einkneten. Ein Brot formen und bei 180 ° 35–45 Min. backen. Nadelprobe.

Roggenbrotkuchen «Grand-mère»

Jean-Maurice Luyet, Restaurant Auberge du Barrage, Sanetsch (VS)
Für eine Cakeform 25 cm ☆

350 g altbackenes Roggenbrot
6 dl Milch
3 dl Rahm
150 g Haselnüsse
120 g Rosinen
3 Eier
200 g Zucker
Zimt
35 g Butterflocken

Roggenbrot in Würfel schneiden, in Milch und Rahm in einer Rührschüssel einweichen. Gemahlene Haselnüsse, Rosinen, Eier und Zucker beifügen. Alles gut mischen, bis eine homogene Masse entstanden ist. In die ausgebutterte Cakeform füllen. Mit Zimtpulver bestreuen, mit Butterflocken belegen und 50 Min. bei 180 ° im vorgeheizten Ofen backen. Erkalten lassen und aus der Form nehmen.
Dazu passt Zimtglace.

Kastaniengugelhopf «Agnese»

Agnese Broggini, Ristorante Stazione Da Agnese, Intragna (TI)
Für eine Gugelhopfform Ø 24 cm ☆

8 Eigelb
300 g Zucker
200 g Butter
400 g Kastanienpüree
300 g Haselnüsse
8 Eiweiss

Eigelb und Zucker verrühren. Flüssige Butter und Kastanienpüree damit vermengen. Gemahlene Haselnüsse dazugeben. Eiweiss zu Schnee schlagen. Zuerst einen Viertel unter die Masse heben, nachher den Rest. In die gut ausgebutteter Form füllen und bei 190 ° ca. 40 Min. backen.

Gugeltöpfchen mit Buchweizenmehl

Sabine Miggitsch, Ristorante Oxalis, Ponte Capriasca (TI)
Für 6 Souffléförmchen ☆☆

3 säuerliche Äpfel
200 g Butter
200 g Zucker
3 Eier
150 g Buchweizenmehl
200 g Weissmehl
40 g Nüsse
1 Päckchen Backpulver

Äpfel schälen, entkernen und in kleine Würfel schneiden. Weiche Butter mit Zucker schaumig rühren. Nach und nach Eier hinzufügen. Buchweizenmehl mit Weissmehl, gehackten Nüssen und Backpulver mischen und unterrühren. Apfelwürfel dazugeben und den Teig in gebutterte, mit Mehl ausgestreute Souffléförmchen füllen. Bei 180 ° 15–20 Min. backen. Nadelprobe.
Tipp: Statt Souffléförmchen können auch kleine Blumentöpfchen verwendet werden.

Rüebligugelhöpfli

René Hofmann, Restaurant Aarehof, Wildegg (AG)
für 8 Gugelhöpfli ☆

300 g Rüebli
5 Eigelb
250 g Zucker
250 g Haselnüsse
70 g Mehl
1 Msp. Zimt
1 Msp. Salz
1 Zitrone
Rüebligeist
5 Eiweiss
1 dl Orangensaft
200 g Puderzucker

Rüebli schälen und fein raffeln. Eigelb und Zucker schaumig rühren. Geraffelte Rüebli, Haselnüsse, Mehl, Zimt und Salz, Zitronenzesten und etwas Zitronensaft sowie einen Schuss Rüebligeist zur Eimasse geben und mischen. Eiweiss mit einer Prise Salz steif schlagen und vorsichtig unter die Masse ziehen. In ausgebutterte Gugelhopfförmli füllen und im vorgeheizten Backofen bei 180 ° 30 Min. backen.
Orangensaft, Puderzucker und einen Schuss Rüebligeist zu einer Glasur verrühren. Die gebackenen Gugelhöpfli mit Glasur beträufeln.

Lebkuchen «Blasenberg»

Beatrice Limacher, Restaurant Blasenberg, Zug
Für ein Backblech ☆

500 g Weissmehl
250 g Zucker
15 g Backpulver
3 EL Schokoladepulver
3 EL Lebkuchengewürz
5 dl Milch
3 EL Butter (oder Sonnenblumenöl)
2 EL Butter

Mehl, Zucker, Backpulver, Schokoladepulver und Lebkuchengewürz gut mischen. Milch und flüssige Butter (oder Sonnenblumenöl) dazugeben, alles gut rühren, bis der Teig Blasen wirft. Backblech mit Backpapier belegen, mit Öl bepinseln und den Teig gleichmässig darauf verteilen (wenn das Blech zu gross ist, einen mehrfach gefalteten Streifen Alufolie vor den Teig legen). Auf der zweituntersten Rille bei 180 ° ca. 30 Min. backen. Den warmen Kuchen mit flüssiger Butter bepinseln.

Brunsli ganz anders

Ambros Notz, Restaurant Des Bains, Murten (FR)
Für eine Kastenform 30 cm ☆

150 g Zucker
10 Eigelb
10 Eiweiss
250 g Zartbitterschokolade
300 g Schraps (altbackenes Blätterteiggebäck, Konfekt etc. in Krümeln)
Butter

Zucker mit Eigelb schaumig rühren. Eiweiss steif schlagen. Zartbitterschokolade in Würfel schneiden, mit Schraps mischen und zur Eicreme geben. Das steif geschlagene Eiweiss sorgfältig unterheben. In der gebutterten Form bei 180 ° backen. Mit einer Nadel den Backprozess kontrollieren: Wenn kein Teig mehr an der Nadel haftet, «Brunsli» aus der Form nehmen, etwas abkühlen lassen, in Scheiben schneiden und noch warm servieren.

Ponscheggia (Saaser Fasnachtschräpfli)

Lukas Imseng, Bäckerei Imseng, Saas-Fee (VS)
Für eine Kaffeerunde ☆☆

250 g Weissmehl
50 g Butter
1 EL Weisswein (Fendant)
3–4 EL Abricotine
3 EL Rahm
3 Eier
Salz
130 g Roggenbrotwürfelchen
1,2 dl Rotwein (Dôle)
40 g Butter
60 g Dörraprikosen
40 g Baumnüsse
1 unbehandelte Zitrone
Frittieröl
Puderzucker

Mehl mit kalten Butterstückchen krümelig reiben. Weisswein, Abricotine, Rahm, Eier und eine Prise Salz dazugeben und zu einem Teig zusammenfügen (nicht kneten, sonst wird der Teig zäh). Im Kühlschrank 1 Std. ruhen lassen.
Roggenbrotwürfelchen, Rotwein, flüssige Butter, Dörraprikosenwürfelchen, gehackte Baumnüsse, abgeriebene Schale und Saft der Zitrone vermischen.
Den Chräpfliteig 2 mm dünn ausrollen und Rondellen von 7 cm ausstechen. 1 TL der Füllung in die Mitte geben, den Rand mit Wasser befeuchten und die Rondellen zusamenklappen. Rand mit Gabel andrücken und die Chräpfli einige Male einstechen. In Frittieröl in Portionen frittieren. Mit einem Schaumlöffel herausnehmen, mit Puderzucker bestäuben und lauwarm servieren.

Gommer Chräpfli (Fasnachtsgebäck)

Anne-Danielle Walpen, Obergesteln (VS)
20 Stück ☆

200 g Roggenbrot, 2–3 Tage alt
150 g Haselnüsse gemahlen
150 g Butter
150 g Zucker
1–2 EL Zimt
150 g Rosinen
1,5 dl Weisswein (Fendant)
500 g Blätterteig
1 Eigelb
Salz
2 EL Milch

Rosinen über Nacht in Weisswein einweichen.
Roggenbrot reiben und mit Haselnüssen in Kochbutter gut rösten. Mit Zucker und Zimt und den eingeweichten Rosinen gut durchmischen. Füllung muss eine feuchte Konsistenz haben, allenfalls mit Einweichwein ausgleichen. Teig 3 mm dick auswallen und Rondellen von 10 cm ausstechen. Füllung in die Mitte geben, den Rand mit wenig Wasser befeuchten und die Rondellen zusammenklappen. Mit der Gabel den Rand festdrücken. Chräpfli auf das mit Backpapier belegtes Backblech legen. Eigelb mit einer Prise Salz und Milch verklopfen und die Chräpfli bestreichen. Bei 200° in der Ofenmitte ca. 20 Min. goldbraun backen.

Ponscheggia

Spampezi, auch Panspezie (pane di spezie) oder Grèfli genannt, sind eine Spezialität der Leventina. Bei den Säumern waren diese Gebäcke eine beliebte, weil kalorienreiche und lange haltbare Wegzehrung. Spampezi wurden mithilfe von Model kunstvoll verziert. Jede Familie in der Leventina hatte ihre eigene, aus Holz geschnitzte Spampezi-Dekorform, die so etwas wie das Hauswappen darstellte.

Spampezi («Gewürzbrot» aus der Leventina)

Renato Schröder, Bäckerei Gottardo, Chiggiogna (TI)
Auch für den Vorrat ☆

Füllung

200 g altbackenes Brot
1,2 kg Baumnüsse (Gewicht mit Schale)
250 g Zucker
200 g Butter
1,5 dl Grappa

Teig

2 kg Weissmehl
900 g Zucker
Salz
5 dl Milch
800 g Butter
1,5 dl Grappa
1 Ei

Füllung: Altbackenes Brot reiben. Baumnüsse knacken und fein reiben. Beides mit Zucker, zerlassener Butter und Grappa vermengen.

Teig: Mehl sieben und mit Zucker und vier Prisen Salz mischen. Eine Vertiefung drücken und nach und nach abwechselnd Milch, zerlassene Butter und Grappa zum Mehl geben und verrühren (das geht am besten in einer Küchenmaschine). Teig kräftig kneten, bis er kompakt ist. Den Teig 5 mm dick auswallen und Rechtecke nach gewünschter Spampezi-Grösse ausschneiden (5 × 10 cm bis 20 × 30 cm). Auf die eine Teighälfte Füllung streichen, dabei einen Rand frei lassen; die andere Teighälfte auflegen und die Ränder gut andrücken. Mit dem Teigrädchen überschüssigen Teig wegschneiden. Nach Belieben mit Restteig dekorieren (Guetzli-Ausstechformen). Mit einer Gabel einstechen und auf ein mit Backpapier ausgelegtes Blech legen. Ei und Milch verquirlen und die Spampezi bestreichen. Bei 200 ° 20–25 Min. backen.

BROT

Götterspeise

Brot gibt es derart kostengünstig und vielfältig, dass nur die wenigsten noch selber backen. Wir haben uns deshalb auf einige wenige Rezepte konzentriert – alles Brote mit langer Tradition, die eine wichtige Rolle im kulinarischen Erbe haben. Beim Zopf kommt zur Knetlust das Zöpfelvergnügen hinzu. Es braucht zwar etwas Übung, aber es gibt nichts Schöneres, als einen goldgelben, frischen Zopf! Zumal er in der Schweiz, nämlich in Bern, erfunden wurde.

Brot ist etwas Lebendiges. Ähnlich wie beim Wein sind bei der Brotherstellung Mikroorganismen am Werk, die den Teig gären lassen, ihn luftig machen und ihm Geschmack geben. Ein Prozess, den die alten Ägypter den Göttern zuschrieben. Sie verehrten das Brot kultisch und gaben den Toten Brote mit auf die Reise ins Jenseits. Die Sumerer legten die ersten Körner der Ernte auf den Altar, überzeugt, dass der Weizen eine Götterspeise sei. Selbst die Römer, die vergleichsweise pragmatisch mit dem Brot umgingen und Mühlen und Knetmaschinen bauten, achteten auf das Einhalten bestimmter Rituale. In Europa war das Brot noch bis weit ins 19. Jahrhundert hinein mit magischen Ritualen verbunden: In die Unterseite der Brote wurde ein Kreuz geritzt. Der Anschnitt – je nach Region Mürgel, Gupf, Gibel, Chröpfli genannt – durfte das Haus nicht verlassen, weil mit ihm auch die guten Geister das Heim verliessen. Ging der Sohn auf Wanderschaft, steckte ihm die Mutter drei Brotkrümel in den Sack, damit er – sollte ihn das Heimweh packen – davon zehren konnte. Zum Jahresende wurden manche Brote mit Symbolen aus Teig versehen. Schneckenförmig waren sie auf dem sogenannten Gebildebrot (Filebrood) im Appenzell. Solche Symbole zu decodieren, ist heute so schwer wie einst das Entziffern von Hieroglyphen, wie der Brotforscher Max Währen in seinem Büchlein «Unser täglich Brot in der Geschichte und im Volksbrauch» (1951) aufzeigt: «Das Gebildebrot mit den Schnecken zählt zu den eigenartigsten Schweizer Gebäcken und lässt zwei Deutungen zu: Nach der einen Version zeigen die schneckenartigen Formen das Auskriechen der Schnecken und sind ein Frühlingssymbol. Oder sie symbolisieren den Jahreskreis in Form einer Sonne.» Ähnlich mysteriös sind die Agathabrötchen, die am Tag der heiligen Agatha, am 5. Februar, gesegnet werden. Ein Brauch, der in den katholischen Regionen noch heute gepflegt wird, etwa in Freiburg, wo die Agathabrötchen bretzelförmig sind oder in der Innerschweiz und in Appenzell Innerrhoden, wo Agathenringli gebacken werden.

Ein ungelöstes Rätsel ist auch der Grittibänz (in Basel Grättimaa, in der Romandie Bonhomme), um den die wildesten Interpretationen kreisen. Er sei eine Götterfigur, sagen die einen: Die Kelten hätten sie gebacken und gegessen, um sich etwas von der Kraft und Stärke Teutates' und anderer Götter einzuverleiben. Einleuchtender ist die etymologische Interpretation: gritte, grittle, grättle bedeutet im Dialekt die Beine spreizen. Und Benz oder Banz war der Kurzname für Benedikt. Der Vorname war früher so geläufig, dass er oft einfach als Synonym für Mann gebraucht wurde. Noch heute sagt man im Kanton Bern: Das isch e alte Gritti! Der Name Grittibänz bezeichnete also ganz einfach einen Mann und wurde erst später von der Kirche auf den Samichlaus übertragen. Oder auf den Schmutzli. Denn der knorrige Ruprecht war ursprünglich eine finstere Gestalt – ein Gritti eben, der zum Untertan und Knecht des gütigen Bischofs St. Nikolaus wurde. Freud würde wohl sagen, zu seinem Alter Ego …

Der älteste Brotfund stammt aus der Schweiz

Die Archäologen staunten nicht schlecht, als sie 1976 bei den Ausgrabungen einer Pfahlbausiedlung in Twann auf die Überreste eines Brots stiessen. Zwar war es nur ein kleiner, leicht verkohlter Klumpen, doch er konnte eindeutig als Relikt eines Fladenbrots identifiziert werden – vor über 5500 Jahren gebacken, auf einem heissen Stein am Bielersee. Es ist damit einer der weltweit ältesten Zeugen der Brotkultur. Nicht minder überraschend: Es war ein vergleichsweise modernes Brot, gesäuert mit Hefe, die erst vor 7000 Jahren kultiviert wurde – von den Ägyptern. Das war damals eine kleine Revolution. Denn damit konnten erstmals voluminösere Brote gebacken werden. In allen nur denkbaren Formen und Sorten, was letztlich auch zur unglaublichen Brotvielfalt der Schweiz geführt hat.

300 Brotsorten

Gegen 300 Brotsorten gibt es heute in unserem Land. Uralte wie das Walliser Roggenbrot, die ringförmige Bündner Bracciadella (hergestellt aus Roggen- und Weizenmehl) oder das Sensle Rua aus dem Kanton Freiburg. Nicht zu vergessen das Münstertaler, das Urner, das Rheintaler Türggebrot und natürlich das Basler Brot, das zu den beliebtesten Schweizer Broten gehört. Das längliche Zürcher Brot mit seinen schrägen Einschnitten und der goldbraunen Kruste ist sogar zum Schweizer Standardbrot schlechthin geworden. Dass es keine Zürcher Erfindung ist, beweist ein Blick in den Brotatlas des Bäckermeisterverbands aus dem Jahr 1930: Da gibt es die gleichen Langbrote als Zapfen in der Ostschweiz, als Bengel im Luzernbiet oder als Stecken in der Region Solothurn-Bern. Landauf, landab begegnet uns das Pfünderli in den Schweizer Gaststätten, in gleichmässige Scheiben geschnitten, im schlimmsten Fall noch eingepackt in Plastik – angesichts der immensen Vielfalt an weit spannenderen, knusprigeren Schweizer Broten eine Unkultur.

Kantons- und Gebildebrote

Viele Brote decken ganze Regionen oder Kantone ab. Dazu gehören das kreuzförmig eingeschnittene Genfer Brot, das St. Galler oder das Zuger Brot, das an einem Ende zu einem «Kopf» gebogen ist. Eine Form, die man auch in St. Gallen, im Appenzell und im Thurgau findet, wobei man dort von einer «Nase» spricht. Ein Spezialfall ist das Tessinerli (hergestellt aus Weissmehl und Pflanzenfett), das in Tat und Wahrheit nicht aus dem Tessin, sondern aus der Deutschschweiz stammt. Viele dieser Kantonsbrote sind in den Fünfzigerjahren entstanden, als der Schweizer Bäckermeisterverband die Brotproduktion in der Schweiz ankurbeln wollte.

Jüngeren Datums ist auch das runde, mit Streifen und dem Bischofsstab dekorierte Jura-Brot. Und nicht zuletzt all die erfolgreichen Neukreationen aus dem Tessin, darunter das Valle-Maggia-Brot, das vom genialen Brottüftler Renato Gobbi im Gambarogno kreiert wurde. Von ihm stammt auch das Sant'Abbondio-Brot, das er sogar patentieren liess. Zum Lieblingsbrot der Tessiner hat sich das Pane del Nonno entwickelt, das in einer kleinen Bäckerei in Losone erfunden wurde und nur in dieser einen Bäckerei gebacken wird.

Die Liste könnte beliebig erweitert werden. An nichts, so scheint es, tüfteln die Schweizer so gerne herum wie am Brot. Das zeigt sich auch bei den zahlreichen Brotkunstwerken, die zu speziellen Anlässen gebacken werden. In den Kantonen Appenzell, Wallis und Bern gibt es noch heute Gebildebrote mit kunstvollen Teigdekorationen und Symbolen; im Kanton Wallis ist auf dem Mitscha-Taufbrot ein Kreuz und das Christusmonogramm IHS eingeritzt; im Kanton Bern gibt es das als Lebensrad gestaltete Chindbettibrot, das zur Geburt gebacken wird.

Ein alter Zopf

Der Zopf ist buchstäblich ein alter Zopf! Dies hat der Berner Max Währen nachgewiesen. Tagsüber war er Versicherungsbeamter, in der Freizeit betrieb er Brotforschung: Bereits 1256 wurde in der Schweiz die erste Bäckerzunft gegründet, wenig später wurde der Zopf in der Schweiz bekannt. Die älteste Abbildung zeigt einen Berner, der während eines Raubzugs eine Züpfe trägt. Sie war damals eine kostbare Trophäe! Denn Weissmehl war im Mittelalter teuer, Zöpfe wurden deshalb nur an Weihnachten und Neujahr gebacken und an die besten Freunde verschenkt. Erst in jüngerer Zeit wurde der Zopf zum Sonntagsgebäck und ist es bis heute geblieben: Was gibt es Schöneres, als einen Sonntagsbrunch

– Jurabrot
– Bündner, Zuger und Basler Brot
– Gebildebrote
– Sant'Abbondio-Brot
– Gritibänz

mit selbst gemachtem Zopf. Dazu gehörte früher unbedingt billiger Kaffeeersatz aus Zichorie, am besten mit «Franck Aroma». Für die Kinder war es die Ovomaltine oder das inzwischen verschwundene Heliomalt mit dem Elefanten auf der Packung und dem Slogan «Gibt Kraft für zwei». – Auch wenn der Sunntigszmorge keine Schweizer Erfindung ist, hat er in dieser Komposition eindeutig schweizerische Wurzeln: Anke, Konfitüren, im Holzofen gebackenes Brot – all das kam sozusagen aus dem eigenen Stall und Garten und wurde in vielen Familien in den 1960er-Jahren oft auch am Abend als Café complet gegessen.

Reines Weissmehl, ohne Keim und Kleie, war früher am begehrtesten. Deshalb kam es vor, dass die Müller das Weissmehl ab und zu mit Kalkpulver oder Knochenmehl streckten. Weniger teuer war das Halbweissmehl, das neben dem Keim auch noch einen Teil der Kleie enthielt. Das Volk musste sich jedoch mit dem Ruchmehl begnügen. War die Ernte mager, streckten die Müller das Mehl mit gemahlenen Eicheln, Wurzeln oder sogar Sägemehl. Im frühen Mittelalter waren es vor allem die Klöster, die Brot herstellten. Der Backofen des Klosters St. Gallen muss besonders gross gewesen sein, denn die Mönche waren in der Lage, Hunderte von Broten gleichzeitig zu backen. Und nicht etwa nur eine Sorte! Es gab gesäuertes und ungesäuertes Brot, Brot aus Ruchmehl, Weissmehl, Dinkel und weiteren Getreidesorten. Bereits damals zeichnete sich die grosse Schweizer Brotvielfalt ab.

Das Bürli

Eine Schweizer Erfindung ist das Bürli, das je nach Region auch Mutsch, Mütschli oder Schilt heisst. Im «Schweizerischen Idiotikon» ist ein Beleg von 1723 aus dem Appenzell aufgeführt: «In den Wirtshäusern werden Bürle vom besten Schiltmehl zum Wein gestellt.» Das Bürli aus halbweissem oder weissem Mehl war also zur Zeit des Ancien Régime ein Luxusbrot, das den (besseren) Wirtshausgästen vorbehalten war. Die Quellen zeigen, dass das Bürli ursprünglich aus der Ostschweiz kam und sich von dort aus ausgebreitet hat. Heute gehört es zu jeder Grillbratwurst. In Rapperswil wird es am Fasnachtsdienstag an die Kinder verteilt; schon Fritz Moser-Gossweilers Buch «Volksbräuche der Schweiz» von 1940 beschreibt den Brauch: «Nach dem Mittagessen versammeln sich die Kinder vor dem Rathaus und schreien, wenn von oben herab der Ruf ertönt ‹Sind mini Buebe-n-alli do?›, im Chor hinaus ‹Jo! Eis, zwei, Geissebei!›. Dann werden Servelats, Bürli, dürres Obst, Orangen, in Papier eingewickelte Fünfer und Süssigkeiten aus den Fenstern des Ratshauses in die wartende Kinderschar geworfen.» Moser meint, dass dieser Brauch aus einem alten Brotspenderitual stamme. Aus der volkskundlichen Abhandlung «Das Brot im Baselbieter Volksleben» von Gustav Müller aus dem Jahr 1939 erfahren wir, welch erstaunliche Funktion das Brot für die Kinder übernehmen konnte: «Auch die ganz kleinen Kinder, die noch keine Zähne hatten und weder Buebe- noch Maitlirauft (Rinde) zerknuspern konnten, sollten dennoch an dem Nahrungsmittel teilhaben. Die Mutter kaute eine Brotrinde weich, band sie in ein Lümplein und gab dieses Bündelchen dem Kleinen als Lutscher!»

Walliser Roggenbrot

Für das Walliser Roggenbrot ist ein Sauerteig mit langer Teigführung vorgeschrieben. Urs Arnold, Bäcker in Simplon-Dorf, der das Roggenbrot noch heute nach alter Väter Sitte zubereitet und wunderschön verziert, legt jeweils einen Teil des Teigs vor dem Backen auf die Seite und lässt ihn zwei Tage gären. Den «Chef», wie man dieses Stückchen Sauerteig nennt, gibt er dann am Backtag zum neuen Teig. «Seit Generationen wird so der Sauerteig von einer Generation zur nächsten weitergegeben, in jedem neu gebackenen Roggenbrot ist noch etwas vom Teig drin, den schon mein Grossvater verwendet hat», erklärt Arnold. Miterleben kann man diesen Vorgang an den Schaubacktagen im Obergoms, zum Beispiel in Münster. Da gehen die Frauen gemeinsam ins Dorfbackhaus und backen das Roggenbrot in aufwendiger Handarbeit. Schön ist der Klopftest nach dem Backen: Man klopft auf den Brotboden – stimmt der Ton, stimmt auch das Brot. Auch Musikgehör braucht es also beim Brotbacken.

Berner Züpfe

Urs Trachsel, Restaurant Zum Bauernhof, Ulmiz (FR)

Für 1 Zopf ☆☆

8 dl Milch
40 g Hefe
250 g Butter
2 Eier
2 TL Salz
1 TL Zucker
20 g Diamalt
1,3 kg Mehl
1 Eigelb

Hefe in etwas handwarmer Milch auflösen. In einer leicht vorgewärmten Schüssel lauwarme Milch, Butter in Flocken, verquirlte Eier und die Hefelösung gut vermischen. Salz und Zucker dazumischen. Mehl langsam dazusieben und alles zu einem Teig verarbeiten. 20 Min. warm stellen. Dann den Teig so lange kneten, bis er glatt ist und sich gut von der Schüssel löst.
Den Teig halbieren. Beide Teile zu langen Strängen rollen, die aförmig übereinanderlegen und zu einem Zopf verflechten. Enden umbiegen und andrücken. Den Zopf aufs mit Backpapier ausgelegte Blech geben und 1,5 Std. mit Tuch zugedeckt an einem warmen Ort gehen lassen. Eigelb mit Wasser verdünnen, etwas Salz dazugeben und den Zopf damit einpinseln. Bei 200–220 ° in der Mitte des Ofens 40–50 Min. goldbraun backen.

Walliser Roggenbrot

Lukas Imseng, Bäckerei Imseng, Saas-Fee (VS)
Für 4 Laibe ☆

Vorteig
10 g Hefe
350 g Roggenmehl
Hauptteig
800 g Roggenschrot
25 g Hefe
25 g Salz

Vorteig: Die Hefe in 2,5 dl handwarmem Wasser auflösen und das Roggenmehl damit verrühren. In der zugedeckten Schüssel etwa 8 Std. bei 12 ° gären lassen.
Hauptteig: Hefe in 0,5 dl handwarmem Wasser auflösen. Roggenschrot und Salz vermengen. Hefeösung, 4,5 dl Wasser und Schrot mit dem Vorteig vermengen. 10 Min. kräftig kneten. In einer zugedeckten Schüssel mindestens 40, maximal 60 Min. gehen lassen. Nochmals gut durchkneten. Teig auf Backpapier zu 4 flachen Fladen formen. Nochmals 20 Min. gehen lassen.
Backofen auf 140 ° vorheizen. Die Brote auf einem Blech auf mittlerer Schiene in den Ofen schieben. Bei 220 ° rund 1 Std. backen. Auf Gitter erkalten lassen.
Das Roggenbrot ist erst nach einem Tag schnittfest und schmeckt am besten, wenn es drei Tage alt ist.
Variante: Vor dem Formen der Fladen grob gehackte Baumnüsse, Stücke von Dörraprikosen oder Dörrpflaumen in den Teig kneten.

Cuchaule (Freiburger Safranbrot)

Philippe Milleret, Auberge de la Couronne, Lessoc (FR)
Für 3 Laibe ☆

1 kg Weissmehl
1 TL Salz
120 g Zucker
100 g weiche Butter
½ Hefewürfel
5 dl Milch
Safran
1 Ei
1 Eigelb
1 Prise Safran

Weissmehl, Salz und Zucker vermischen. Eine Mulde machen, weiche Butter in kleinen Stücken in die Mulde geben. Hefewürfel in 0,5 dl handwarme Milch bröckeln, auflösen und ebenfalls in die Mulde geben. 4,5 dl Milch, etwas Safran und das verklopfte Ei vermischen und in die Mulde geben. Alles zu einem Teig verarbeiten und kneten, bis er elastisch ist (10 Min.). Teig zudecken und bei Zimmertemperatur gehen lassen, bis er doppelt so gross ist. Dreiteilen und runde Brote formen. Brote mit einem Messer gitterförmig einritzen. Blech mit Backpapier auslegen, Brote darauflegen und zugedeckt ca. 50 Min. gehen lassen. Eigelb mit einer Prise Safran verrühren, die Brote mit einem Pinsel damit bestreichen. Im auf 180 ° vorgeheizten Ofen im unteren Drittel 35–40 Min. backen.
Wird mit Moutarde de Bénichon serviert (Rezept S. 372). Oder als Bereicherung des Brotkorbs zu einer Käseplatte.

Das Safranbrot bildete früher den traditionellen Auftakt der «Bénichon», des mehrgängigen Erntedankessens in den Freiburger Bauernfamilien. Heute wird die Cuchaule in vielen Familien als herbstliche Brotspezialität gebacken, stets begleitet von der Moutarde de Bénichon, einer Senf-Marmelade mit eingedicktem Birnensaft.

La Taillaule (Neuenburger Brioche)

Jean-Luc Geyer, Restaurant Brasserie Cardinal, Neuchâtel
Für eine Cakeform 30 cm ☆☆

500 g Weissmehl
2½ TL Trockenhefe (oder 20 g Frischhefe)
1 TL Salz
60 g Zucker
2,5 dl Milch
2 Eier
1 EL Honig
75 g Butter
50 g Rosinen
½ Zitronenschale
1 Ei zum Bestreichen
Aprikosenkonfitüre

Mehl in eine Teigschüssel sieben, Salz und Zucker beimengen. Hefe in etwas handwarmer Milch auflösen, Milch, Eier und Honig verrühren und zusammen mit der Hefelösung zum Mehl geben. 10 Min. kneten, bis der Teig geschmeidig ist. Weiche Butter in Stückchen beifügen. Kurz weiterkneten. Rosinen und abgeriebene Zitronenschale einkneten. Der Teig soll geschmeidig, samtig und elastisch sein. Zur Kugel formen und in einer Schüssel mit Folie oder Tuch zugedeckt 1 Std. gehen lassen.

Den Teig auf die leicht bemehlte Arbeitsfläche geben. Den Teig ausrollen / ausziehen, mehrfach falten und mit dem Handballen ein flaches Rechteck bilden. Den Teig zu einer Wurst rollen und die Enden nach jeder Drehung mit den Fingerspitzen verschliessen, indem der Rand nach unten gedrückt wird. Die «verschweisste» Teigwurst in die ausgebutterte Cakeform legen, mit einem Tuch bedecken und ca. 45 Min. gehen lassen (der Teig sollte bis zum Formrand steigen, nicht höher). Ofen auf 170 ° vorheizen. Die Taillaule mit geschlagenem Ei bestreichen. Mit einer Schere taillieren: vom Rand her, von links und von rechts alle zwei Zentimeter die Teigoberfläche schräg einschneiden; die Einschnitte dürfen sich nicht berühren. In den 200 ° heissen Ofen schieben und während 20–30 Min. backen. Nach 10 Min. mit einer Alufolie bedecken, damit keine harte oder verbrannte Kruste entsteht. Die ofenfrische Taillaule mit in Wasser aufgelöster Aprikosenkonfitüre bestreichen.

PIERRE SAUTY VIGNERON A DENENS
CAVE DU BRANTARD
KIRSCH
Vieilli en jarres de grès
43% vol.

ALLERLEI

Nocino (Tessiner Baumnusslikör)

Fra Roberto, Kapuzinerkloster Santa Maria, Bigorio (TI)
Für 1 Liter

300 g grüne Baumnüsse
1 l erstklassiger Grappa
Macis
Nelken
Zimt
1 Vanilleschote
Muskatnuss
200 g Zucker

Die grünen, noch weichen Baumnüsse vierteln und in Grappa in ein grosses Einmachglas oder Glasgefäss einlegen. 40 Tage an einem warmen, sonnigen Ort gären lassen. Dann die Nüsse herausnehmen, auspressen (es entsteht ein grünlicher, leicht bitterer Saft). Dem so aromatisierten Grappa Zucker beifügen und nach Belieben etwas Macis, Zimt, Vanilleschote, Muskat und wenige Nelken. Alles nochmals 20 Tage lang ziehen lassen. Dann den Nusschnaps filtern und in kleine Flaschen abfüllen.
Der Nocino hat jetzt die Farbe von dunklem Kaffee und ein würziges, warmes Nussbouquet.

Beim Nocino handelt es sich um ein altes Rezept der Kapuzinermönche, bei dem strenge Regeln gelten: So müssen die Baumnüsse exakt am 24. Juni, am Sankt-Johannes-Tag, gepflückt werden, dann sind sie grün und weich. Der Gärprozess ist genau auf 40 Tage festgelegt. Danach darf der Nocino nochmals 20 Tage ziehen. Nach 60 Tagen ist der Nusslikör trinkbereit.

Kirschen in Grappa

Carlo Rigamonti, Grotto Paudese, Paudo (TI)
Für 1 Liter ☆

1 kg grosse Kirschen
100 g Rohrzucker
6 Gewürznelken
Grappa

Entsteinte Kirschen in ein Einmachglas füllen, Rohrzucker und Gewürznelken dazugeben. Das Glas mit gutem Grappa auffüllen. Zum Schluss das Glas luftdicht verschliessen.
Das Grundrezept für Kirschen gilt auch für anderes Steinobst.

Poires à Botzi (Büschelibirnen)

Judith Baumann, ehemals Pinte des Mossettes, Cerniat (FR)
4 Personen ☆

8–12 Büschelibirnen
1 l Rotwein (Pinot noir)
300 g Rohrzucker
1 Zimtstange
5 Nelken

Birnen waschen. Wein mit Zucker, Zimtstange und Nelken 30 Min. kochen. Büschelibirnen dazugeben und auf kleinem Feuer 90 Min. köcheln lassen. Birnen herausnehmen, in eine Schale geben, Saft etwas reduzierten und die Birnen übergiessen. Traditionell werden Poires à Botzi zu Lammragout oder Gigot serviert, passen aber auch gut zu Wild.

Die Poire à Botzi ist eine Birnensorte, die nur zwischen dem Neuenburgersee und den Freiburger Voralpen wächst. Da sie in Büscheln wächst, wird sie Büschelibirne genannt. Sie ist eng mit den gastronomischen Traditionen des Kantons Freiburg verknüpft. So ist sie fester Bestandteil des berühmten Chilbimenüs, der Bénichon. Oder sie wird zu Vin cuit eingekocht, der für Kuchen und die süss-saure Moutarde de Bénichon verwendet wird. Und nicht zuletzt wird sie auch verschnapst.

Rosenblütenbowle

Thuri Maag, Restaurant Thuri's Blumenau, Lömmenschwil (SG)
12 Personen (oder Vorrat) ☆

1 unbehandelte Zitrone
5 dl Weisswein
75 g Zucker
75 g Rosenblüten (wilde Hundsrosen)

Zitrone in Scheiben schneiden, die Scheiben zerdrücken und mit Weisswein und Zucker in eine Schüssel geben, gut verrühren. Wenn sich der Zucker aufgelöst hat, Rosenblüten (wenn möglich bei Sonnenschein gepflückt) beigeben und 2–3 Tage zugedeckt im Kühlschrank ziehen lassen. Durch ein feines Sieb oder Tuch passieren und in eine Flasche abfüllen. Das Konzentrat ist im Kühlschrank den ganzen Sommer haltbar.
Zum Servieren etwa einen Drittel des Champagnerglases damit füllen und mit Champagner, Sekt oder Cava auffüllen.
Variante: Mit grünem oder rotem Basilikum.

Holunderblütensirup

Friedrich Zemanek, Restaurant Walliserkanne, Fiesch (VS)
Für ca. 1,7 Liter ☆

8–10 Holunderblütendolden
2 unbehandelte Zitronen
1 kg Zucker
3½ EL Zitronensaft

Holunderblüten waschen (am besten kurz ins Wasser legen), grobe Stiele entfernen. 2 l Wasser und Zucker aufkochen, Holunderblüten dazugeben, umrühren und auskühlen lassen. In grobe Stücke geschnittene Zitronen und deren Saft beigeben. Über Nacht stehen lassen, ab und zu umrühren. Anderntags den Topf an die Sonne stellen, mit einem feinen Tuch oder einem Fliegengitter abdecken. Mindestens 8–10 Tage an der prallen Sonne stehen lassen. Täglich umrühren. Durch ein Tuch absieben. In saubere PET- oder ausgekochte Glasflaschen abfüllen und verschliessen. Hält gekühlt wenige Tage. Wird der Sirup mit kohlensäurehaltigem Mineralwasser verdünnt, hält er etwas länger.
Mit Zugabe von Weisswein oder Prosecco entsteht eine Bowle. Sie kann mit Minze oder Zitronenmelisse gewürzt werden – ein ideales Sommergetränk. Wird der Sirup in sterile Champagnerflaschen gefüllt, kommt es zu einer weiteren Gärung, bei der auch etwas Alkohol entsteht. Der Druck in den Flaschen steigt dabei stark an, also ist Vorsicht geboten.

Der Holunder – auch Holler oder Holder genannt – blüht je nach Region ab Ende April bis Juni. Die Blüten sind cremefarben bis zartrosa. Am besten verwendet man nicht die jungen, sondern bereits leicht angewelkte Blüten, da erst sie genügend Hefe enthalten, um den Zucker in Kohlensäure zu verwandeln.

Holundergelee

Klara Kummer, Bärgwirtschaft Allerheiligenberg, Allerheiligenberg (SO)
Für 3–5 Einmachgläser ☆

1,2 kg Holunderbeeren
1 Päckli Gelfix 2+1 Gelierpulver
400–500 g Zucker
½ Zitrone

Holunderbeeren waschen, entstielen und knapp mit Wasser bedeckt aufkochen. Unter Rühren so lange weiterkochen, bis die Beeren platzen. Absieben und 8 dl Fruchtsaft abmessen. Achtung: Beeren nicht ausdrücken, der Saft wird sonst bitter! Gelierpulver mit wenig Zucker mischen und mit dem Saft verrühren. Unter Rühren aufkochen. Die Hauptmenge Zucker und den Saft einer halben Zitrone beifügen. Sobald die Masse kocht, 3 Min. sprudelnd kochen lassen. Sofort in vorbereitete, warme Gläser füllen und verschliessen.
Hinweis: Vorteil von Geliermittel: weniger Zucker, mehr Aroma. Und: Immer nur 3–4 Gläser machen, restliche Beeren oder Saft im Tiefkühler aufbewahren.

Löwenzahngelee

Giulia Maurizio, Bio-Bistro Gaia, Sils-Maria (GR)
4 Konfitüregläser ☆

250 g Löwenzahnblüten
1 Zitrone
3 EL Zitronenkonzentrat
750 g Zucker

Löwenzahnblüten im Sonnenschein pflücken, dann sind sie voll geöffnet.
Die Blüten von allem Grün befreien, waschen und auseinanderzupfen. Zitrone in Scheiben schneiden, mit den Blüten und 1 l Wasser in die Pfanne geben und aufkochen. Zugedeckt über Nacht ziehen lassen. Flüssigkeit durch ein Tuch passieren (Blüten gut auspressen). Zucker und Zitronensaftkonzentrat zum Sud geben und ca. 2 Std. auf kleinem Feuer melasseartig einkochen – nicht zu stark einkochen, da sich das Konzentrat beim Abkühlen (wie Honig) weiter verdickt. Heiss in saubere, ausgekochte Gläser abfüllen und einige neu gepflückte Blüten dazulegen. Gläser sofort verschliessen und auf den Kopf stellen. Während des Abkühlens mehrmals langsam wenden, damit sich die Blütenblätter gleichmässig verteilen.
An einem dunklen kühlen Ort aufbewahren; hält 8–10 Monate.

Rüeblipesto

Bernhard Bühlmann, Restaurant Bären, Mägenwil (AG)
10 Portionen ☆

1 kg Küttiger oder andere Karotten
100 g Schalotten
50 g Ingwer
100 g Zucker
1,5 dl Weisswein
Pfeffer
Geflügelbouillon (oder Gemüse- / Rindsbouillon)

Karotten schälen und in Würfel schneiden. Schalotten und Ingwer schälen und in Streifen schneiden. Zucker karamellisieren. Schalotten, Ingwer und Karotten zum karamellisierten Zucker geben und dünsten. Ablöschen mit Weisswein. Pfeffer zugeben. 2 dl Wasser dazugiessen und zugedeckt dünsten, bis die Karotten ganz weich sind. Alles im Mixer fein pürieren und durchs Sieb streichen. Mit Bouillon zur gewünschten Konsistenz verdünnen.

Preiselbeer-Sabayon

Peter Brunner, Restaurant Kaiser's Reblaube, Zürich
4 Personen ☆

2 EL frische Preiselbeeren
30 g Zucker
0,7 dl Weisswein
1 Eigelb
30 g Puderzucker

Die Mengenangaben meinen eine Beilage zu Rehrücken. – Preiselbeeren mit Zucker und Weisswein kochen. Beeren absieben, es müssen 0,5 dl Saft übrig bleiben. Eigelb und Puderzucker schaumig schlagen, bis eine weissliche Masse entsteht. Den Preiselbeersaft zugeben. Auf kleinem Feuer langsam erhitzen und ständig schlagen. Kurz bevor die Mischung aufschäumt, vom Feuer nehmen und ständig weiterschlagen. Die Beeren darunterziehen.

Moutarde de Bénichon

Philippe Milleret, Auberge de la Couronne, Lessoc (FR)
Für 2–3 kleine Einmachgläser ☆

2 EL Senfmehl
1,5 dl Weisswein (Chasselas)
200 g Kandiszucker
2 Zimtstangen
1 Anisstern
½ TL Aniskörner
50 g Mehl
2 dl Vin cuit (eingedickter Birnensaft)

Senfmehl mit Weisswein gut verrühren und 24 Std. stehen lassen. 6 dl Wasser mit Kandiszucker, Zimtstangen, Anisstern und Aniskörnern aufkochen und 2–3 Std. zugedeckt köcheln lassen. Durch ein Sieb passieren und wieder in die Pfanne geben. Separat Mehl mit Vin cuit vermischen, gut verrühren und mit einem Schwingbesen ins Zuckerwasser einrühren. Alles 15 Min. kochen lassen. Senf-Weisswein-Mischung dazugeben und 5–6 Min. kochen lassen, bis eine sämiger Senf entsteht.
Heiss in Einmachgläser abfüllen und abkühlen lassen.
Einkaufstipp: Die Bezugsquelle für Vin cuit (eingedickter Saft von Poires à Botzi aus dem Kanton Fribourg) finden Sie auf S. 381.

Mousseline von grünen Linsen

Marc Bohren, Restaurant Café Le Cercle, Aubonne (VD)
5 Personen ☆

200 g Herbsttrompeten (oder 20 g getrocknete)
2 kleine Zwiebeln
2 Tomaten
1 EL Olivenöl
1 EL Butter
250 g grüne Linsen, gekocht
2 TL Tomatenkonzentrat
1 Handvoll Petersilie
2 dl Weisswein (Chasselas)
1 dl Porto
1 dl Gemüsebouillon
1 dl Milch
40 g Butter
2 Eigelb
2 dl Rahm
Muskatnuss, Meersalz
Blumenpfeffer

Herbsttrompeten kochfertig machen. Zwiebeln fein würfeln, Tomaten häuten und grob schneiden. Olivenöl und Butter erhitzen, Zwiebeln glasig dünsten. Linsen, Tomatenkonzentrat, geschnittene Tomaten, Herbsttrompeten und gehackte Petersilie dazugeben. Mit Weisswein und Porto ablöschen. Mit Gemüsebouillon und Milch auffüllen. 35–40 Min. köcheln lassen, von Zeit zu Zeit rühren. Wenn nötig noch etwas Bouillon nachgiessen, die Sauce muss immer halbflüssig bleiben (Maizena zugeben, wenn die Masse zu flüssig ist). Alles im Mixer pürieren. Kalte Butterstückchen, dann Eigelb einrühren und vorsichtig erwärmen (nicht kochen). Geschlagenen Rahm unterziehen. Mit wenig Muskat und Meersalz würzen, mit Blumenpfeffer abschmecken. Servieren als Saucenbeilage zu Tournedos oder Rehrücken.

ANHANG

Glossar

Urchuchi

Atriau Gehacktes Schweinefleisch mit etwas Leber im Schweinsnetz

Bindenfleisch typisch schweizerische Form des Trockenfleisches, von der Kuh, vom Rind (Bündnerfleisch), von Wild; von Fett befreit, schwach gepökelt, luftgetrocknet

Bollito misto gemischtes Siedfleisch mit Wurst

Boudin Blutwurst, in der Romandie in der Regel mit Milch oder Rahm hergestellt

Boudin noir schwarze Blutwurst, wird zusätzlich mit Rotkohl, Apfel und Lauch gefüllt

Boutefas knorrigste aller Westschweizer Würste, gefüllt mit grob gehacktem Schweinefleisch, gewürzt mit Wein oder Schnaps; wird ausschliesslich gebrüht

Braisi gepökeltes und geräuchertes Rindfleisch zum Schmoren; oder zusätzlich luftgetrocknet zum Rohessen (im Handel als Braisi fumé)

Bramata grob gemahlener Maisgriess

Brasato Rindsschmorbraten, der klassische Begleiter der Tessiner Polenta

Busecca Tessiner Kuttelsuppe, im Dialekt oft auch Büsecca

Castagnaccio Kuchen mit Kastanienmehl

Cazzöla Tessiner Gemüseintopf mit Schweinsrippchen und Weisskohl

Chasselas weisse Traubensorte; daraus werden Fendant, Chasselas und Neuenburger gekeltert

Cholera gedeckter Oberwalliser Kuchen, mit Gemüse, Obst und Käse

Codiga (pl. codighe): rustikale Urwurst mit Speckschwarten, im Schweinsdarm

Cotechino (ital. cotenna): kräftig gewürzte Tessiner Kochwurst aus Schweinefleisch, mit Schwarte

Damassine Wildpflaume, die in der Ajoie (Jura) wächst; daraus wird der gleichnamige Schnaps gebrannt

Emmer (Triticum dicoccum), auch Zweikorn genannt. Hochwertiges, einst wichtigstes Urgetreide, vom ertragreicheren Weizen verdrängt. Emmer wird in der Schweiz seit den 1990er-Jahren wieder angebaut. Wird in der Küche und fürs Bierbrauen verwendet.

Farina bóna Tessiner Maismehl, hergestellt aus gerösteten Maiskörnern; schmeckt wie Popcorn

Formagella halbfetter Käse aus Kuhmilch

Formaggino Frischkäse aus Ziegen- und / oder Kuhmilch

Gelee durch Knocheneiweiss (gelöst durchs Kochen von Knochen oder als Gelatine) gestockter Fond / Jus von Fleisch, Gemüse, Früchten

Karde (Kardy, Cardon, Spanische Artischocke): Stielgemüse; wie beim Stangensellerie kommen nur die gebleichten Blattstiele in den Handel

Knöpfli, Chnöpfli eine Art Spätzle

Lardo weisser Speck

Longeole Genfer Rohwurst, gefüllt mit gallertigen Teilen des Schweins

Luganiga (pl. luganighe): kräftige Schlachtwurst, wird gesotten oder gebraten

Luganighetta schlankere, längere Version der Luganiga, meist spiralförmig aufgerollt

Mortadella di fegato Tessiner Schweinswurst mit fein gehackter Leber; nicht zu verwechseln mit der italienischen Mortadella

Nocino Tessiner Baumnusslikör, zubereitet aus in Grappa eingelegten grünen Nüssen

Ossobuco (pl. ossobuchi): Kalbshaxe

Pancetta Bauchspeck vom Schwein

Parfait Halbgefrorenes, zwischen Mousse und Glace; auch aus Püree von Fisch, Fleisch, Gemüse, Pilzen

Pesce in carpione Fisch, der nach dem Braten noch mariniert wird

Pinot noir Blauburgunder; hochwertige Rebsorte für Rotwein

Ribelmais alte Maissorte, die im St. Galler Rheintal und in Liechtenstein angebaut wird

Ricotta (wörtlich: nochmals gekocht): Frischkäse, ähnlich wie Ziger; wird durch nochmaliges Erhitzen der Molke hergestellt

Rüsümada Tessiner Variante der Zabaione (Weinschaumcreme) mit Rotwein

Salami edle Schweinswurst, nur die besten Stücke des Schweins (Filet und Lende) dürfen in eine Salami, die mindestens acht Monate gelagert wird

Saucisse (f) und Saucisson (m) Westschweizer Roh- oder Brühwürste, zur Hauptsache aus Schweinefleisch. Die bekanntesten sind: Saucisson vaudois, Boutefas, Genfer Longeole, Saucisse d'Ajoie, Saucisse aux choux, Saucisse au foie. Unterscheidungsmerkmal: Die Saucisse ist länger, wird meist abgefüllt in Rindskranzdärme und ist deshalb gekrümmt. Der Saucisson ist kleiner, wird in Rindsmitteldärme oder Schweinedarm abgefüllt und ist gerade. Beide werden in der Regel gebrüht gegessen.

Saucisse à rôtir Schweinsbratwurst, am Meter hergestellt, schneckenförmig gerollt

Saucisse aux choux geräucherte Schweinsbrühwurst, mit Schwarte, Leber und Weisskohl, abgefüllt in Rindskranzdarm

Saucisse d'Ajoie Wurstspezialität aus dem Jura, gewürzt mit Kümmel, weissem Pfeffer und Knoblauch, fakultativ auch mit Muskatnuss und Rotwein; wird mehrere Stunden im Rauch von Nadelholz geräuchert

Saucisse neuchâteloise (und Saucisson neuchâtelois): Schweinswürste, gewürzt mit Knoblauch, abgefüllt in Rindsdarm. Sie gehören zum Neuenburger Brauchtum, zur Torrée: In feuchtes Zeitungs- oder Pergamentpapier eingewickelte Würste werden unter der Asche in der Glut gegart.

Semifreddo Parfait

Soufflé (frz. souffle: Hauch, Atem): luftiger Auflauf, Vor- oder Dessertspeise, meist auf der Basis von geschlagenem Eiweiss

Spampezi Weihnachtsgebäck aus der Leventina, ähnlich wie Nusstorte, mit Grappa.

Striflates schneckenförmig Ausgebackenes aus dem Jura

Terrine Pastete ohne Teighülle, in feuerfester Form (Terrine) im Wasserbad gegart

Tête de Moine zylinderförmiger Käse aus Rohmilch, mit der Girolle zu Rosetten geschabt; Spezialität des Jura, erfunden im ehemaligen Kloster von Bellelay

Timbale becherförmiges Portionengefäss, z. B. zum Garen von Pastete / Terrine, die dann auch Timbale heisst

Träsch Innerschweizer Mundartbezeichnung für Schnaps (Obstbranntwein), der aus Äpfeln und / oder Birnen gebrannt wird; wird mit heissem Kaffee als «Kafi Träsch» getrunken

Urchuchi neuer, im Jahr 2005 von Martin Weiss geschaffener Dialektbegriff; bezeichnet urtümliche und traditionelle Saisongerichte samt deren Verfeinerung sowie regionale Spezialitäten

Vin cuit, auch Raisinée eingekochter Saft von Büschelibirnen, Freiburger Spezialität; verwendet für die Moutarde de Bénichon und die Tarte au Vin cuit

Wirz schweiz. für Wirsing

Ziger schweiz. für Zieger

Zincarlin im Felsenkeller gereifter, pyramidenförmiger Kuhmilch-Frischkäse aus dem Muggiotal (TI)

Küche

ablöschen Flüssigkeit an Bratgut giessen, den Anbratprozess beenden

abschrecken heisses Kochgut unter fliessendem Wasser oder in Eiswasser rasch abkühlen, um den Garprozess zu stoppen und die Farbe zu erhalten

Baumnuss schweiz. für Walnuss

Beurre manié Mehlbutter (siehe dort) zum Binden von Saucen und Suppen

blanchieren kurz in kochendem Wasser angaren und kalt abschrecken

Bouquet garni Kräutersträusschen, z. B. Salbei, Thymian und Majoran für den Evolener Eintopf

braisieren schmoren, im zugedeckten Topf mit wenig Flüssigkeit köcheln lassen

Brunoise in winzige Würfel geschnittenes Gemüse

dämpfen auf einem Siebeinsatz im Wasserdampf garen

Demi-Glace (braune Sauce): wie Fond, doch mit Mehl

dünsten	a) unter Wenden in Fett anziehen lassen, also farblos anbraten; b) zugedeckt in wenig Butter oder im eigenen Saft garen
Farce	pürierte oder fein gehackte Masse (Fisch, Fleisch oder Gemüse) zur Füllung von Pasteten, Terrinen, Rouladen
Fond	a) Jus, beim Braten von Fleisch entstandener Saft; b) Grundsauce (Kalbsfond, Wildfond usw.): Knochen und Fleischabschnitte, weiter Zwiebel und Wurzelgemüse werden geröstet, mit Wein und Wasser abgelöscht und lange geköchelt, dabei reduziert; für Fischfond werden Gräten, Köpfe und Flossen verwendet.
garnieren	ein Gericht mit kleinen Beigaben – Kräuter, Schlagrahmtupfer usw. – hübsch herrichten
gehen lassen	Hefe gären, Hefeteig aufgehen lassen
Glace de viande	stark reduzierter, gelierter Fleischfond
glasieren	a) mit dem eigenen eingekochten Saft, unter Zugabe von Butter, überziehen; b) mit Gelee oder Zuckerglasur überziehen
Julienne	in feine, zündholzbreite Streifen geschnittenes Gemüse
karamellisieren	a) Zucker bei hoher Temperatur schmelzen und bräunen; b) Früchte überglänzen mit Butter und Zucker, Fleisch überbräunen mittels Zucker / Honig
Karkasse	nach dem Auslösen des Fleisches übrig gebliebenes Gerippe von Geflügel, Wild, Fisch; Grundlage für die Zubereitung von Fonds
klären	aus Flüssigkeiten trübende Bestandteile entfernen
köcheln	bei schwacher Hitze kochen
Mehlbutter	so viel Mehl wie Butter kurz verkneten, in Folie eingewickelt kühl halten, bei Bedarf in die heisse Sauce oder Suppe geben und durch Rühren auflösen und binden lassen
montieren / aufmontieren	Sauce oder Suppe (beides darf nicht mehr kochen) durch Aufschlagen mit eiskalten Butterstückchen sämig machen (Emulsion)
parieren	Fleisch von Häuten, Sehnen und unerwünschtem Fett befreien; Verwendung dieser Abfälle (Parüren) zur Herstellung von Fonds
passieren	Sauce, Suppe, Beeren, Gemüse, Kartoffeln (für Stock) usw. durch ein Sieb streichen
pochieren	in Wasser knapp unter dem Siedepunkt garen, z. B. Fisch im Sud oder aufgeschlagene Eier in Essigwasser
reduzieren	durch starkes Kochen z. B. einer Sauce oder Suppe den Wasseranteil reduzieren, zum Eindicken und um den Geschmack zu konzentrieren
sautieren	klein geschnittenes Fleisch oder Gemüse bei kräftiger Hitze in Öl oder Butter rasch und unter Wenden braten
Zesten	feinste Streifen der Schale von Zitrusfrüchten; leicht zu haben mit dem Zestenreisser

Einkaufstipps

Wildpflanzenkurse, Kochkurse, Tavolatas	Meret Bissegger «La Cucina Naturale», Casa Merogusto, 6713 Malvaglia, Tel. 091 870 13 00 und 078 605 10 07 www.meretbissegger.ch
Farina bóna	Mehl aus gerösteten Maiskörnern, erhältlich in grösseren Coop-Filialen (Liste auf der Website), oder per Postversand direkt beim Produzenten: Ilario Garbani, 6654 Cavigliano. Hier ist auch ein Rezeptbüchlein erhältlich. www.farinabona.ch
Rüeblibrand	Rüeblibrand, zahlreiche weitere Destillate und Weine aus der Bündner Herrschaft: Kunz-Keller, Weine & Destillate, Fläscherstrasse 2, 7304 Maienfeld, 081 330 15 55, www.kunz-keller.ch
Zincarlin	Kuhmilchfrischkäse aus dem Valle di Muggio (TI), erhältlich in grösseren Coop-Filialen, auf den Märkten in Mendrisio (Mittwochmorgen) und Bellinzona (Samstagmorgen), oder direkt bei: Zincarlin, 6835 Morbio Superiore, Tel. 079 731 31 05, http://zincarlin.valledimuggio.ch
Berufsfischer	Sämtliche Schweizer Berufsfischer findet man auf: www.schweizerfisch.ch Am Zürichsee: Fischerei Grieser, Peter und Monika Grieser, Seestrasse 863, 8706 Obermeilen, Tel. 044 923 11 29, www.fischerei-grieser.ch. Am Bielersee: Remo Grimm, Seestrasse 4, 2576 Lüscherz, Tel. 032 338 23 64 (kein Internet).
Fritschipasteten	Das Blätterteiggebäck ist in den meisten Luzerner Bäckereien auf Vorbestellung erhältlich, u.a. bei: Bäckerei Kreyenbühl, Würzenbachstrasse 23, 6006 Luzern, Tel. 041 375 70 50, www.kreyenbuehl.ch
Tessiner Loto-Reis	Erhältlich in den Läden von Globus Delicatessa und Manor oder direkt bei: Terreni alla Maggia, via Muraccio 105, 6612 Ascona, Tel. für Direktverkauf oder Bestellungen: 091 792 33 11 oder 079 204 69 90, www.terreniallamaggia.ch
Edelweisslikör	Erhältlich unter dem Namen «Edel'eis» (aus biologischem Anbau) bei: Abricool, Véronique Mermoud, Les Grands-Barre 56, 1926 Fully, Tel. 027 744 24 56, www.abricool.ch
Roter Mais	Die Maissorte «Rosso del Ticino» wird auf Initiative von ProSpecieRara seit 2002 wieder angepflanzt. Erhältlich ist das schmackhafte Polentagriess bei den Terreni alla Maggia (siehe Tessiner Loto-Reis) oder direkt beim Verarbeiter: Paolo Bassetti, 6582 Pianezzo, Tel. 091 857 30 93, www.basset-ti.ch

Karden (Cardons) Ab November auf den Märkten in der Region Genf erhältlich (z.B. Halle de Rive) oder direkt beim Gemüsebauer: Ferme de la Brunette, Pierre Gallay, Route de Chancy 360, 1236 Cartigny, Tel. 022 756 16 76.

Vin cuit Eingedickter Saft aus Büschelibirnen, erhältlich bei: Distillerie Paul Morard et Fils, 1645 Le Bry, Tel. 026 411 17 29.

Essig und Oel Eine schöne Auswahl findet man bei: Vom Fass, Brunngasse 11, 8001 Zürich, Tel. 044 260 44 44. Weitere Verkaufsstellen gibt es in Winterthur, Aarau, Bern, St. Gallen, Chur und weiteren Städten, siehe: www.vomfass.de

Gewürze Ein kleines Gewürz- und vor allem Chili-Paradies ist Beat Heubergers Laden «Wein und Gewürze». Hier ist auch das Gewürzbild auf S. 330 entstanden. Heuberger Wein und Gewürze, Morgartenstrasse 12, 8004 Zürich, Tel. 044 281 11 61, www.wgheuberger.ch

Ribelmais Erhältlich in den meisten Coop- und Migrosfilialen.

Sauerkäse Erhältlich in Käsereien sowie in den meisten Coop- und Migrosfilialen in der Ostschweiz, siehe: www.sauerkaese.ch

Weiterführende Informationen

Kulinarisches Erbe der Schweiz Wissenschaftliche Forschungsarbeit über das kulinarische Erbe der Schweiz (Nahrungsmittel, Herstellung, Geschichte). Bis heute wurden rund 400 Produkte erfasst.
www.kulinarischeserbe.ch

Pro Specie rara Schweizerische Stiftung für den Erhalt der genetischen Vielfalt von Pflanzen und Tieren.
www.prospecierara.ch
Siehe auch: www.prospecierara.ch/marktplatz
Hier stellen sich diverse Gütesiegel-Betriebe mit ihren Produkten vor.

Freilichmuseum Ballenberg Schön gestaltetes Brotmuseum bei Brienz, mit historischen Broten (darunter eine Replika des Twanner Urbrotes), zahlreichen Gebildebroten und einer Sammlung der Schweizer Kantonsbrote.
www.ballenberg.ch

Bildnachweise

Folgende Bilder wurden uns freundlicherweise zur Verfügung gestellt:

- Wilder Hopfen (S. 63) aus dem Buch Gaumenschmaus und Augenweide von Friedrich Zemanek, Kurt Stocker, Markus Holzer; Herausgeber: Markus Holzer, Gommer Druck AG und Regionalzeitung Aletsch Goms, Fiesch 2003
- Buchweizensalat (S. 66) und Linsensalat (S. 66) aus dem Buch Naturküche von Erica Bänziger, Fona Verlag, Lenzburg 2007
- Braunbär (S. 188): H. Heimpel/4 nature
- Twanner Urbrot (S. 355), Fachschule Richemont Luzern, Markus Zimmerli
- Topinambur (S. 254), ProSpecieRara, Aarau

Dank

Dank an Patrizia Grab (Herstellung Rotpunktverlag), die für das klare und schöne Layout verantwortlich zeichnet. Für Ordnung und inhaltliche Logik hat Günther Fässler (Lektor) gesorgt, was angesichts meiner chaotischen Arbeitsweise eine preiswürdige Leistung darstellt.
Ein grosses Dankeschön gilt auch allen, die mich kochenderweise unterstützt haben (viele Gerichte mussten nachfotografiert werden): Martin und Bernadette Herrmann von der Mühle Fläsch (GR); Lukas Imseng, Bäcker- und Konditormeister aus Saas-Fee (VS); Claudio Croci-Torti vom Ristorante Montalbano in San Pietro di Stabio (TI); Christian Künzi vom Bären in Reichenbach (BE); Hans-Jörg Girsberger vom Restaurant Drei Fische in Lüscherz (BE); Elisabeth König-Staub von der Wirtschaft Kreuz in Iffwil (BE); Werner Rätz von der Auberge des Clefs in Lugnorre (FR); Peter Jörimann, neu im Restaurant Therme in Vals (GR); Mirco Schumacher vom Gasthof zum Hirschen in Oberstammheim (ZH).
Wie immer wurde ich tatkräftig unterstützt vom Gästecenter Obergoms (Anne-Danielle Walpen) und von Wallis Tourismus (Sabrina Arnold), von Mariangela, meiner Frau und «Kabelträgerin», und vom Schweizer Gastropapst und Foodreaktor Martin Jenni. Ein ganz grosses Dankeschön gebührt dem Rotpunktverlag, dass es die «Urchuchi» überhaupt gibt und dass die Buchreihe weiter wachsen darf!

Autor

Martin Weiss (1948) ist Journalist, Dozent an der Schule für Angewandte Linguistik (SAL) und Autor der im Rotpunktverlag erschienenen Buchreihe «Urchuchi». Er erforscht und dokumentiert seit 2002 die Schweizer Kulinarik.
www.urchuchi.ch und www.rotpunktverlag.ch

Urchuchi – die Restaurantführer: eine Hommage an das kulinarische Erbe der Schweiz.

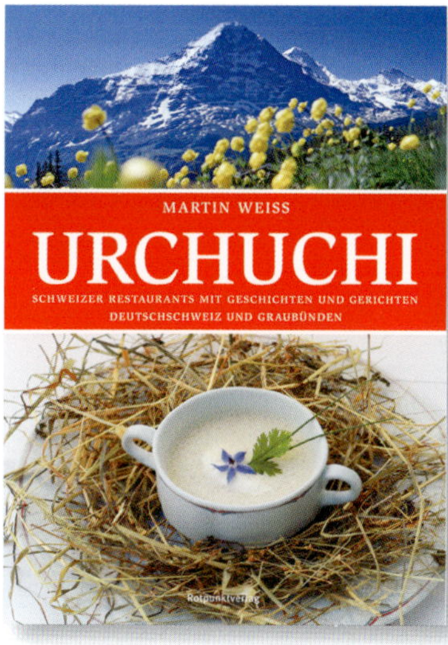

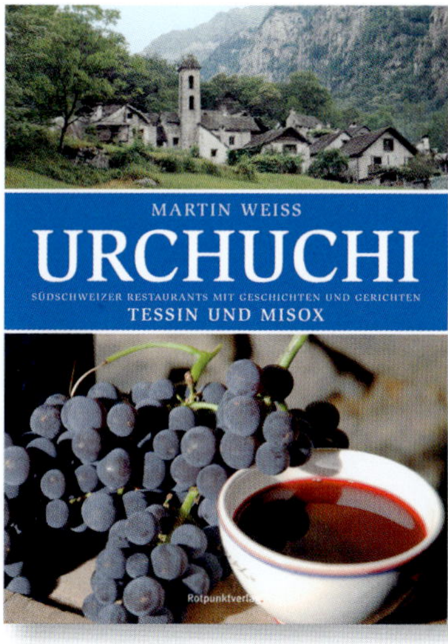

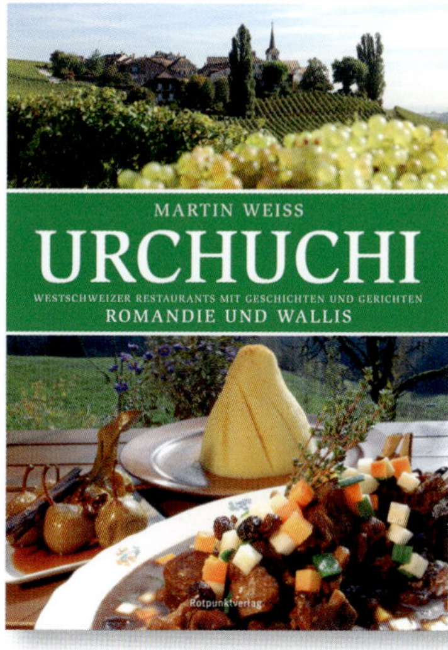

Wo gibts Spezialitäten wie Capuns, Zigerhörnli, Hacktätschli oder Saurer Mocken? Wer kennt längst vergessene Oldies wie Fenz, Chäs-Schoope oder Vogelheu?

Urchuchi Deutschschweiz und Graubünden – die Sensation des Authentischen in 70 Restaurants mit 150 Originalrezepten und vielen weiteren Tipps.

Martin Weiss
Urchuchi
Schweizer Restaurants
mit Geschichten und Gerichten
Deutschschweiz und Graubünden

mit rund 900 Farbfotos
440 Seiten, gebunden,
3., aktualisierte Auflage 2008
ISBN 978-3-85869-374-7
Fr. 68.– / Euro 45,–

Wo isst man die beste Polenta? Wo den sämigsten Risotto? Wer produziert die spritzigsten Merlots und Bondolas?

Urchuchi Tessin und Misox – ein Schaufenster der Tessiner Esskultur. Mit 45 Restaurants, 30 Grotti und 200 Einkaufstipps.

Martin Weiss
Urchuchi
Südschweizer Restaurants
mit Geschichten und Gerichten
Tessin und Misox

mit rund 900 Farbfotos
384 Seiten, gebunden,
2., aktualisierte Auflage 2007
ISBN 978-3-85869-308-2
Fr. 59.– / Euro 39,–

Fondue, spritziger Weisswein, Absinth, Saint Martin und Bénichon! Nirgendwo sonst gibt es so viele Spitzenköche, so viele Würste, Käsespezialitäten, Weine und kulinarische Traditionen.

Urchuchi Romandie – mit über 60 Restaurants Spezialitäten und rund 100 Einkaufstipps aus dem Schlemmerparadies der Schweiz.

Martin Weiss
Urchuchi
Westschweizer Restaurants
mit Geschichten und Gerichten
Romandie und Wallis

mit rund 1000 Farbfotos
432 Seiten, gebunden, 2008
ISBN 978-3-85869-339-6
Fr. 68.– / Euro 45,–